人権への権利

人権、民主主義そして国際政治

Recht auf Menschenrechte

Menschenrechte, Demokratie und internationale Politik

ハウケ・ブルンクホルスト　ヴォルフガング・R・ケーラー　マティアス・ルッツ＝バッハマン 編
舟場 保之　御子柴 善之 監訳

Recht auf Menschenrechte

—Menschenrechte, Demokratie und internationale Politik

Hg.: Hauke Brunkhorst, Wolfgang R. Köhler, Matthias Lutz-Bachmann

『人権への権利』日本語版への序文

ここで日本語に翻訳されているテクストは、私が一九九六年に同僚であるハウケ・ブルンクホルスト教授およびヴォルフガング・R・ケーラー博士とともにドイツで行った二つの会議に由来しています。私たちの議論が行われた当時の状況は、ひとつひとつの事柄をとってみれば今日の状況ともちろんたいへん異なっています。とはいえ、ここに収められた論考からは、それぞれが扱っている事柄のアクチュアリティと重要性に関してなにひとつ失われたものはありません。それだからこそ、これらのテクストを日本語に訳し、一層多くの公衆がそれを読むことができるようにイニシアチブをとってくださった日本の同僚、舟場さん、御子柴さん、寺田さんに、心から感謝したいと思います。

さて、私たちの今日の状況は一九九六年当時の状況とどこが異なっているのでしょうか。この点について私はなにより、当時ヨーロッパでは劇的な政治的展開が繰り広げられていたことを指摘したいと思います。第二次世界大戦と、それに続くいわゆる「西側ブロック」と当時のソビエト連邦の支配下にあった地域との「冷戦」が、パリ条約によって平和裏に終結を迎えたのが、ようやくこの時期でした。当時この終結は、世界全体もまた「国際連合」の法と国際連合総会において採択された普遍的人権の宣言とを基盤として、平和的な共生へとますます進み行くだろうという大いなる希望を、世界中に抱かせました。こうした展開が現実になることで、「文明の衝突」が目前に控えているとするサミュエル・ハンティントンの陰鬱な予測さえも覆えされるように思われたのです。たとえ、新たな戦争を招く紛争が世界中で、あろうことかヨーロッパにおいてさえも、生じ、そしてもちろん第二次大戦終結以来、東欧を支配してきた社会主義体制の崩壊に由来する紛争が起きていることは、否定できることではなかったとしても。

このような紛争が議論を巻き起こしました。戦争を終わらせるために、特に当時アフリカで起きていたような内戦を終わらせるために、あるいはとりわけ自国の住民に対する政府のふるまいによって人権が著しく脅かされているような場所においてその人権を守るために、「国際連合」が、あるいは国連安全保障理事会による委任はないものの個々の国家が、紛争地域へ介入してもよいかどうか、そしてどのような状況であれば介入は許されるのか、と。このような問いに関して、とりわけ国際法を支持する人たちは、あらゆる法治国家には次のような義務があるという指摘を行いました。それは第一に、平和および人権を世界中でしたがって普遍的に守る義務、第二に、どの国もそれぞれ主権を持っているという原理を一面的に解釈することで、それぞれの国家がいわゆる介入の禁止に誤って依拠して、第一の法義務を回避しない義務です。

このような背景をもって、哲学者、法学者、政治学者、あるいは神学者も加わり、議論が行われました。その議論がここに提示された論考に反映されているのです。しかしこの間、世界政治の構造は、当時の状況が予期させていたものとは違った具合に展開されました。しかしそれだけではありません。とくに二〇〇一年九月一一日以来、新たな種類の紛争が起きるようになりました。こうした紛争によって、諸国家からなる世界の代表者たちや、もちろんまたグローバル化した市民社会とその代表者たちは、どのような規範的基盤に基づいてふるまうか、あるいはふるまうべきか、という問いを、あらためて深く掘り下げて考えなければならないように思われます。当時多くの人々が「国際連合」の法システムの改革を催促しましたが、しかしそれは今日に至るまで成功を収めていません。まさにそれだからこそ哲学者はいまこそ、法学や政治学やその他の諸分野との研究上のパートナーシップを形成して、次のようなテーマについて深く掘り下げて議論を行う必要があるのです。それは、世界の多くの地域で生じている新たな軍事紛争に対して、中国、ロシア、インドといった国家のふるまいによって新たに生じた地政学的戦略上の展開に対して、核武装（たとえば、パキスタンや北朝鮮、あるいはイランによる）あるいは他のかたちでの武装（サイバー・テロのような）による平和への新たな脅威に対して、どのようにして「法によって」世界中で平和を保障できるだろうか、というテーマです。

このような点で、人権は真に中心的な役割を担っています。一方で、内政において諸国家の規範的基盤となり、諸国家を法／権利政策上方向づけるものとしての役割を。他方で、新たな国際的、より適切に言うなら「グローバルな」法秩序および平和秩序のための基礎としての役割を。人権は、たえず新たに解釈されなければなりませんし、あらゆる法的原理と同様に、法に合致した行為の原則として、繰り返し新たな個別状況に適用されなければなりません。それでも人権は、国家権力の傷つきやすい個々人に対する行為を禁止することでもって、国家の行政権力、司法権力、立法権力、とりわけもちろん軍事力や警察力が無条件に遵守しなければならない義務の核心を表現しているのです。これは少なくとも、哲学者イマヌエル・カントがその『法論』における有名な論述によって提示した理念ですし、今日の世界において以前にも増して特別な意味を持っている理念です。この理念は、なぜ国家がその内政においてたえず共和制の理想に定位し、他の国家との関係においてその主権を制限し、平和を保障するために協力するプログラムに依拠しなければならないかを示しています。今日の世界全体のあり方や数多くの不正な国家のあり方が示しているように、カントのこのような要求はあいかわらずきわめてアクチュアルなものです。本書に収められた論文は、この哲学的理念との結び付きを持っています。また、この論文たちは、諸国家における諸国家間における政治的秩序や法的秩序にとって人権こそが規範的核心であるということから、政治や公法が持つべきグローバルに有効な新たな構造について、今日何を導き出すことができるか、という問題を議論しています。

今やこれらの論文が日本語でも読んでもらえるようになり、議論の対象としていただけることを、私はうれしく思います。もう一度、私の同僚、舟場さん（大阪）、御子柴さん（東京）、寺田さん（東京）――私はこの三人の方と私のドイツ人の同僚たちとともに、すでに数年にわたって「日独倫理学コロキウム」を開き、悦ぶべき共同研究を行っています――に感謝の気持ちを表す次第です。

二〇一四年五月　フランクフルト・アム・マイン

マティアス・ルッツ＝バッハマン

目　次

第3部　国民国家とグローバルな憲法体制とのあいだ

【凡例】

原著者による補足は、［　　］で、訳者による補足は、〔　　〕で、それぞれ示した。

原文のイタリック体による強調箇所は、訳文に傍点をつけた。デニンガー論文に関しては、大文字表記により強調する箇所があり、訳文の当該箇所は太字とした。

本文中の引用について、邦訳がある場合はそれを参考にし、適宜手を加えた。各論文の前にある【助走】は、当該論文の訳者が執筆した。人名索引ならびに事項索引は原書にはないが、本訳書の訳者によって作成した。

人権への権利

第Ⅰ部　人権の史的源泉

人権とレトリック

フォルカー・ゲアハルト
（浜野喬士訳）

【ゲアハルト論文への助走】

今日、民主主義は危機に陥っている。正確には、議会制民主主義は危機に陥っている。一方ではデマゴギーと付和雷同が、他方では直接行動と限界まで追求された表現の自由がネットと路上に横溢している。民主主義の腐敗と再生という二つの両極端な事象が、同時進行しているのが今日的政治状況である。ヘイトスピーチのような露骨な直接的人権侵害であれ、それに対するカウンターデモであれ（あるいは放射能汚染という甚大な人権侵害に対抗する運動であれ）、もはや議会制という費用と時間のかかる手続きを経ることなく、代表のシステムなしに民主主義は実行へと移される。間接民主制の持つ、一方では民意を可能な限り反映しつつ、他方では衆愚制・ポピュリズムへの堕落を防止するといった穏健化機能はかつての地位を失っているようにも見える。いずれにせよ二〇一一年三月一一日以後、日本の政治的風景は一変してしまった。

フォルカー・ゲアハルトはこの「人権とレトリック」論文の中で、まず人権概念の思想史的展開を検討し、続いて人権とレトリックの関係を、公民権運動で知られるマーティン・ルーサー・キング・ジュニアの演説の分析を通じ検討している。キング牧師は、市民的不服従（Civil Disobedience）という、非暴力の、しかし議会外の直接的抵抗戦術を、ソローやガンディーから引き継いだ。今日の日本と同様、キングの時代もまた、民主主義が議会を超えて、街路で、公会堂で、広場で実践に移された時代であった。

さて、ゲアハルトは近代的概念としての人権、という視点を相対化する。一見すると人権は、近代市民革命において初めて発見され、アメリカ独立宣言やフランス人権宣言へと登録された歴史の浅い産物のようにも映る。しかし人権は、萌芽的な形ではあれ、西洋思想史の中にその連綿たる水脈を有している。たとえば中世の思想家ペトラルカは、たんに人文主義者という枠に留まらず、いわゆる近代的登山の創始者であるが、その彼がフランス南部のヴァントゥ山頂で、見渡す限りの絶景を前にして漏らした感慨も、ゲアハルトが設定する観点からすれば、人権へと繋がる流れのなかで理解される。すなわち世俗化された自然の美と対峙するペトラルカの姿は、人権概念を準備した人間の個体化のひとつの表現ということになるのである。

ゲアハルトは、こうした人権についての思想史的考察に続いて、それが実際の政治的局面においてどのように機能しているかという問題を、キングという一人の人格のうちで検討する。ゲアハルトはキング牧師の人権レトリックを八つの契機に分類する。

第一の契機は、すべての聞き手に共通する経験への関係づけであり、これにより、運動は特殊的利害関心ではなく、共通的利害関心に接続された状態に置かれる。この共通経験は単純なものという性格を持つが、不正の単純性はそれ自体、人権レトリックの第二の契機となる。続く第三の契機は、耐え忍ぶことにおける勇敢さ、行動する同胞といった観点である。ここから報復や復讐ではないような態度、すなわち寛大さという観点が人権のレトリックの第四の契機として現れる。これは内的な強さの表現となる。

第五の契機は、瞬間、現実の経験、感性的経験への信頼である。これは自身の感官と悟性を使用することを意味する。ここでは自立、個人性という要素が重視される。しかし他方では、演説を行うものの個人的体験という性格を超えて、ひとつに統合された慰めの言葉という契機が導入され、これが第六の契機となる。

人権のレトリックの第七の契機は、情動性という要素と規律化という要素からなる。規律化とは、演説者そのものがある種の模範として、聴衆にとり直接的に聞き取ることのできる存在になり、そのことで聴衆を指導し、率いるという意味である。第八の契機は、真正性への要求であり、現在の世界が歴史に接続されるところで生じる。演説者であるキングと彼を囲む聴衆たちの受ける苦しみは、南北戦争の時代に、そしてリンカーンを思い起こさせる具体的場所に結び付けられる。そうして個人的経験と歴史的経験が二重化される。

こうしたレトリックに含まれる諸観点、契機の列挙は、たとえば、アリストテレスが『弁論術』の第二巻で展開しているような、論点の列挙を思い起こさせるものである。アリストテレスはそこで、弁論の聞き手というものを想定しつつ、弁論を形式化し、その説得性を構成する要素を、怒り、恐れ、憐み、義憤等々の論点に即しつつ分析している。

また本論文でゲアハルトは、身体的なパフォーマンスとしての演説が持つ、音声的要素、身振り的要素を、キングの音声資料、映像資料に即しつつ強調しているが、アリストテレスもまた上述『弁論術』の後半で同様の分析を行っている（第三巻第八章「リズム」等）。

ゲアハルトの提示する、こうした伝統的かつ新しい研究方法により、たとえばキングが死の前日に残した最後の演説「私は山頂に登ってきた（*I've been to the Mountaintop*）」を、新旧両聖書におけるイエスの、あるいはモーゼの説法と、内容、形式の両面から比較検討することが可能になる。さらには、ガス・ヴァン・サントの映画『ミルク』で知られる同性愛権利運動の活動家、ハーヴェイ・ミルクの議会演説を、キケローの『カティリーナ弾劾』と結び付けながら考察するといった、新しい方法性も可能となる。

こうしたレトリックの再生は、たんに学問上の出来事に留まらない可能性すら秘めている。アリストテレスはレトリックを「どんな問題でもそのそれぞれについて可能な説得の方法を見つけ出す能力である」と定義している（アリストテレス『弁論術』第一巻第二章）。レトリックと人権を内的に緊密な関係のうちで考察することは、人権侵害の当事者が、国連の席上やマスメディア、インターネット動画サイト等を通じ、いかにして遠く離れた国に住む見知らぬ人々の心を揺さぶり、目下の事案に多数の者たちを引き入れるか、といったことが問題になる場面においても重大な示唆を与えるだろう。そして実践的書物として、アリストテレス『弁論術』を、キケロー『発想論』を復活させるだろう。あるいは特定の政治家が展開する、思わず心が動かされるような名調子の演説から距離を取らせ、熱に浮かされた頭を冷静にさせるといった解毒剤の機能も持つだろう。

これらは古典の胡乱な応用や曲解といったものではない。むしろレトリックという学に内在する方向性である。ひとつのトピックについて異なる二つの立場が生じ、しかしその双方が、単体ではにわかに勝負に決着をつけられないような不確実な時代においては、客観的・科学的・一義的な真理の提示よりも、「説得」という活動のほうが力を持つ。安全・安心論に代表されるような社会心理学者の展開するリスク・コミュニケーション論もまさに説得の知である（是非はさておき）。レトリックはそうした説得についての技法である。レトリックは、政治や経済、環境や軍事において危機が、すなわち民主主義の危機が高まれば高まるほど――大雄弁家キケローが演説ひとつでローマの現実政治を動かしたのはまさにいわゆる「内乱の一世紀」のことであった――自身の可能性を全面的に開示するのである。

第1節

人権について約二〇〇年以上語られてきた中で、なぜ自分自身に対する基本的権利を要求し、それとともに人権について語るという着想に、人類が至ることが、このように遅れてはじめてなされたのか、この点が疑問に付されたことはごく稀であった。人権は一度それが要求されるや、不当にも付与されない、拒まれる、制限される、脅かされるといったことがあるにしても、未発見であるなどとは決して見なせないほど、自明なものとして姿を現すのである。誰もが人権を要求する。すなわち、〔人権が〕自分自身には妥当しないなどと考えるものはいない。およそ要求というものがなされうる場合、何者もそこから例外化されることはない。このことは、各人が自分自身に所与のものとして認めねばならない諸属性を根拠としているが、この諸属性は非常に自明のものであり、次のような想定が馬鹿げて見えるほどである。すなわち、先行する諸世代が、人間として現に存在していることのみを根拠として各人に備わるものを、求め訴えるだけの根拠を持ち合わせてなかった、といった想定である。

実際には、今日「人権」という名称のもとで提起されている要求は、すでに長きにわたり存在している。直接に先行するものとして、われわれは、人間の尊厳（dignitas）の優位という、遅くともキケロー以降、倫理学的文献の確固たるストックに含まれ[1]、またルネサンス哲学が、古代の思想家、特にプラトンの影響の下、深化、拡大させた概念を知っている。しかしこの尊厳の概念は、自由、および自由によって特徴づけられる人間の原理的な平等という考えを含んでいるだけではない。この尊厳の概念は、個人の自立をも各人のうちに前提している。こうした側面から見ると、この自立は、尊厳を要求するあらゆるひとに当人の生命が委ねられる、ということを含んでいる。そのため、すでに紀元前五世紀の悲劇詩人は、自分の描く英雄を、生きるに任せ、そして死ぬに任せたのである[2]。

また（描速に持ち出される時代区分により自分の目を曇らせることなく）厳密に事態を見ていくならば、すでにポリスおよび公共体（res publica）という最初の哲学的観念のうちに、人権への〔形相は欠くにしても〕質料的なレベル（material）での期待が見出されることになる。各々の人間が、自分の生を、自分に固有の洞察に従って営むことが許され、またその際、正義を頼りにすることが許されるということ、これはすでにプラトンにおいて支配的な主題となっている。すなわち、自由と平等の下に置かれること抜きには、正義や別のなんらかの徳にしても、正当化されえない、ということであり、これは『国家』に即しても証明できる。これが『ポリティコス〔政治家〕』では、解きほぐされた紡錘という神話を通して[3]、歴史哲学的な威厳を含む人間学的な前提が生じる。つまり、人間は、神々が地上について気にかけるつもりがない限りにおいて、自分自身の運命に対し権限を持つことになるのである。また『法律』および『第七書簡』の中では、公共性という条件のもと、自由民の平等が国家の立憲制の要求と明確に結び付けられている[4]。

こうしたことのすべてをアリストテレスは保持しており、そしてそれを自身の政治理論の明確な構成要素にしている[5]。アリストテレスの場合においても、それが人権というかたちでわれわれの目を引くことは依然としてないわけだが、それは第一に、法権利の地位がことさらに証されていないことによる。法権利は確かにテシスとしてピュシスから区別されてはいるが、いまだ方法論的な意味での独立性を得てはいない。法権利はこの独立性を、近代自然科学との分離のうちではじめて獲得するのである。

第二に、古代におけるこの人権の目立たなさは次のことにかかわっている。すなわち、人類は、ギリシア人と野蛮人にのみ分かれるのではなく、ギリシアの住民内部においても、一方では、自由で、平等で、法的に権利を有する完全市民（Vollbürger）と、他方では女性、職工、賃労働者、奴隷からなる人々との間で、政治的に重要な区別がなされているということである。われわれにとり子供と大人の区別が自然なものであるように、アリストテレスにとってこうしたことはごく自然なことであった。しかしソクラテス的伝統のうちに留まっていたアリストテレスの同時代人たちは、こうした区分に抵抗を感じ、そしてわずか数世代後のストア派ヒューマニストたちからはこの区分が消えることになった。周知のように、成人している人間すべてに対して――少なくとも思想において――完全な法的権能、政治的権能が認められるまでには、二千年を超える歳月が必要だったのである。

このように、人権という事柄は、その名称よりもいくぶん古いということになる。〔形相を持たず〕質料的な段階にある概念的なストックに彫琢が施されたすぐ後に、すでにその普遍化は始まっている。それどころか実践に移すことすら、権原の発明に先行している。自然法という概念の下で、自由、平等、自立は、すでに一義的な法的資格を持ち合わせている。(6) そしてこれら自由、平等、自立という概念と合わせて、法的な権利主張を、すべての人間に――出自、肌の色、職業、教育のいかんに一切かかわらず――拡張するということも行われている。さらに身体・生命に対する人権、法の前での平等に対する人権、そして（特に宗教問題に関する）自由に対する人権が、どの人間にも備わることが認められねばならないということに関して、財産および性別は影響を与えてはならないとされる。

「人権」という言葉が市民権を得ていく歴史上の流れにおいて、何か実際に新しいものを求めるならば、突き当たるのはおそらくただひとつの革新、すなわち人間が自己を目的として措定すること、つまり自らを自律的に規定することである。確かに人間が自らを絶対的に守られねばならず、気遣われねばならないような何か無条件的なものとして特徴づけるということへの道は、かなり前から開かれていた。キリスト教思想において主張されてきた、神への無媒介性の独占という考えは、人間を取り巻く諸条件から、人間を除外する。そしてこの考えは、少なくとも神への方向においては、人間を、宇宙に存在する他の一切のものよりも神に似たものとするのである。それゆえ人間の思考衝動、言語衝動、行為衝動は、神におけるがごとく全く人間そのものから発する。そして人間が自分の神を人格的存在として考えれば考えるほど、人間による自分自身の個体化は勢いを増す。

確かに、個体性の思想がすでにプラトンにおいて機能しているということも証明しうる。プラトンはソクラテスという形象でもって、この個体性の思想に、範例的な形態を与えたのだった。ソクラテスのダイモニオン

（daimonion）において、神的な理性は、この一人の人間の内的な声となっている。(7) しかしプラトンは、彼のソクラテスが自己目的〔的存在〕であることを許すには至らなかった。(8) ひょっとしたら、自身の幸福のために外部的な諸々の善を一切必要とせず、「自分自身とその本性の性質による」(9) だけで幸福に達することができるテオス（theos）〔神〕として示される場合の、アリストテレスの神概念のうちに、〔個体性の〕理念は姿を現しているのであろうか。あるいはこうした神に対する人間の側での対応物が、善のためのみの友情というアリストテレスの理論なのだろうか。この理論はストア派の倫理学とも近いところにある。しかしキリスト教の偉大な理論家たち、とりわけアウグスティヌスが、神を、他のどの位格（Person）とも争われ得ない絶対者とし、その絶対者としての神と人間の関係を、位格的（persönlich）なものとしてはじめて解釈する。そしてここから、明確にアウグスティヌスと関連して、ペトラルカの、ヴァントゥ山の感激と結び付いた「ワレハヒトリナリ、マタヒトリデアリタシ（Ego sum unus utinamque integer/ Ich bin einer und möchte auch einer bleiben）」という文言が出てくることになる。(10) ヴァントゥ山頂でペトラルカは、壮大なパノラマを目の当たりにしているにもかかわらず、ともかくこの山にも携行してきた『告白』を開くのである。それは、ひとは人間としてつねに自分のうちに帰らねばならない、ということを想い起すためであった。わずか数世代のうちに、こうした洞察から、神でさえ制限することができない人間の絶対的尊厳、というテーゼが生じることになる。(11)

しかしながら、他のどの人間によっても疑問に付され得ることのない自己目的の方式を打ち立てるためには、少なくとも寛容の命令が、そしてそこから神への個人的関係の社会的承認が必要である。このように私たちは、カントが最終的にそこから人間の「自己規定（Selbstbestimmung）」を作り出すことになる、「人間の使命（Bestimmung des Menschen）」という方式が一八世紀中期にいかに広まっていたかを見ることになる。(12)

周知のように、カントがはじめて「人間の自己目的化」をひとつの方式にし、そこにすべての人間に妥当するような基礎づけを与えたのである。(13) だが独特なのはカントがこうしたことで人間の「自己評価」への新しい出発点に突き当たったなどとは考えていないということである。むしろカントが重視するのは、「通俗的道徳哲学」――カントはこの概念の出所が問われる場合、これを好んでソクラテスの洞察と結び付けている――に対して、確固とした批判的定式化以上のものを提示しないことを確定した点である。それ以外では彼は、理性理念に目を向ける場面では繰り返しプラトン的伝統に、そして道徳的意識に関係する場面では、ストア派的伝統に注意を払うのである。

しかし伝統がいかなるものであるにしろ、主導問題は、自身の洞察のみに基づく拘束力を持つ行為規則の正当化にかかわる。そしてこの問題の解決に際し、プラトン、アリストテレス、エピクロスからキケロー、セネカ、カントに至る人々の間に見られる共通性は、差異よりも大きい。この問題の解決は、自己意識的に行為する個人の自己解釈という点に存する。もっぱら必要なのは、意志と理性を備えているどの主体においても、最初から機能しているような自己決定の契機を、識別可能な諸々の構成要素へと分けることである。ひとは各々の人間の自律に対し有効な諸根拠を、すでに自己決定のうちに有している。そしてこの自律が、個々のどの者に対しても、不可侵の尊厳を与えるのであり、この尊厳を保持することは、自由と平等の外的保障を通じてのみ可能となる。しかしこの外的保障は、無条件的な法命令(Rechtsgebot)へと至るのであり、カントはドイツ語圏における最初の人物の一人として、この法命令を「人権」という名前の下に、まったく自明な仕方で置くのである。

それゆえ、人権という言葉のうちには、遅くともプラトンにより書かれたソクラテス以降、文献上裏づけ可能な人間の要求が姿を現しているのである。宣言というかたちをとったアメリカ独立の「ヒューマン・ライト(human right)」〔人間の権利〕や、フランス革命における「ドロワ・ドゥ・ロム(droit de l'homme)」〔人間の権利〕は、こうした人間の要求がたんに新しく政治的、法学的に表現されたに過ぎない。〔真に〕新しいのは、政治権力は個々の人間を尊重せよと求める、積極的に主張された要求なのである。個人は絶対的審級であると宣言される。この個人という絶対的審級は、一切の権利要求がそこから出発しなくてはならないということに留まらない。一切の政治的権力は、この絶対的審級を前に、自身の究極的な限界を持つのである。

この〔人間の権利という〕新しい表現のため、そしてその広範におよぶ要求のために、一連の歴史的諸条件が存在するわけだが、しかし事柄に即してみれば、新しいものはほとんどもたらされていない。

時代区分という観点からすれば、第一に、諸々の社会的な行為の領域が分離したことに伴って現れる、法原理の強化ということが認識されうる。経済、芸術、科学、宗教の影響下にある分野が、それぞれ独自の重要性を得るようになる。道徳は今までになく主観化が強化される。政治は主権を有するものであると宣言され、危急の際には他の一切の権力を規定する権力であると主張される。法が一層独立した量として扱われる場合、法は関係を保障する帰結ということになる。なぜならば、法は、ますます分離を深める社会の諸行為領域の間を、計算可能なかたちで橋渡しすることに腐心するものとなるからである。

第二に、こうした発展の背後には、科学と技術の周知のような恩恵がある。なかでも、生計の確保に向けて人間が費やす物理的努力の負担が取り除かれたことが挙げられる。肉体労働からの解放が、奴隷制の重荷からの解放を可能にする、というのはアリストテレスがすでに推測していたところである。(14) ダイダロスは、すでに古代においてこうした進歩を約束していた象徴的人物である。

第三に、人権を制度化しようとする、古いヨーロッパの要求と非常に緊密に結合している影響としては、個人化そのものが挙げられる。個々の者が、自身の感受性、生産性、独創性への依拠を深めれば深めるほど、行為の持つ社会的力の蓄積が、その者をいっそう脅かすことになり、さらには彼と同じ世界に住む人々に由来するあらゆる危険に対し自分の生存を守ることが、死活的な重要性でもって要求されることになる。同様に内部および外部から来る圧力の下、古い倫理的諸要求に基づき、法的保証への要求が生じる。倫理的諸原則は基本的法権利のうちに置き移される。近代的ヒューマニズムの要求下で自分のものとされた古代の遺産は、法典へと編纂される。このようにして人権へ、言わば良い年代物のワインのための新しい革袋へと、事が至るわけである。

もし事態が、私がごく切り縮めて概観したようなかたちで動いてきたのだと仮定する場合、言いかえれば現代の人権が、上述のように、古いヨーロッパの倫理学との質料的なレベルでの連続性の内にあると仮定する場合、一八世紀の政治的解放過程における人権宣言とは、行為のグローバル化に際し自分が生み出した諸リスクに対し免疫を与えるべく、近代的主体が「発見」したものなのだ、などと言うわけにはいかなくなる。またそれは自分たちの階級的利害から人々の目をそらすための適切なイデオロギー的手段を求めたブルジョワジーが、支配へと傾注する過程で「発明」したものだ、などとはいよいよもって言えなくなる。第一次的な意味を持つのは、拡張された自己解釈という革新的行為ということになろう。この行為に際して、人間は、一層責任あるかたちで人間によって組織された世界が、しかしまさにそのことにより一層分化するかたちで自立化が進行していく世界[15]が、自分自身に義務を持つことを望むのである。もし事が人間に対してこのようなものであり、また実際に、人間が人権の分節化を負っているのが人間の拡張する自己解釈であるなら、その場合、人権をめぐる理論的および実践的な関係に対し、次のようなことが帰結する。

まず理論的観点であるが、人権の発展史に関する古いヨーロッパの倫理学および政治の伝統が考え入れられねばならない場合、人権をめぐる歴史的地平は、相当程度拡張される。人権の基礎づけのためには、哲学的倫理学が有する概念の全ストックが動員されうることになる。こうしたことは一見すると問題をもつれさせるもののように映るかもしれないが、しかし実際には、人権を人間の自己理解という文脈で描き出すにあたって、より良い前提を用意することにつながるかもしれない。なぜなら道徳的、あるいは法学的要求を説得的なものにするのは、論証のみというわけにはいかず、つねにそこにはその論証の範囲、射程、熟知というものも関係してくるからである。もしわれわれが人権の古代的な根源を枚挙することができるなら、人権はそれがキリスト教的ヒューマニズムのみに基づいて成長したものであるといった、文化間の比較の場合に明らかに不利に働く嫌疑を免れることができる。その場合人権は、――すでに歴史的見地からしても――キリスト教的西洋に限定されたものではない、ということになる[16]。

しかしこの場合、これは広範な実践にかかわる帰結をも持つことになる。というのもわれわれは、人権が拡張され、また保障されるに従って、一層強く自らを、当事者である人間の自己理解に関係づけることができるようになるからである。そしてまた、十分な根拠を携えて、その当事者が自発的にそれを支持する場面に自らを置き移すことができるとされるからである。独立宣言、およびアメリカ合衆国の第一憲法の例がすでに明らかに示しているように、人権は「自明なもの（self-evident）」として妥当する。一七九一年九月三日に集まったフランス民衆の代表者たちは、すでに「人間および市民の権利の宣言」の前文において、「人権に対する無知、忘却、侮蔑が公的秩序の腐敗の唯一の原因(17)」であるということから出発している。しかし人間は、たかだか一〇年、二〇年前にはじめて生まれたようなものを、無視したり、忘却したり、軽蔑したりすることができただろうか。またそれがこうした〔独立宣言や人権宣言といった〕結果を伴うことがあるだろうか。

実際のところ、人権の最初の擁護者たちにおいても、人権を何か新規なもののように考える者はいなかった。むしろ出発点となっているのは、人権というものがつねに、そしてどこにおいても存在してきた、ということである。人権は人間の本性に属している。それゆえ人権は「譲り渡すことのできない神聖な」ものと見なされる。すなわち人権は、たんに意識される必要があるだけなのである。その場合、ひとはすでに自ずから、自分がいかなる基本的権利要求を持っているのかを知っているのである。

それゆえ決定的なのは、ひとが人間というものへ、自己理解というかたちで到達することなのである。その際、人間の注意を、自身の生の状況、および政治的可能性へと向けさせることが成功するか否か、という問題に一切が賭かっている。人間は、当然のものと見なされる人間の尊厳ある生存と比べて、自分自身の置かれた状況がいかなる状態にあるかを見極め、その結果、矛盾を感じ取り、それを耐え難きものとして分節化してはっきりと語るようになるまで啓蒙されねばならない。その際、諸関係が変更され得るものなのだという見通しが、明確なかたちで、それこそ自分がその変更に参与する機会があると認識するほどに、人間の眼前に示されるのでなければならない。

しかしこうしたことがうまくいくのは、ただ人間が、諸関係の変更を要求するにあたって、自分は一人ではないということを目の当たりにする場合のみである。それゆえすべての問題は、人権の遵守と貫徹のため、人間が同様の状況下にある者とともに自ら何かをなす、という勇気と力を持つ、という点にかかっている。そしてこれらはすべてレトリックの課題なのである。(18)

第2節

以上をもって私は標題に掲げた二番目の概念に移り、講演としても第二部に入りたいと思う。私の意図は、人権の実践的政治学が、人間の表出的自己解釈と、したがってレトリックといかに結び付いているかということを、際立った事例に即して提示することである。一七七六年と一七九一年の一見離れた事例においても、偉大な伝統を背景とし、いかに人間の自己理解の解明が問題となっているのかということを、事例はまさしく驚くべき仕方で証している。確かにわれわれが見出すのは、アメリカ合衆国憲法へ立ち帰る絶え間ない動きである。しかしこれと並び、それこそ同様の明瞭さにおいて、古代の伝統、および旧約・新約両聖書の伝統が作用している。全てのことは、個々の者の目を開かせるように、また自分の状況を感じさせるように、そして自己批判と他の勇気ある者との連帯による確証を通じ自ら行動を起こすように整えられている。その際、必要な知識がごく素朴なものである、ということが繰り返し注意される。人権が剥奪されることで生じる不正は、どんな子供でも指摘することができる。全体は、他者の現前に関係づけられる。この他者とは、大規模な人数で現れる者であり、ともに行進する者であり、残虐な暴力に抵抗する者であり、心穏やかに禁固刑を受け入れる者である。なじみの歌が活気を取り戻し、通りでは太古のリズムに合わせたダンスでもあるかのように人が動き回り、彼ら自身がどれほど決然とした目標を持っているとしてもその目標を拒む人々に対して、寛容が実践される。

これはアメリカ合衆国における公民権運動の話である。とりわけこの運動の殉教者となった指導者、マーティン・ルーサー・キングのことである。マーティン・ルーサー・キングの演説および著作に即して見えてくるのは、人権とレトリックが、人権に対する極めて強固な哲学的・政治的要求とも、人権を論証により基礎づけようとすることとも矛盾しないような、ひとつの内的結合をかたち作り得る、ということである[19]。

この連関に関して、マーティン・ルーサー・キングがアメリカおよび南アフリカで行った解放運動の歴史的意義を改めて示す必要はない。彼はカリスマ的指導者として知られ、有名であり、そして頻繁に引用されている。おそらく彼は公民権運動（Civil Rights Movement）を人格的に代表するシンボルとして、引き続き記憶の中に留まり続けるだろう[20]。しかし、彼の演説は、演説の効果を目指して演出された形式と結び付いているわけだが、これは注目に値するにもかかわらず、理論的側面においては、いまだ注目を集めてきたとは到底言い難い。彼の演説において特に明らかになりうるのは、そのレトリックが、言語的内容をたんに言語的な次元で自己呈示することより、はるかに多くのものを包含しているということである。むしろレトリックとは、論証的、身振り的、美学的活動の、そして非暴力という前提のもとでの実践的、政治的活動のアンサンブルなのである。

マーティン・ルーサー・キング師の演説は、たんに発話という形態に置き移されたテクストではない。彼の演説は、人間の自己表現のほぼ全スペクトルを包括する活動であり、また、たんに政治的確信が表現されているだけでなく、それ自体が政治的決断となりうるようなパフォーマンスである。このように、理論と実践の間の（あるいは意見形成と効果的決断の間の、と言い換えたほうが良いかもしれない）区別は、演出家的な仕方で渾然一体となっている。

それにもかかわらず、このパフォーマンスそのものが政治的活動としての性格を持つ場合、また持たねばならない場合には、それはたんに劇化された演説として理解される。なぜならその演説は非暴力という前提の下にあるからである。演説者が占める演壇は政治的舞台へと意識的にずらされる。その舞台の上では、スピーチにより実践的・政治的オルタナティブの貫徹が試みられる。舞台は裁判官席となり、したがって政治的現実の場所となる。しかし、ゴー・イン、シット・イン、ティーチ・イン――後に学生運動により政治的に徹底使用される――を迷いなく行使する集団的圧力に対し、反対勢力が不平を言っているような場面においては、非暴力の前提のもとに、行為が持つ、純然と演出的で、もっぱらバーチャルな性格が強調されることになる。その場合、そこでは行為の全体が、ただ強力な力を備えたひとつの演説として理解されねばならない。

　このようにして政治的事象そのものが象徴的活動となる。この変容は、われわれにとってハウプト・ウント・シュターツアクツィオーネン（Haupt- und Staatsaktionen〔政治劇の一種〕）を通じておそらく馴染み深いところである。公民権運動の過程で政治は、ある程度民主化され、そして権利を奪われた人々、社会的に不利に扱われてきた人々により、彼らの目的のために自分のものとされる。この間、政治は、自分たちの見解で固まった現有勢力を、強力に見せつけようとする――行動の準備があたかもすでに行為であるかのように――各利害集団によって、恣意的に用いられる抑圧装置となる。これは、象徴的な仕方で高度に政治化された空間においては当然のプロセスである。このプロセスが示唆するのは、政治というものが、世論形成のみならず、現実の克服の実行にあたっても、いかに緊密にレトリックと結び付いているか、ということである。

　したがって、マーティン・ルーサー・キングのレトリックの持つ、人間の自己表現のほぼ全ての契機にかかわるような性格は、もしわれわれが残されたテクストしか見ようとしないならば理解されることがないだろう。テクストは、ごく稀なケースにおいてではあるが、前もって作成されたタイプ原稿を再現しているという理由で、特別な重要性を持つことも事実である。他方で、テクストはむしろ編集されたプロトコルという性格を有している。マーティン・ルーサー・キングは書きとめられた構想と言い回しのリストを携えて演壇へと向かった。それ以上のことは、すべてインスピレーションの事柄であったわけである。これは、聴衆とのコミュニケーションとも言いうる。それゆえ、後になって印刷されたテクストは、師とその聴衆の間で交わされた、肉体を持った相互作用におけるレトリックの、その何ほどか生きた上演を含んでいる。

しかしわれわれはこの相互作用を、残された映像資料や画像資料を付け加えることで、おそらく把握している。一九五六年一一月一四日アラバマ州モンゴメリーにおける（自主的に招集された）市民委員会での緊張に満ちた演説が存在する。数か月にわたる黒人の公共交通機関ボイコットと、白人住民活動家による過剰な暴力の後、マーティン・ルーサー・キングは、抵抗活動の終了と、彼の最初の大規模活動の勝利が迫っていることを告げる。支持者に取り囲まれつつ、彼は管理された事態の収拾を示威活動により示し、実用的な観点からの譲歩にシグナルを送り、同時に、これが全南部を巻き込む運動の出発点なのだ、というヴィジョンを喚起する。

別の例としては、一九六三年八月二八日に行われた、おそらく彼の最も影響力の大きかった演説が挙げられる。彼はワシントンのリンカーン記念堂の前で、最後の演説者として、数十万の群集の最初の熱狂を、ただ次のことで作り出すのである。まず彼は、群衆に、「アメリカの歴史において最も偉大なデモ活動」だと呼びかける。続いて、白衣に身を包んだイスラム教徒の黒人たちと、白人の有力者たちに囲まれつつ[21]、この〔リンカーン記念堂前という〕連邦政治上非常に際立った場所、およびエイブラハム・リンカーンの活動に結び付けるかたちで、黒人と白人の和解に向けて注意を促す。そして最後に、十一回に渡って繰り返される「アイ・ハブ・ア・ドリーム」のリフレインにより[22]、未来のアメリカのヴィジョンを、全員の眼前に示すのである。彼が言うこの「ドリーム」は、恍惚を生む類のものではないが、しかし強烈なイメージとともに、次第に大きくなる迫真性を持って読み上げられる。この演説者は、演説が度を越え、大げさな調子になっても、徹底的に自分自身をコントロールしている。このような極めて強力な内的運動は、明らかに、極めて徹底したレトリックの訓練を要求とするものである。

このことは、次のシカゴのケースで特に目につく。キングは一九六六年七月に、それこそヒステリーというほどに緊張した状況のなかで、小さな教会に集まった黒人の群集を前に語る。この黒人たちは、マヘリア・ジャクソンの歌に感動し熱狂状態になっている。祭壇の前で、この歌手の周りにぎゅうぎゅうに押し寄せつつ、人々はダンスを踊り、身を揺らしている。こうした押し合いへし合いの中からマーティン・ルーサー・キング師はマイクの前に姿を現し、頭と首の汗を拭う。そしてピンと張りつめた静寂のなかで、演説を始める。演説開始前からすでにカメラは彼を映像に収めていた。彼はダンスの中に巻き込まれることもなければ、一緒になって歌うということもなかった。スピーチを始める時、彼は言葉に全神経を集中している。彼は、この女性歌手に対して、暖かであるが、よく気の利いた、そして厳かであるが円熟した調子の感謝の言葉を送ることから始める。そしてこの空間を肉体的に満たしているものについてのみ語るのである。この演説者は、文字通りの意味で、「大衆のメガホン」〔代弁者〕であり、まさにその時、神の歌口なのである。

　これらすべてのことは、見られねばならず、聴かれねばならない。また即座に分かることだが、ここでレトリックが機能しており、このレトリックは論証にかかわる理論と決断にかかわる実践との間の区分や、知的なイメージ、言語的表現、政治的決断の間の区分を消し去るだけではなく、物理的、生理的、社会的契機の演劇的な複合体を機能させるものなのである。そしてここでこの演説者は、自身については上述のように抑制した状態で語りつつ、肉体的に運動する集団の一部としてのみ機能を果たす。彼の声は、音を出す物体の振動が共鳴することで奏でられる弦の響きのようである。揺れる動き、歩みのリズム、手拍子とダンス、霊歌、加えてオルガン、あるいはジャズの質素な楽器。これら全てのものは、運動に内側から来る生気を与えるだけではない。これらは出来事に、話者がそこから言葉を掴み出すところの霊的な深みというものを授ける。音楽とそのリズムは瞬間に対する感性的な繋がりを強化する。他方でその音楽とリズムは、出来事に、あたかも宗教的と言えるような厳粛さを与えるのである。

　このようにマーティン・ルーサー・キングの政治的レトリックは、ひとが信頼とともに帰依するような、穏やかな牧師的権威というものの利点をすべて用いることができる。すなわち気分と表現、内的な力と外的な力を、信仰を伴って統一することになる。かくしてどの要求も慰めなのである。聴衆は、諸個人が内的に結び付けられるかのように呼びかけられる。そして演説者は、敬虔な心を持ち集まったサークルから発せられる声であるとともに、専門知識を携え、教えを授かり、経験を積んだ声として語るのである。このように肉体と魂の社会的統一も達成される。牧師的レトリックは、もっぱら普遍的に理解可能な言葉で、気分、感情、洞察という点で集会を支配しているものを表現する。弁士は彼の聴衆の解釈者なのである。弁士は自らをつねに仲保者としても呈示する。どの説教の説教師もつねに神の耳に向けても語るように、マーティン・ルーサー・キングもまた政治的雄弁家として、つねに二種類の聴衆を前にして語るのである。すなわち、現実に集まった群衆と、アメリカの世論という裁きの広場の二つである。六〇年代、特にベトナム戦争を批判する際に、彼は世界という裁きの広場の方をはっきりと向いている。マルコムXの分派主義的傾向や、暴力も辞さじとする彼の支持者との対決において、極めて重要な役割を果たす、論理化の効果がすでにこの二重の観点のうちに存在している。

しかしマーティン・ルーサー・キングのレトリックが持つ合理性とは、たんにその内在的な仲保の要求から生じるものではなく、たんに方法によっては仲介されることが決してないものである。むしろこの合理性は意識的に選びとられ、そして伝統との反省的関係のうちで展開され、深化される。それに際して前面に出てくるのは、形式と内容の間を基礎づけるような関係である。すなわち、レトリック的表現の諸メディアと、一切を支配する政治的目的の間の結合である。かくして、表現的な形式と実質的な内容とのこのような接合がようやく、人権〈と〉レトリックについて語るということを正当化するのである。

なぜならここにはレトリックが、説得力のある、人間の自己描出、自己解釈のための手段であることをほとんど放棄しているような事例もあるからである。言うなれば、レトリックは人間の自己認識の実践的自己履行にあたって人間を助けるという点に自身の真理を持つ。レトリックは、人間とは本来何でありそれゆえ何であるべきかを、よりよく人間に理解させようと教えるだけではない。レトリックは、人間が自身に固有の期待に従って、本来属している所へと独力で到達できるようにするために、人間が何をなすべきか、そしていかになすべきかについて、人間に明らかにするものなのだ。簡潔に言えば、人権への要求のうちに分節化される自己理解と、レトリックとして把握されねばならない自己描出との間には、内的な対応関係が存在するのである。私は締めくくりとして、本論文第一部で準備したこうしたテーゼを、マーティン・ルーサー・キングのレトリックが持つ事実的な側面に即して明らかにしようと思う。

アメリカ合衆国初期の憲法の伝統は、何といっても意識的に我有化され、また絶えず再活性化された、公民権運動の伝統の内に息づいている。黒人たちは自分たちをまずアメリカ人として、すなわち一七七六年の独立宣言が約束し、ジェファソンやリンカーンの政治により強化されてきた生活を生きようと欲する、そうしたアメリカ人として、自分たちを理解する。

そのとき黒人たちは自分たちを神の子として理解する。それはまさにキリスト教の福音書に書かれている通りである。それゆえ黒人たちは、世界を創造し、人間に現世を開き、モーゼをエジプトから連れ出し、全ての人間に戒律を授けた旧約の神にも向きあっている。

ユダヤ・キリスト教的伝統が持つ権威は、他の一連の源泉を通じてなお強化される。すなわちそこには自己自身を知ることと知恵への愛を擁護するソクラテスがおり、また古代ヨーロッパの伝統に属する他のすべての哲学者、特に倫理学者やトマス・アクィナス以降の自然法論者、そして一九世紀の何人かのラディカルな平和主義者（なかでもヘンリー・デイヴィッド・ソロー）(23)が含まれる。彼らはみな、当然だが、もっぱら聴衆の理解が及ぶと思われる範囲で引き合いに出される。加えてインドおよび中国の賢者がいるわけだが、その現代の証人として見出されたのがマハトマ・ガンディーである。周知の通り、マーティン・ルーサー・キングはこのガンディーから、非暴力的抵抗への要求を継承している。ガンディーはキングにとって現代のソクラテスなのである。最後に先史時代のアフリカの遺産、インディアンの遺産の記憶も存在する。

これらはすべて、ひとが自分自身を、自由、平等、尊厳への要求とともに了解する限りにおいて両立可能なものとみなされる。こうした理解をする場合、伝統は何事も排除せず、むしろ事を判明にし、強化し、そして勇気づける。このことが、考え得るあらゆる立場のうちの任意の受け取り手へと結び付くものではないということを、マーティン・ルーサー・キングは、マルクス主義との対決との中で立証した。彼の一九六三年の著作、『キリスト者は共産主義をどう見るべきか（*How should a Christian view Communism*）』(24)は、共産主義批判に向けて、信ずるに値するような政治的道徳的態度から講ぜられたもののうち、その最良の部類に属する。

マーティン・ルーサー・キングが人権の宗教的、哲学的、人道主義的伝統に関係する際に見せる折衷主義的な仕方があるからといって、キングが人権の伝統を論証的な仕方で獲得したということを否定してしまうわけではない。この師は、学位を持つ社会学者であり、神学と哲学という最初の専門領域についても知識を有していた。しかし彼の理論上の知識は、政治的実践においては後景に留まっている。彼は自分の聴衆がまだ知らないことについては何も教えない。それゆえレトリック的洞察の基準に従って基礎づけは行われていると言ってよい。この基礎づけは、すでに固有の経験に基づいて諸々の洞察が成立している場合に、〔その洞察の〕保証と追認に寄与するものである。それゆえこの基礎づけは、すでにそれぞれ固有の理解が存在している場合にのみ役に立つ。そしてこの理解は過去の洞察を引き合いに出すことで支えられ、深化され、強化されうる。

このように絶えず呼び出される現実的な自己理解から、そして自身の歴史的背景から、この雄弁家は、活動家的観点から未来に開かれた現在に向け関連づけられた効果というものを作り上げているのである。画像やテクストを詳細に分析する余地はないので、私はマーティン・ルーサー・キングの人権レトリックの重要な契機を、八つの点に簡潔に定式化し要約する(25)。

第一に、すべての聞き手に共通する経験への関係づけである。黒人は共通するかたちで耐え、そして苦しんできた。黒人たちは、他のすべての人々たちと同じく黒人たちに開かれそしてゆだねられている目的の前に、ともに立っている。黒人たちは自分たちに当然のものとして帰属するもの以上のものを（しかし最終的には以下のものをも）求めない。これは各人が自身の自然権を有する世界において、一切のものに共通する観点である。同時にこれは人間性の共通的立場である。黒人は、黒人たちという同情を要する客体となることなく、人間になる、すなわち他のすべての人間に等しい存在者になる。このレトリックはこのようにつねに共通の利害関心(たんに特殊な利害関心ではなく)を思い起こさせることが可能である。

共通の経験は単純なものである。どの子供もそうした経験を持ちうる。すでにこのことが第二点目となっている。必要とされるのは、ただ目をそして耳を開いておくことである。そのようにして、黒人たちの要求がいかに自明のものであるかが、すでに自ずから示されることになる。大人たちは、暴力的に歪められた現実に、すでにあまりにも慣れ親しんでしまった。そのため自然なままの秩序を見分け認識するには、子供たちのほうがはるかに適している。それゆえ本来的に見た場合、公民権運動の一部であるために必要なのは、子供が持つ留保の無さだけなのである。ここでは根源性の観点が機能している。自己理解される以上のものを分節化して語らないことによって、説教者はこの根源性の立場が表現されるよう手助けするのである。

黒人たちが欲するのはただ、自分たちに加えられる不正を断ち切ることである。報復することではない。これが三番目のポイントである。レトリックは自身のパトスを、絶え間なく加えられる痛みのうちに持つ。苦しみの経験はひとを結び付ける。しかしこの経験はたんなる同情という感傷へ至るものではない。なぜならひとは耐え忍ぶことのうちですでに勇敢であり、あったからである。それゆえ単純な諸々の徳への訴えが前面に出る。痛みを耐え忍ぶことにおける勇敢さは、正義をめぐる戦いの予備校である。これは個々の行動のうちに出発点を持つ、活動的な共同人間性という観点である。この観点には、個々人それぞれの良心への訴え、そしてその良心の道徳的自立性への訴えが含まれる。善き意志を持つ者、自分の判断を支配的な利害関心によって歪めさせない者は、前方にいる演説者が行っているのと同様の推論を、最後列からなさねばならないのである。

ここには山上の説法の倫理が影響を残しているだけでなく、寛大さの身振りが喧伝されているのは明らかである。ひとは高潔さの観点に身を置くことになる。四番目のポイントは、酷い不正という条件下においても固守される普遍的道徳的視点により、自己が引き上げられるということにかかわる。憎むにたる十分な理由を持つ場合にも憎まない。むしろ言葉を通じて自身のうちに強さの感情を惹き起こす。そして赦すのである。復讐は敵の持つ弱さである。ニーチェがユダヤ教徒、キリスト教徒のものとして数え上げることができると信じたルサンチマンの論理は、こうして正反対へと向けられ、固有の強さの表現となる。

第五に、人権のレトリックは、瞬間の有効性、現実の経験の有効性に賭ける。すなわち、来たれそして見よ、汝らはわれらと同じように感じ、考えるようになるだろう、この全てをともに体験する者は、われわれが義のうちにあることを知る、われわれが最後に勝つことを知る、というわけである。ここには感性的な経験の持つ拘束性への信頼、また同時に自身の行為に備わる証言の力への信頼がある。行為はどうしようもなく不利な条件下でも可能である。見込みのない状況下においてさえ成功が予期されねばならない。それゆえこのレトリックは、自立性への促し、自助への促し、そしてこれらとともに政治一般への促しを含んでいることになる。しかし行為はたんに活動的なことを意味するのではなく、解放する行為のことであり、自身の諸力を創造的に展開することである。この展開は自身の感官と悟性を使用すること抜きにはありえない。したがってこの展開は、個人性抜きにはありえない。

講演者は個人的な見地に基礎を置いている。しかしこの講演者を超えて、訴えから、ひとつに統合された慰めの言葉というレトリックが生じる。これが六番目のポイントである。演説は大衆を前にし、大衆を通じて行われる自己の勇気づけである。演説の感動は、揺るぎないオプティミズムのうちにあるわけだが、そのオプティミズムは、出発点の状況を美化することに基づいているわけではない。むしろそれは誰もが知るように劇的なまでに悲惨である。力は体験された団結と内的な確信からやって来るのであり、これらの背後にはもちろん神に対する宗教的な信頼が働いている。しかしこの信頼が依って立つ諸々の証言は、明白かつ簡素なものであるので、それはすべての宗教に対して開かれていることになる。マーティン・ルーサー・キングは、ブラック・ムスリムとの激しい論争において、自身の信仰が持つ文化横断的な有効性に賭けたわけだが、それは全くの失敗に終わったというわけではなかった。

訴えかけるスピーチにおいては、情動性と規律化が相互に絡み合って働いている。これが七番目のポイントである。演説者は、彼が語る人々に属していなければならない。それゆえ聴衆の苦しみは演説者自身のうちでも、はっきりと分節化されていなくてはならない。演説者は、彼の支持者と同じように腹を立てている。演説者は嘆き、不満を訴え、より良き世界を夢見る。彼はこのすべてに際して、直接的に聞き取り、理解できる存在であらねばならない。それゆえ彼の言葉は単純である上に心に迫ってくる。しかし彼は説教者としては、自身の聴衆に先立つ。語られることのうちで道徳的な強さを証明せねばならないような、そうした専門知識を備えた模範の役割を彼は少なくとも引き受けている。それゆえ明白なのは、演説者が自身の役割において説得的たろうと欲するならば、演説者は落ち着き、自分を抑制していなくてはならないということである。非暴力の目的も、放縦でデマゴーグ的な身振りとはうまく合致しない。結局のところ運動において常に呼び起される「自己浄化」は、自己自身との距離を要求することになる。「自己浄化（Selbstreinigung, selfpurgation）」は、自己批判の禁欲的、宗教的なヴァリアントであり、それは音楽や踊りや歌における儀式的な運動とは矛盾しない。一見すると、「自己浄化」は、今日では宗派的文脈でしか維持できていない、祭礼的な意味を持つ遺物のように映る。しかし師の指示を読み解けば、啓蒙主義的な自己批判という思想と、自己責任、自己強化の思想が結合しているということが明らかとなる。知られねばならないのは、ひとが個人として要求されているということ、そして特別な負荷を待ち受ける気持ちを持たねばならないということである。ひとは自分がそうした負荷に耐えうるかどうか、自らを精査しなくてはならないのである。

こうしたレトリックのうち、八番目にしておそらく最も重要な表現上の要素とは、真正性への要求である。神を前に立つ説教師のように、政治的預言者は、歴史を背負った現在という印象の下にある。しかしこの現在は具体的に表現されねばならない。いま、ここ、が出発点である。すなわちそれは、歴史と場所についての感性的な含みの一切を伴うものである。リンカーン記念館の前で、リンカーンの遺産が宣誓される。アラバマ州モンゴメリー、ジョージア州オールバニ、アラバマ州セルマ、アラバマ州バーミングハムといった南部の都市における、誰の目にも明らかな奴隷制の恥辱、そしてクー・クラックス・クランによる脅迫、これらが出発点となる。シカゴでは、南北戦争からの立場、そして労働組合の伝統が結び付けられる。そして常に個人的な受難の経験――これは二十九回監獄入りした者にとっては特別な困難ではなかった――が出発点とされる。それゆえこの八番目の点に関して、一九六三年四月一六日の日付をもつ「バーミングハム監獄からの手紙」は、範例的な意味を持つ。「親愛なる牧師諸氏。ここバーミングハムの監獄に拘置されている間、私は自分の目下の活動を〈思慮を欠き時宜を得ない〉ものとする、諸君の最近の声明文をたまたま読みました(26)。」

瞬間、すなわち生き生きとした感性的な現在の一瞬が出発点である。この出発点から出て、説教師は個人的、歴史的経験の堆積物へと突き当たる。この堆積物のうちには活性化されねばならない諸々の力が臨在している。また、この堆積物から出発してのみ、よりよき未来への現実的な接近がなされる。現在、結集した個人たちの複数性は明白である。張り詰めた雰囲気のなかで聞くこと、歌、ダンス、皆一緒で行われる行進、賛成の拍手喝采を通じた自己強化といったことにおいて見出される共通のものと同じように、各人は自己自身に即して多様性を経験する。このようにひとは自身の政治的可能性のうちに、自己自身を経験する。

こうした人権のレトリックに際し、政治は自己目的ではないと言うことは余計なことだろう。諸々の目標が向けられているのは「運動」、ムーブメントに対してであって、何らかの制度に対してではない。しかしひとは個人的には、運動に対して目をつぶることとは異なる何かを一番行いたいものなのである。ここにはこれまで再三強く指摘されてきた快楽主義的な契機が存在する。政治が真っ先に必要というのでなければ、説教者にとってはむしろ好ましいということになる。しかし私的で個人的な幸福へと撤退することは、事情が許さない。「私は行動しなくてはならなかった（I had to act）」は、弁明であると同時に促しなのである。このようにしてこのレトリックは、政治が自身の推進力を引き出すところの、個人的な自己理解から集合的な自己理解への移行も絶えず実行する。そして人権とは、政治が存在しうる……リックとは、自己を政治に向けて感性的、情動的に教育する公共的なプロセスである。そして人権とは、政治が存在してこのかた、そこから自身を理解してきたところの要求として体験され、判明なものになる。したがって人権のレトリックとは、人間が自己を政治に向けて教育することを政治的に繰り返し課する、そうした過程に他ならないのである。

注

（1）Cicero, *Natur deorum* I, 47.〔キケロー、山下太郎、五之治昌比呂訳『キケロー選集』第一一巻哲学、岩波書店、二〇〇〇年〕。

（2）これについては以下を参照せよ。Christian Meier, *Die politische Kunst der griechischen Tragödie*, München 1988; ders., *Athen. Neubeginn der Weltgeschichte*, Frankfurt, 1994.

（3）*Politikos* 272 b-273 d.〔プラトン、藤沢令夫、水野有庸訳『プラトン全集３：ソピステス・ポリティコス（政治家）』、岩波書店、一九七六年〕。

（4）これについては以下を参照せよ。Volker Gerhardt, *Die Politik und das Leben. Antrittsvorlesung an der Humboldt-Universität u. 30.6. 1993*, Berlin 1994 (*Öffentliche Vorlesungen an der Humboldt-Universität*, Heft 19).

（5）必然的な憲法の諸要素を列挙することにアリストテレスは決して満足せず、市民の名誉・尊厳・自立の尊重を繰り返し評価している。これは、自身の本性からして、少なくとも市民の自由と平等を尊重することに基礎を置くような憲法に対してもまた、妥当する。「独裁者は、他人を卑しめるべく加えられる、あらゆる形態の不正から、とりわけ人を辱める次の二種類の攻撃から自らを守らねばならない。すなわち、肉体的な無傷に対する攻撃と、若さに対する攻撃である。」(Aristoteles, Politik 1315 a 14-15)〔アリストテレス、山本光雄訳『アリストテレス全集15：政治学』、岩波書店、一九六九年〕。さらに幾分下った箇所では次のように言われている。「また一般に独裁者は、名誉を傷つけるように思われうる扱いには、一層大きな名誉をもって贖わねばならないのである。」(1315 a 23-24).

（6）周知のように自然法の伝統は、その源泉をアリストテレスおよびストア派にまで辿ることができる。この点については以下の各文献を参照せよ。Joachim Ritter, »Naturrecht« bei Aristoteles. Zum Problem einer Erneuerung des

Naturrechts (1961), wieder in: *Metaphysik und Politik*, Frankfurt am Main 1969, S. 133-179; Max Pohlenz, *Die Stoa. Geschichte einer geistigen Bewegung*, Göttingen 1948, S. 131 ff.; G. Watson, »The natural law and stoicism«, in: A. A. Long(Ed.), *Problems in Stoicism*, London 1971, S. 216-238. 自然法の臨界点において生じた、賞賛に値するような現実化については以下の文献が詳述している。Sibylle Tönnies, *Der westliche Universalismus. Eine Verteidigung klassischer Positionen*, Opladen 1997, 2. Aufl. 1997, S. 15 ff.

（7）これについては以下を参照せよ。Volker Gerhardt, »Das individuelle Gesetz. Über den exemplarischen Charakter ethischer Normen«, in: *Allgemeine Zeitschrift für Philosophie*, 22, 1997, S. 3-21.

（8）これについては以下を参照せよ。Gregory Vlastos, »The Individual as Object of Love in Plato« (1969), in: G. Vlastos, *Platonic Studies*, Princeton 1973, S. 3-34, S. 5 ff.

（9）Agathon alla di' hauton autos (Aristoteles, *Politik* VII: 1323 b 25).

（10）»Petrarca, Semiles XV«, 11: in: *Opera, Basileae 1554*, S. 1046.

（11）すなわち、ジァノッツォ・マネッティ（Giannozzo Manetti）が論じるように、もし人間が「神の唯一にして真正な似姿」だとすると、人間は自身の神にとり、どうでもいいような存在ではないということにもなりうる。(G. Manetti, *Über die Würde und Erhabenheit des Menschen (De dignitate et excellentia hominis)* (1452), hg. von A. Buck, Hamburg 1990, 72; II, 11). むしろ神は人間そのもののうちに見出されるのであり、そのため神は人間のために世界を創ったと言うことが許される。キリスト教的な神の受肉は、古代よりすでに強調されていた人間の神の似姿性を、相対的な類似性から絶対的な対応関係へと転じる際の論拠となる。神は、地上の何ものによっても凌駕されることのできないような、そうした威厳を要求する人間の自己評価の向上に向けた媒体となる。形而上学的、神学的に見て、人間の尊厳は不可侵のものである。神のほかには、自分自身に対してより高い価値を要求しうるようなものは何も存在しない。人間は、「小世界（parvus mundus）」である、とされる。(1990, 33; I, 49). 同様に、ニコラウス・クザーヌスは、人間が大宇宙を自身のうちに反復し、そのことで世界の全体を、自分自身のうちに、いわば最高の集中のうちにおいて表すということを知らせるべく、人間を小宇宙として描くのである（『補遺〔*Exkurs*〕』を参照のこと）。

（12）Johann Joachim Spalding, *Die Bestimmung des Menschen*, Wien 1748.（私が所有しているのは一七六九年版である）。

(13) 「きみの人格や、他のあらゆる人の人格のうちにある人間性を、いつも同時に目的として扱い、決してたんに手段としてのみ扱わないように行為しなさい。」(GMS, 2. Abschnitt: Akad. Ausg. 4, S. 429).〔イマヌエル・カント、宇都宮芳明訳『道徳形而上学の基礎づけ』、以文社、二〇〇四年〕。

(14) Aristoteles, *Politik* I, 4: 1253 b 35-39.

(15) この自立化は、多くの者が考えるのとは違い、近代的技術においてはじめて現れるといったものではなく、国家というものを持った人間の最初の経験をすでに規定しているのである。

(16) 実際、近年、人権の本質的要素は、ギリシア・ローマの古典古代の伝統だけでなく、旧約聖書の伝統（アモス書）や古代中国思想、古代インド思想のうちにも見出されることが示されてきた。

(17) 「[…] 人権に対する無知、忘却、侮蔑が公的秩序の腐敗の唯一の原因である。」([…]l'ignorance, l'oubli ou le mépris de droits de l'homme sont les seule causes des malheurs publique […])〔「一七九一年九月三日の憲法」in: W. Altmann (Hg.), *Ausgewählte Urkunden zur außerdeutschen Verfassungsgeschichte seit 1776*, Berlin 1897, S. 58).

(18) ここでは、カントが確かに非難しているもののそれにもかかわらず彼の政治哲学においては使用されている、弱いレトリック概念を利用することができる。それは、雄弁家が、「人間の持つ弱さをおのれの意図のために」利用する「弁論術（Rednerkunst, ars oratoria）」、すなわち「技術を用いぬ弁論家（Redner ohne Kunst）」の能力ではない。「事柄を明晰に洞察するに際しては、言葉をその豊富さ、純粋さに従って支配下に収める者、そして自身の理念を表現できるほど豊かで有能な構想力を用いるに際しては、真の善きものについて生気溢れる心情の点での共感を抱く者、そうした者が、語りの巧みな善き人（vir bonus dicendi peritus）であり、技術を用いぬ、しかし迫力を備えた弁論家である。キケローはこうした人物でありたいと欲していたわけだが、しかし彼自身、この理想につねに忠実で在り続けるというわけにはいかなかった。」(KdU § 53: AA 5. 328)〔イマヌエル・カント、牧野英二訳『カント全集８：判断力批判』上、岩波書店、一九九九年〕。付け加えねばならないのは、カント自身がここで技術（Kunst）という自身の概念にまったく忠実であるというわけではないということである。なぜならカントは、言葉の知識において「迫力を備えて」語る能力は、まさに「技術」というものを表現しているのだ、と認めるべきであったからである。レトリックのアクチュアリティについては以下を参照せよ。Hans Blumenberg, »Anthropologische Annäherung an die Aktualität der Rhetorik«, in: *Wirklichkeiten, in*

denen wir leben, Stuttgart 1981, S. 104-136.

(19) 以下の考察は、元々一九九六年夏に同僚であるジョン・マイケル・クロワとともに開講した、マーティン・ルーサー・キング関連のゼミナールにおいて展開したものである。マーティン・ルーサー・キングの出自、教育形成過程、精神的活動、および当時のアメリカ合衆国を支配していた政治的な気分に関する個人的な印象等について、私は事実的な面での多くの示唆をこのクロワに負っている。また同ゼミナールの参加学生たちにも記して感謝を表したい。マーティン・ルーサー・キングが、テクストおよび映像を通じて、あたかも現代の論者のように働きかけることがありえるということ、したがってキングのレトリックが今なお依然として生きていることを、私はこの学生たちのうちに認めることができた。

(20) とりわけ予期されることは、キングが死後間もなくハリウッドにより商品化されるだろうということである。

(21) キングの左隣には白人の保安官が立ち、キングに注意深くマイクを向けている。

(22) 印刷されたテクストでは、このフレーズは八回だけ繰り返されている。以下を参照せよ。*I have a Dream*, in: James M. Washington (Ed.). *A Testament of Hope. The Essential Writings of Martin Luther King*, San Francisco (Harper & Row) 1986.〔クレイボーン・カーソン、クリス・シェパード編、梶原寿監訳『私には夢がある：M・L・キング説教・講演集』、新教出版社、二〇〇三年〕。

(23) ソローの下記の両重要著作が、キングに対して持つ影響は甚大である。*Walden*, 1854, und *Über die Pflicht zum Ungehorsam gegenüber dem Staat*, 1849〔ヘンリー・デイヴィッド・ソロー、飯田実訳『森の生活：ウォールデン』上下、岩波文庫、一九九五年：ヘンリー・デイヴィッド・ソロー、飯田実訳『市民の反抗：他五篇』、岩波文庫、一九九七年〕。

(24) Martin Luther King, *Strength to Love*, New York 1963, S. 96-105.〔M・L・キング、蓮見博昭訳『汝の敵を愛せよ』、新教出版社、一九六五年〕。共産主義に対する異論は、［第一に］共産主義が、貧困、不安定性、不正、人種差別、人間の尊厳の軽視といったことの諸条件を除去できないこと、［第二に］共産主義が民主主義と根本的に矛盾するものであること、そして［第三に］共産主義が個人の不可侵性——とりわけ信仰において現れるような——というものを認めないがために生ずる。

(25) 以下の諸テーゼに対する、最も迫力を備えた典拠としては、一九六三年四月一六日付の「バーミングハム監獄からの手紙」が挙げられる。(in: *Why we can't wait*, New York 1964).〔マーチン・ルーサー・キング、中島和子、古川博巳訳

『黒人はなぜ待てないか』、みすず書房、一九六五年、新装版一九九三年）。

（26） *Why we can't wait*, a.a.O., S. 76.

第2部　人権の正当化に関する諸問題

正当化への基本的権利 ――人権を構成主義的に構想するために――

ライナー・フォルスト
（田原彰太郎訳）

【フォルスト論文への助走】

家庭のなかで日常的に暴力に曝されている人々、たんに女性であるという理由から教育を受けることや恋をすることが禁じられ、その禁止を破れば命さえも狙われる人々、ある民族や人種に属するという理由だけで、自分や家族の安全が脅かされ続ける環境に怯えつつ生きる人々、そういった人々はかつて世界に存在し、いまも現に存在している。それぞれの苦しみからの解放を求めこれらの人々が発する声を、人権保障の要求として聴き取り、その要求に添うかたちで社会を再編成するための道筋を描き出すこと。過度の単純化との誹りを恐れずに言えば、ここで訳出した論文のなかでフォルストが作り上げる人権論の骨子はこのことに尽きる。

この人権論を構築することによってフォルストは、この論文が書かれた当時の一九九〇年代ドイツにおける人権に関する議論状況の欠陥を指摘し、それを正しい方向へと導くことを試みている。フォルストが彼独自の人権論をどのように組み立てているかについて詳しくは、後続する邦訳をお読みいただきたい。それに先んじてここでは、フォルストの批判対象である議論状況がどのようなものであり、そしてその状況のなかでフォルストの人権論はどのような特徴を持つかという点を中心的に紹介・考察したい。

まずは、フォルストが念頭に置いている文献（本邦訳注1と2とを参照）を参考として、彼が問題視する議論状況を具体的に肉付けして紹介しよう。この議論状況は二つの主張から成り立っている。

ひとつ目の主張は、西洋による人権保障の要求は、各文化の自律を侵害し、文化的多様性を西洋の利害関心に適うよう均質化しようとする不当なものだと述べる。この主張を裏付けているのが、「人権の手段化」という考えと文化の自律と文化的多様性の尊重という考えである。『フランクフルター・ルントシャオ（Frankfurter Rundschau）』紙の「人文科学フォーラム」というコーナーにて、一九九六年八月から一九九七年二月までの期間に人権を特集するシリーズが組まれた。このシリーズに含まれている「西洋は潔白か（„Des Westens weiße Weste?"）」という記事のなかでコンディーリス（Kondylis）が提示したのが人権の手段化という概念である。彼の見解では、人権生誕の地である西洋は、人権がそれ以外の地域でも保障されることを要求し、「人権の番人」を自称してはいるが、当の西洋自身は自分の地域において人権を保障していない。この現状を踏まえれば、西洋は実際には、自分の地域においてもほかの地域においても、人権の実現を目指しているわけではないという疑念が生じてくる。

西洋による人権保障の要求の目指すところが人権の実現ではないとすれば、その要求は何を理由として発せられているのか。この問いに対して、この要求の背後にはさらなる勢力拡大という西洋の利害関心が隠されている、とコンディーリスは答える。彼の理解では、人権とはそれ自体で価値を持つようなものではなく、西洋がそれ以外の地域に対する影響力を獲得・強化する糸口を与える「圧迫し介入するための手段」にすぎない。すなわち、西洋は正義や道徳に基づき人権の実現を迫っているわけではなく、自身の意図を隠しつつそれを実現するための隠れ蓑として人権を使用しているにすぎないというのである。これが人権の手段化という考えである。

この考えに文化の自律と文化的多様性の尊重という考えを結び付ければ、人権保障の要求は、本来はそれぞれに独立し多様であるべき諸文化を西洋に益するかたちで均質化する不当なものだと評されることになる。この評価のもとで人権保障の要求を理解すれば、それは要求の受け手である非西洋の諸文化にとっては自文化の自律の侵害であるだろうし、あるいはさらに、自文化の価値を毀損するものでさえあるだろう。

二つ目の主張は、ひとつ目の主張自体が不当であることを暴き出そうとするものである。すなわち、それは、文化の自律や文化的多様性を論拠に人権保障の要求を拒否することは不当だと述べる。先述の『フランクフルター・ルントシャオ』紙の同じシリーズに含まれる「犯罪者たちの真理の政体（„Wahrheitsregime der Verbrecher"）」という記事のなかでアル＝アズム（Al-Azm）は、「真正性」や「文化的多様性」などの名において人権保障の要求を非難し拒否する政体は、「その政体が支配する土地で人権やそのほかの権利をその土地に独特な仕方で侵害することを正当化しようと試みているだけ」だと断じる。彼によれば、このような正当化は、「世界中にいる人権を軽視する人々が、いずれにせよすでに充分に行ってきたことを今後もさらに続けるために喜んで飛びつき、成功裡に用いる」ものにすぎない。

たとえば、次のように想定してみよう（この例は、本邦訳の注2にて言及されているオキン（Okin）の論考を参考にした）。ある文化のなかでは家庭内で男性が女性に暴力をふるうことが許されている。この暴力の容認は究極的には、男性は女性よりも価値が高く、男性は自分たちが望むように女性を扱うことができるというこの文化のなかで伝統的に継承されてきた規範によって基礎づけられている。暴力に曝されている女性たちの人権を保障すること、つまり、男性による女性への暴力をやめることがこの文化に対して求められる場合、この文化の代表者は文化の自律や文化的多様性を盾に取り、この要求を不当なものとして非難し、拒否するかもしれない。その代表者曰く、この暴力は自文化の伝統に根ざすものであり、それを西洋文化に由来する人権によって否定することは自文化の自律の侵害であり、さらには、自文化よりも西洋文化を価値の高いものだと見なし、そのことによって自文化の価値を貶しめることでさえある、と。アル＝アズムの主張をこの事例に当てはめて考えれば、文化の自律やその多様性はたんなる表向きの論拠にすぎず、この文化の代表者は、それを口実として実際にはこの文化内で男性にとって都合のよい支配関係を維持しようとしているだけなのである。

フォルストの目から見れば、一九九〇年代ドイツの議論状況は主として以上の二つの主張から成り立っていた。フォルストの狙いは、このどちらかの立場に与し、敵対する立場をやり込めるための理論を構築することではない。この議論状況に内在的に考えれば、どちらの立場が正しいかは個別的事情によって異なり、よって、ある事例では一方が正しく、ほかの事例では他方が正しいということがありえ、場合によっては、双方の立場とも正しいことさえありうる、という見解をフォルストはたしかに表明してはいる。しかし、フォルストの主眼はむしろ、この議論状況の外側、あるいは、彼が本邦訳の結論部にて用いる言葉では、「周縁」に身を置き、この議論状況のなかでは見落とされてしまう事柄を中心として人権論を構築することである。その事柄が、この【助走】冒頭にて挙げたような不当な苦しみのなかで解放を求める人々の声である。

この声を人権保障の要求へと変換するための装置としてフォルストが案出したのが、「正当化への権利」、ならびに、正当化に際して持ち出される根拠が適切か否かを評価するための「相互性」と「普遍性」という基準である。先にも述べたように、これらの概念を用いどのように人権論が組み立てられるのかは後続する邦訳にてご確認いただくこととし、ここでは、この人権論の特徴を考察したい。

たとえば、マララ・ユスフザイのことを想起しよう。パキスタンにて女子教育の権利を訴えたことを理由にそれに反対するタリバーンの成員によって襲われ、頭部を銃撃されたが、その後奇跡的に回復し、二〇一四年には最年少（一七歳）でノーベル平和賞受賞者となった少女のことである。先に紹介した一九九〇年代ドイツの議論状況のなかに彼女の事例を置き入れてみれば、彼女は西洋の手先であり、彼女は、自文化にはない西洋由来の権利を要求することによって、彼女が生活する地域の「真正な」文化を破壊し、その文化を西洋化しようとしていると見なされることになるだろう。銃撃したタリバーンは暴力に訴えたという点ですでに議論を拒否しており、先の議論状況の構図をぴたりと当てはめることはできないが、あえてそれを押し当ててみれば、自分たちにとって都合のよい支配関係の維持を暴力をも辞さずに目論む者たちと理解されるだろう。この分析においては、双方の立場は、目指すところこそ正反対だとはいえ、それぞれが自分（あるいは、自分が同一化している集団）の利害関心を実現するために政治的戦略を弄する者として描かれることになる。

この分析によっては見落とされてしまう事柄、あるいは、説明不可能な事柄が何かは明らかである。すなわちそれは、マララが、西洋の利害関心とはまったく無関係に、自文化において不当に貶しめられた女性の地位に異議を申し立て、それを本来あるべきところまで引き上げるために女子教育の権利を訴えているという可能性である。その場合には、彼女の異議申し立ては、不当に教育の機会を奪われていることへの怒りや不満から発し、さらには、その先に待っているであろう男性に服従する生活からの解放を目指して発せられる。その異議申し立ては、西洋の利害関心から発しているわけでは決してない。

不当な扱いに対する不満や怒り、そしてそのように扱われている状態からの解放を求める声こそが、たとえばこの事例における女子教育の権利のような人権の保障を求める要求の源泉である——人権保障の要求を政治的戦略という議論の文脈から切り離し、それを解放を求めるこのような声に由来するものとして描き直すこと、これが当時のドイツの議論状況との比較におけるフォルストの人権論の特徴である。

さらに、当時のドイツにとどまらない、より一般的な人権についての議論の文脈においても、フォルストの人権論には特徴がある。人道的介入にかかわる議論に代表されるように、人権にかかわる議論は一般的に、国家や文化、あるいは、国連などの公的機関といった「大きな」組織を主語とした語りに終始しがちである。もちろん、人権についての議論のなかでこれらの組織への言及がなされるということ自体に異論を持つ者はいないだろう。しかし、その語りのなかで触れずじまいになり、結局のところ忘れ去られるのが、人権保障の要求の源泉であるはずの、いわば「小さな」主体である人間各自が発する解放を求める声である。おそらくは世界中のどこにでも、いつの時代でも、発せられているはずであり、よって、すべての人間にとっての「いま」・「ここ」で発せられているはずの解放を求める具体的な声を中心に据え、その声を人類という普遍的次元における権利論へと昇華させ、それを基礎として社会のあるべき姿を構想することがフォルストの試みである。大きな組織を中心とした従来の人権論と比較すれば、彼の試みの特徴は、従来は「周縁」に追いやられてきた小さな主体の解放を求める声こそが人権論の本来の中心であるべきことを主張するという点にある。

フランクフルト学派の第三世代に属するフォルストはこれまでに、『正義の文脈（*Kontext der Gerechtigkeit*）』（1994）や『対立における寛容（*Toleranz im Konflikt*）』（2003）、あるいは、今回邦訳した論文も収められている『正当化への権利（*Recht auf Rechtfertigung*）』（2007）、いまのところ彼の最新の著書である『正当化関係の批判（*Kritik der Rechtfertigungsverhältnisse*）』（2011）をズーアカンプ社から出版している。彼の本はすべて英訳されており、本によってはポルトガル語やスウェーデン語にも翻訳されているという。本邦訳は、彼の文献の初邦訳である。

人権概念についての現代の議論のなかでよく目にする批判がある。その批判によれば、人権概念は西洋に特殊な概念であり、さらにそればかりではなく、この概念は西洋の資本主義諸国家が政治的・文化的にほかの社会を支配するための道具なのだという。前者のテーゼは人権の歴史的由来と規範的妥当について述べたものであり、後者のテーゼは人権をどのように解釈し適用するかという政治的問いにかかわるものである。後者に関して、申し立てられた批判に面して必要なことは、この批判を注意深く検討することである。とくに、この点を批判をしているのは誰か、ならびに、この批判がどのような政策や制度に向けられているのかを注意深く検討することが必要である。そうすることによって明らかになるのは、そのような批判が正当な可能性があり、〔ほかの国家への〕影響力と支配力とを獲得・維持しようとしている諸国家や国際的諸機関が自身の政治的・経済的目的を隠蔽するため、人権というレトリックを利用している場合があるということだ。(1) けれどもまったく同様に、この批判が不当な可能性もあり、統治機関が自身の政治権力を守ろうと試みているのを隠すため、「新たな植民地主義」というこの批判をイデオロギーとして喧伝しているという可能性もある。それぞれの地域の価値や伝統を尊重せよという要求と、この要求に対応する文化的・政治的自律を尊重せよという要求とは、自国の人々の一部や隣国を邪魔されることなく支配・抑圧するための口実である可能性もあるのだ。(2)

この状況のなかでまず理解せねばならないことは、この点に関してそれぞれの事例の特殊性を鑑みることなく片方の立場に一方的に味方せねばならないと考えることによって、罠にはまってしまうということである。というのは、ある特定の事例においては一方の批判が正しいこともあるし、あるいは、ほかの事例では他方の批判が正しいこともあるからだ。さらに場合によっては、両方の批判が正しいことさえある。両方の批判が正しいというこの可能性はとくに強調されねばならない。というのは、両方の批判が正しい場合に、ポストコロニアル時代に特有のこの〔支配力の維持・獲得のためのレトリックか支配・抑圧のための口実かという〕二分法を用いて現状を認知することによって、次のような人々の関心に気付くことができなくなってしまうからである。それは、西洋諸国家の関心やその諸国家が政治や経済に関して持つ考えを共有することなく、自分が属する国家の権力者へと向けて人権を要求する人々である。

政治的な人権批判が抑圧からの自由を求めるものである可能性を考えてみることなく、この批判を一括して、抑圧する自由を求める試みを隠すための隠蔽工作としてあらかじめ決めつけてしまうのであれば、この批判を少なくともあまりに軽視しすぎることになってしまう。さらに、その批判がそれぞれの事例において正当であるか否かは別としても、政治的戦略とレトリックに関するこの議論は、人権は文化的に特殊な西洋的発明品であり、よってそもそもグローバルに妥当しえないという上述のひとつ目のより根本的なテーゼにまったく言及していない。実際のところ、人間が人間として持っている個人の権利という概念がヨーロッパ文化の世俗化と近代化という文脈のなかで成立したということには議論の余地がない。(3) この点を踏まえれば、この概念の由来が特殊なものであることを指摘し、さらに、ほかの伝統や文化のなかでは「人間であること」がまったく異なった仕方で理解されているということを強調することは難しいことでもないし、不当なことでもない。

けれども、人権に含まれる核心的内実、すなわち、その権利を他者に与えずにいることを充分に基礎づけることなど誰にもできない、そのような個人の権利という核心的内実を保持しつつも、〔人権は〕中立ではなく、非西洋社会においては妥当せず、つまり、非西洋社会に適用することはできないという批判に曝されることもない人権理解を発展させることを企てる者は、この批判を真剣に受け止め、人権の規範的正当化に関する「文化横断的討議」に参加せねばならない。(4) そのような討議を行う目的は、それぞれの文化に細やかに対応するのと同じ程度に文化中立的な人権構想、すなわち、様々な文化が揃って拒否することができず、普遍妥当的かつそれぞれの文化に適用可能なものとして証明された人権構想へと到達することであるはずだ。

本稿における私の提言は、そのような人権構想を基礎づけ、練り上げるためのものである。第一節においてまず私は、人権に対する異議申し立ての論理を分析し、その異議申し立ての基礎にある規範的核心を取り出す。この異議申し立ては人権の可能性に疑念を示すものではあったが、この異議申し立てから取り出された核心は人権を基礎づけるための基礎として役立つ。これが私のテーゼである。この点を論じることによって明らかになるのは、人権に関して文化横断的討議を行うための条件は、この問題についての文化内在的討議を適切に考察することによって見出されるということである。第二節において私は、第一節において取り出した基礎の上でどのように人権構想を築き上げることができるかを構成主義の立場から提案する。このことを論じる過程で、文化的文脈との関連性の問題のほかにも、たとえば、道徳的権利と実定的権利との関係や人権と民主主義との関係など、人権理論にかかわるさらなる問題を取り上げる。第三節において私が論じるのは、権利に対応する義務と公的機関とを国際的枠組みのなかでどのように考えればよいかという問題である。結びとして、人権についての批判理論に関して若干の補足的説明をする。

本稿全体を通じて試みられるのは、人権の妥当とその規範的由来のイメージを描くこと、しかも、哲学的議論や歴史的議論、政治学的議論、権利論的議論などにおいて語られる一般的イメージとは異なるイメージを描くことである。本稿で示すイメージは以下のものである。人権が要求されるのは、社会的対立が存在する状態のなかで既存の構造が不正なものだと判定され、この構造の正当化を求める声がある決まった調子をもって大きくなる場合である。どのような具体的人権が要求されようとも、それに先立って少なくともひとつの請求可能な権利が必要である。すなわち、正当化への権利である。私の考えでは、社会や文化の内部でこのような仕方で生じる意見の対立が——歴史的にも現代においても——人権要求が成立する本来的文脈である。この要求の基礎づけと妥当についてどのように考えようとも、その考えは、正当化への基本的権利がどのように理解されねばならず、その権利からどのような特殊的権利が要求されうるかを顧慮し問うことによって得られるものでなければならない。政治的文脈において（より）公正な社会を設立するために具体的に必要な根本条件であるということが人権の根源的意味であり、この意味で人権は解放を目的とする。この意味を正当に評価することができるのは、上述のように人権を理解する場合だけである。

第１節　文化的統合性と正当化への権利

まずは、「非西洋」社会ないしは「非西洋」文化の立場から人権の妥当と適用可能性へと向けられている主要な異議申し立てに着目し、そこに含まれている規範的核心を取り出したい。けれども、ここでこのことを論じる際には、たとえば、主としてイスラム教を基礎とする文化と儒教を基礎とする文化との間にある違いのような、様々な可能的観点の間にある具体的な違いには言及しない。そのような多様化された議論によって、私が本稿で提示する論証が補足されることもあるだろうし、場合によっては、修正されることもあるはずだ。さらに、私はきわめて理念化された「文化」の概念を前提にして議論を進める。この「文化」とは、政治的共同体、言うなれば「単一文化国家」の自己理解や制度を構成する諸々の信念と実践とが複雑なかたちで統合された総体である。そのような国家の成員であることは、その国家と合致した文化に帰属していることを含意している。また、その文化やその文化の価値と伝統とを維持・尊重せよという要求は、特定の社会的‐政治的秩序を尊重せよという要求として掲げられる。この想定には、文化が国家よりも小さかったり大きかったりする可能性は含まれていない。この想定はたんに論証上の出発点を設定するためのものである。ここでは、今日の多文化的な政治的現実においては単一文化国家という考えを目にすることはほとんどないという事実や、ある国家においてほとんどすべての人がひとつの文化を持っている場所でさえも、この文化自体の内部においては多くの差異や対立が生じるであろうという事実を詳しく検討する必要もない。この点については後述する。ここでは、そのような政治的‐文化的な統一体の自律を擁護する者の論証をそのような検討を通じてあらかじめできるだけ弱めておくことが重要なのではない。

そのような「文化国家」の代表者が、たとえば、信教の自由、男女同権、普通選挙権など、一九四八年の世界人権宣言に含まれているようないくつかの人権を批判するための論拠を述べていると仮定しよう。さて、この代表者がこの種の権利を論駁するための中心的な異議申し立て、すなわち、個人の権利を論破するために充分に強いと見なす異議申し立てとはどのようなものだろうか。簡略に言えば、この異議申し立てが拠所とするのは、そのような社会の文化的統合性を維持せよという命令だと思われる。主要な要求は、政治的自決の要求というよりはむしろ（この政治的自決も無用なわけではないが）、固有の自己理解と特殊な制度とを持ち、安定的に長く存続し自律的に発展してきた文化的構造を構成する中心的要素の不可侵性を尊重せよという要求である。「統合性」はこの文脈において適切な概念である。というのも、この概念を用いることによって、上述のような文化が自立的で周囲の世界から明確に区別された、ある意味で「完全な」統一体であるとともに、誠実さと立派さという特定の基準を充たすような、意義を生み出しそれを育むいわば有機的全体だということを示すことができるからである。この文化はいわば、まったくの無傷で完全に統合された全体である。よって、外部からの侵入は、それがどのようなものであっても、この統合性の侵害と見なされる可能性がある。このような仕方で侵害された文化は、それ自身の価値を下げられ、そのことによってそれ自身の真正性の評価を下げるように強いられてしまうのである。このように考えれば、人権という「外的」道徳の無理強いはそのような侵入と見なされることになる。

文化的統合性を擁護する目的が、あらゆる変化の可能性を排除して文化を維持することだと考える必要はない。文化を擁護する目的はもっぱら、外部から強要された変化を回避することである。内部からの発展にもたしかに不信感が伴う可能性があるが、そのような発展が完全に否定されることはない。というのは、そのような発展を完全に否定してしまうのであれば、その文化はいかなる内的生も運動も含まない半ば無時間的存在だということになってしまうからである。むしろ、この集合的主体の生は個々の成員の生によって構成されたものだと考えられるし、逆もまた然りである。世界のなかにいるこの存在にとって変化は不可避である。この関係は、全体の統合性が個々の「成員の」統合性の条件であり、成員の統合性が共同体の統合性の条件だという意味で、相互的である。個々

〔の成員〕が自分自身の生の中で共同体へと帰属しているゆえに経験するのが、全体の持つ倫理的意味である。文化が「健全である」かどうかは、その文化の成員が「健全である」かどうかによって決まる。それゆえ、全体の統合性を、個々〔の成員〕の繁栄から独立に定義し主張することはできない。そればかりか、〔自文化が〕まったくの無傷で完全に統合された尊重されるべき統一体であるというこの主張の基礎には、そのような統一体でなければこの文化の成員の統合性が侵害されるという主張がある。このことはさらに、全体を形成する個々の部分の統合性を犠牲にしてしまえば、共同体の統合性は存在することはできないということをも意味している。したがって、ある文化が固有の自己理解を持っているということを前提にすれば、そのような文化（あるいは、そのような国家）が掲げる尊重の要求は、その文化の成員が自分自身の生を有意味で「止揚された」ものとして経験するための倫理的源泉として、その文化がその文化に属する成員の側で受け入れられているということを基礎としている。よって、「共有された信念」が内的道徳として受け入れられ、尊重されるべきだとある社会や文化が要求できるのは、この信念が実際に共有されており、住民の一部に対してこの信念を持つことが強要されていない場合だけである。(5)

それゆえ、文化的統合性を要求することが正当であるための基準は上記のように内的なものである。すなわち、その基準とは、ある文化をまさにその文化に属する成員が強制されることなく受け入れているということである。この点を踏まえれば、ある文化が部外者に対してまったくの無傷で完全に統合された統一体として尊重されることを要求することができるのは、その文化に属する成員がその文化をそのようなものとして承認している場合だけだということになる。外部からの尊重を求める論証は、内的に受け入れられているということを前提にしているのである。ある文化に属する成員の目から見れば、当該の文化や文化的制度の正当性と優れた点は、本質的には実体的価値と（たとえば宗教上の）真理に基礎づけられており、抽象的意味での「合意」を基礎として成立するわけではない。それらの成員にとって、その文化や文化的制度はそれらの価値と真理を具現化するはずのものである。けれども、この価値と真理はこの文化の内部で生きる人々にとっての価値と真理であり、その文化の部外者が共有できるものではない。〔ある社会ないしは文化に〕正当性を与えるのはその社会的-文化的構造の受容である。その構造が受容されるためには、その社会の成員が現在の共同体的（とくに政治的）実践が自分自身の信念を適切に表現しているものだと理解していることが必要である。まさにこのことこそが、文化横断的討議のなかで文化的統合性への要求を擁護する者が示しえねばならないことである。なぜならば、普遍的に共有することができない仕方、つまり、パターナリスティックな仕方で社会状況を描写したり、あるいはさらに悪いことに、独断的な仕方で社会状況を描写したりしても、文化的統合性への要求を基礎づけることにはならないだろうからである。[6] そのような仕方で描写することによって、文化の統合性が擁護されるかもしれないが、それは〔その文化の外部に向けてなされているのではなく、〕その文化に属する成員（少なくとも一部の成員）に向けてなされるのである。この描写を信じてしまう者は、その文化の現実的状況とは対応していないきわめて偏った視点からこの文化を理解することになるだろう。その人は、文化横断的対話の参加者として、文化の内部で行われている対話への洞察を失ってしまうだろうし、あるいはより起りそうなのは、その人がこの社会の内部で生じている文化内部的な対立や闘争への洞察を失ってしまうということである。解釈上のこの誤りのほかにさらに、その人はより深刻な道徳的誤りをも犯してしまうかもしれない。というのは、この描写を信じることによってその人は、ある文化の支配的党派に〔その文化を〕定義する権利を与えてしまうことになり、そのことによって、その定義から逸脱する人々を文化的よそ者と見なし、その人々に沈黙を強いることになるだろうからだ。個々人がどのような立場に立っているかにかかわりなく、そのような支配的党派の視点を取ることはどのような場合でも誤りである。というのは、その視点を取ることによって、その文化において何が重要であるかについての特殊で硬直した解釈をその文化に押し付けることになるからである。〔支配的見解と〕相容れない見解はいわば市民権を剥奪され、場合によっては、「よそ者のような」、「国家に反逆的な」、さらにはまさに「西洋化された」といったような烙印を押されてしまうかもしれない。このことによって明確に示されているように、本稿で議論を進めるために導入した「単一文化」社会という仮定は、実際の文化横断的討議のなかでは再び撤回されねばならない。なぜならば、「単一文化」社会という仮定はイデオロギーを広める道具となってしまう危険を孕んでいるからである。討議の前提になるべきなのは、人はある文化に（遠ざかるのではなく、）近づけば近づくほどその文化のなかで生じている差異や対立により敏感に気付くようになり、一枚岩という意味での文化的統合性への要求に批判的態度を取るようになるということである。そのような要求は多くの場合、権力や排除を求める特定の利害関心に添った拡大志向的で理想化された空想の表現である。

上記の考察から得られる洞察は、以下の二つである。ひとつ目の洞察は、ある文化をまったくの無傷で完全に統合された統一体として尊重するためには、統合性という概念を重視する必要があるということである。それは、この概念を重視することによって、その文化の「真なる性格」についての一面的で排他的な解釈をその文化に押し付けることを回避することができるからである。その文化の代表者が上述の意味で文化的・政治的・道徳的に自律的な統一体としてその文化が普遍的に承認されることを求めることができるためには、その文化の成員が全体としてその文化と目下その文化のなかで通用している制度とに誠実に同一化し、それらを規範として受け入れていなければならない。このことを簡潔な命題にまとめれば次のようになる。文化内部での強制なき同意を基礎とする文化的で道徳的な結束が強くなればなるほど、（上述の意味で）外部へと向けた尊重への要求も強くなる。これは、外部から押し付けられた命題ではなく、統合性に基づく論証の論理から帰結したものである。内的受容と強制なき統一という想定がまさにこの文化に属する成員によって疑問視される状況のなかでは、統合性への要求が問題視され議論の俎上に載せられる。その文化は二つに分割されないとしても、いわば内側からひび割れるのである。もちろん、ある文化がこのような状態にあるからといって、そのことをもってその文化にとっての部外者がこの状況に介入するための強い根拠と充分な知識とを持っているということにはならない。文化がこのような状態になるということがまずもって示しているのはただ、文化の完全な統一と統合性とを、文化の安定性がいわば「外側からの」人権要求によって乱されてはならないというほど強く要求し続けることはもはやできないということだけである。

二つ目の洞察はより重要である。その洞察とは、（典型的解釈と権力の分配が硬直している状況のなかで）文化的統合性への要求が疑問視される際に掲げられる異議申し立てや要求は「外側から」掲げられたものではなく、それらをよそ者の道徳の無理強いとして理解することはできないということである。この要求はむしろ、内的に生じ、内側から、まさにその文化ないしはその社会に属する成員によって掲げられるのである。その成員による同意こそが、その文化を統合された統一体として見なす人々が重視せねばならないものである。文化的価値や実践を違った仕方で解釈せよという要求や、社会的権力を再編成せよという要求を掲げるのは「内部の人々」である。しかも、その要求は、まさにその解釈が議論の的となっている特殊な価値や伝統を基礎として掲げられている。これらの要求に含まれているのは、「どこからともなく現れてきた」価値や規範ではなく、以下のきわめて単純な原理である。すなわち、ある特定の社会的 - 文化的構造がある特定の共同体にとって適切で道徳的に正当だということを主張するためには、その文化の成員、しかもすべての成員がこの構造（とその制度と）を、「自分自身の」構造として、適切で正しいものとして承認することができねばならない、という原理である。この承認の根拠が問われ問題視される場合、この文化がその統合性を危険に曝したくないのであれば、この問いは強要することによってではなく、根拠を挙げることによってすぐさま答えられねばならない。その際に開始される社会的討議で用いられる言語は、道徳的エスペラントのような言語ではなく、その文化の成員が自分の自己理解を表現する言語であり、その成員がその言語を用いて自分の自己理解と結び付けて行う主張には、自分自身が無視されることなく受け入れられるはずだという信念が含まれている。〔その社会的討議のなかで〕成員は共通の文化的文脈について自分自身の解釈がどれほど道徳的に正しく適切であるかを証明しようとするが、だからといってその成員はこの文脈から完全に立ち去ろうとしているわけではない。

人権が要求されるのは、上記のような内的対立が生じている状況においてである——内的対立が生じている場合に必ずしも人権が要求されるというわけではないが、しかし、条件次第では人権が要求され、私たちが生きる現代においてはそのような内的対立が生じる場合には通常、人権が要求される――。この要求は「内側から」生じ、この要求を掲げることによって「内的な」何ものか、すなわち、社会的構造の創出が目指される。その際に目指されるのが、共同体の決まった一部の人々だけが、文化ないしは社会がどのような性格かを定義したり、その文化に属する成員をどのように扱うのが適切かを決めたり、あるいは、誰がどのように扱われるのがふさわしいかという問いに答えたりする立場に立つことがないような社会的構造の創出である。人権が要求されるのは、ある特定の規則・法・制度の根拠が問われる場合、すなわち、それらの正当化が求められる場合、さらには、それらの規則・法・制度を支えてきた根拠がもはや充分ではない場合である――つまり、人々がその文化や社会の成員としてもたんに人間としても不正に扱われていると考える場合に、人権は要求されるのである。人権を要求する際に人々は、「人間」であるということが何を意味するかについての抽象的で哲学的な考えを持ってはいないかもしれないが、それでも、その人々は抗議の最中、どのような文化や社会も否定することのできない少なくともひとつの基本的で人間的な要求があると考えている。その要求とは、行為・規則・構造に従う誰もがそれらの根拠の説明を受ける者として尊重されねばならないという無条件的要求である。

それゆえ、これがほかの人々やほかの諸国家が拒否することができない普遍的で基本的な要求であり、各々すべての人はこれを要求することができる。この要求が正当化への権利である。正当化への権利とは、適切な根拠が示されることなくある種の仕方で扱われてはならないという最低限の意味で自律的な道徳的人格として尊重される権利である。この根拠の「適切さ」を決めるのはその人々自身であり、それは他者との具体的対話を通じて決められる。抽象的に表現すれば、この根拠は（次節にて詳しく論じるように）相互的かつ普遍的に正当化される。すなわち、他者を独自の視点やニーズ、あるいは利害関心を持つ存在者として尊敬することを断念しないならば拒否することはできない、というかたちでその根拠は正当化されるのである。ここで権利を、しかも各々すべての人間が持ち、ほかのすべての権利を根拠づける基本的権利を論じることの意味は、この権利のうちに、根本的で、間主観的に否定することができない、絶対的義務の源泉としての主体的要求が含まれているという点にある。諸々の権利が、相互的かつ普遍的に議論の余地のなく請求可能な特殊な種類の要求として理解されるのであれば、正当化への権利を、（a）道徳的権利と呼ぶことも、（b）基本的権利と呼ぶことも適切である。というのは、この権利自体は間主観的に根拠づけられ承認されるような特定の人権ではなく、具体的な諸々の権利をそれ自体で正当化するための基礎だからである。

伝統を基礎としていまに至るまで統合されてきた文化において人権が要求される際に、その当事者たちが上記のような普遍的な自律概念によって自己理解をしているということを自明視することなどもちろんできない。その人々は、人格、人格に対する尊敬、さらには、人格の尊厳や名誉についてのまったく異なる「濃厚な」概念を使いこなしている。さらに、その人々の権利要求には文化的自己理解とその自己理解を表現する各地方の方言とが結び付いている。その人々が目指しているのは、理性的存在者の共和国を創立することではない。その人々は、自分自身の社会として承認する価値がある、より公正な社会を作り出すために戦っているのである。人権が要求されるのはこの意味においてであり、この要求は文化的統合性への要求と矛盾しない。むしろ、その反対である。というのは、要求された権利を保障することが、疑問に付されている統合性を再び作り出すための条件だからである。この点においても再び、ポストコロニアルな討議の遺産である「西洋的」人権と「真正な」――統合された――生活形式との対立がどれほど作為的なものかが明らかになる。人権は、ある文化の一部の成員だけではなくすべての成員が承認する価値があると見なす社会構造の創出を目指して要求されもするが、人権はまた、文化の内部において日常的な――分かりきったことであるが、真正な――不正義の経験に基づいて要求されもする。たとえば、家父長制の社会のなかで母が苦しむ姿を見る娘の経験に基づき人権は要求される――この経験をインド出身のフェミニストであるウマ・ナーラーヤンは次のように表現する。「その痛みを感じたのは学校に行くよりも、「西洋化」の経験よりも早かった。反乱を求める声は〔教育や西洋化とは〕異なるより原初的な根を持つ。この声は観念的なものでもないし、英語で発せられるわけでもない。この声は母語で発せられるのだ。[7]」この場合に、具体的な人権が、自分自身が属する文化の特定の解釈、たとえば、その文化における女性の役割の解釈に反対して要求されている。この要求が実際に目指していることは成員全体の声を反映するかたちでの社会的統合性を可能にすることであり、よって、この要求は「文化」全体に反対して掲げられているわけではない。「私たちの緊張感や抵抗心が高まるのは、私たちがその文化に執着しており、その文化の伝統や文化的実践によって女性に対して引き起こされてきた殺人や残虐的行為から、「私たち」の文化のなかで目にしない日はないようなより日常的な女性たちの苦しみから、「私たち」の文化が関与しているそれらの恥ずべき事ごとから目を離すことができないからである。…中略…私たちすべてが認めなければならないのは、批判的態度を取るからといって、必ずしもその批判者が批判対象にとっての「部外者」となるわけではないということ、さらに、ある人が緊急に批判をせねばならないという動機を持つのは、多くの場合、その批判者の批判対象でもあり、その批判者が大きな影響をも受けている文化の「内部の人」という立場にその人が立つからである。私たちが捨てなければならないのは、「真正な内部の人々」の住処となっており、その「内部」を均質な空間が充たす閉じられた場所という文化的文脈のイメージである。[8]」

人権が要求され始め、そして、その要求が下げられるのは、個人の自律や社会的・経済的秩序についての「西洋的」理想像に照らし合わせることによってではない。けれども、この点を確認する際に見逃してはならないのは、具体的な対立や闘争のなかでは必ず自律という考えが用いられているということだ。この自律の要点はまずもって否定形を用いて表現される。すなわち、無視されない、これ以上従属を強いられない、今後はある特定の制度や権力関係によって保護される対象として見なされない、という意味での自律である。これを受けて、この自律をカントの言い回しを用いて肯定形で表現すれば、それは、他者の「手段」としてではなく「目的」として存在するということである。ここで「目的」として存在するとは、具体的文脈のなかで社会的関係を正当化するための根拠を要求することができるという意味である。この要求がそれを要求する者によって権利という言葉と結び付けられる際に、この要求の核心に含まれているのが、「基礎づけるとともに基礎づけを求める」存在者、すなわち、この意味における自律的存在者としての人格という考えである。この考えは、倫理的意味において――「ポスト慣習的な」意味においてさえ――生と世界に関するすべての事柄を自分自身で決める人格という包括的理念とは関係がない(9)。自律的存在者としての人格というこの考えと結び付いているのはむしろ、道徳に関連する文脈のなかで根拠を要求するとともに根拠を与える人格という自己理解である。この人格概念と「正当化への権利」によって、権利という言葉を用いて具体的根拠を要求するような種類の社会的異議申し立てや社会的闘争の規範的な深層文法を説明することができる。この説明によって、いわば「道徳的近代化(10)」という意味での発展が従う論理の可能性が開かれる。この論理においては、この基本的権利を基礎として、社会的関係の基礎づけをさらに求め続けることができるとともに、権利を構成的にさらに正当化し続けることができる。根拠を求める問いが従うこの動的論理がある文化のなかに現れることによって、〔基礎づけの要求と正当化の〕このプロセスが動き始める。このプロセスの動きを止めることができるのは、関連する人々がある種の根拠を与えるという正当な方法、または、権力関係ないしは支配関係に訴えるという不当な方法のみである。このようなプロセスのなかで人権という言葉は社会的解放の言葉である。人権というこの言葉を用いる者が引き合いに出すのは、他者にとっては基礎としての役割を果たすことのできない権威ではなく、相互性という理念である。この相互性の理念は――多くの人々がそう信じてしまっているような――「西洋」文化の代名詞として受け継がれてきたようなものではありえない。この理念は、権威や特権が問い直されるところではどこでも現れる――もう一度強調しておくが、権威や特権が問い直されるといっても、そのことによって文化「全体」や伝統「全体」が疑問に付されているわけではない。

人権要求の核心には正当化への権利があり、この権利は特殊的人権を構成するための基礎となる。このように理解するからといって、この権利からほかのすべての権利が「導出」されうるというわけではない。このような考えが〔文化の〕「外側に」立場を取っているという非難を受けるのは正当であろう。このような考えとは異なり、この基本的権利によってはじめて、ある社会的状況のなかで基礎づけと権利とを要求する人々の具体的な立場が説明されるのである。この権利によって、どのような内容を持つ根拠が適切であるか、どのような権利が要求されるか、どのような制度や社会的関係が正当化されうるかということがあらかじめ決められているわけではない。〔様々な文化の〕内部で通用している道徳の各々すべてに含まれている普遍的核心としての正当化への権利は、これらの点を決める資格を、特定の文化的・社会的文脈のなかにいる〔それぞれの文化の〕成員に譲り渡す。この核心が、その普遍主義的含意が討議を通じて引き出されることによって、一種の中心的道徳を可能とし、社会秩序の「濃厚な」かたちに様々な仕方で入り込んでいくのである。

正当化への権利というこの考えは、マイケル・ウォルツァーが述べる普遍的な「反復への権利」とある意味においては同じである。――〔その権利とは、〕「自律的に行為する権利であり、よい生についての特殊な理解に即して自分の好みを形成する権利である。すなわち、不道徳性が現れるのは通常、私たちが自分自身には認めるように主張する道徳的行為者性や創造的能力を他者には認めない場合なのである。[11]」ウォルツァーはこの原理を共同体や国家の尊重にのみ適用するが、重要なのはもちろん、この原理をさらに国家の内部にいる個々人ないしは市民同士の関係にも適用することである。ウォルツァーの考えに即して言えば、この個々人ないしは市民同士の関係に適用される原理は「ミニマルな道徳」に対応している。この〔「ミニマルな道徳」という〕核心的道徳を普遍的に共有された価値を持つ道徳として断定し、経験的な再構成という唯一の手段によってこの道徳がすべての「濃厚な」文化の共通点として発見されるという筋書きを描くのが、ウォルツァーの解釈学的提案である。彼のこの提案に従えば、この「濃厚な」文化が〔「ミニマルな道徳」に対して〕規範的な意味で優位にあるゆえに、この道徳は手続き的で構成主義的な道徳的試みの基礎とはならない。[12]ウォルツァーのこの提案に対抗して主張したいのは、正当化への権利は、「薄く広い」ものではあるが強固な権利として、統合された正当な政治的共同体の規範的中心として見なされるべきであり、さらに、この権利がウォルツァーが言うところの「道徳的な居心地の良さ[13]」を創造的に構成するための基礎として見なされるべきだということである。こう主張するからといって、それぞれの文脈に織り込まれた具体的な〔「道徳的な居心地の良さ」の〕構成がすべて同じものだということを述べたいわけではない。この主張を通じて述べたいのは、この構成の根底には実際に創造的で規範的に内容豊かなプロセスがあり、このプロセスが「自然発生的に」成立する実践と伝統のなかで不利な立場に置かれたり、排除されたりしてきた人々によって求められているということである。したがって、〔「濃厚な」道徳に対して〕優位にあるのは、誰も住みたがらない飾り気のない家のような「ミニマルな」道徳ではない。優位にあるのは、個々の成員がそこではいかなる場も持たないか、不利な立場に置かれるというようなかたちで、あるいは、成員が持つ正当化への権利が無視されるというかたちで個々それぞれの「道徳的な居心地の良さ」が統制されてはならないという要求を含む「ミニマルな道徳」である。道徳的意味での「自分自身の故郷」は共通の人間的基礎の上に築かれ（構成され）ねばならないのである。(14)

社会的意味と社会的実践についての構成主義的理論をウォルツァー自身が主張する箇所で、彼もまたやはり次のように述べている。「人間的行為者による社会の構成という意味での構成には、ある種の道徳的内容が含まれている。その内容とはたとえば、主体として拒否する権利、すなわち、商品や「人手」、奴隷などのような客体としてのいかなる身分をも拒否する権利などである」(15)——以上のことを踏まえれば、人権は否定的な意味を持つと同時に、肯定的な意味をも持つ。人権は一方で、誤った方向への社会の展開や社会的不正義に異議を申し立てるものであり、他方では公正な社会的関係を共同で築く際には欠かすことのできない構成的で本質的なものでもある。

人権の構成主義的構想は、「討議的構成」を二つのレベルに区別せねばならない。道徳的構成主義のレベルにおいては、どのような個人や国家も他者や他国に対して正当な仕方では与えずにいることのできない普遍的権利が正当化される。政治的構成主義のレベルにおいて重要なのは、法的・政治的・社会的な基礎構造の構想を発展させることである。この基礎構造のなかで、歴史的-社会的な文脈に即して上記の普遍的権利が基本的権利として様々な仕方で具体的に正当化され、解釈され、制度化され、そして、実現されるのである。

第2節　道徳的構成主義と政治的構成主義

人権の構想――人権ということで私は、すべての人間が人間として要求することのできる根本的権利を理解している――は、それがどのようなものであったとしても、すでに述べたように、それを要求をする人とその要求を受け取る人という意味での道徳的人格の構想を前提にしている。この構想において基本的で、倫理的・文化的自己了解を取り除いた後に残る人格の理解とは、道徳に関連する行為ないしは規範を相互的かつ普遍的に正当化する権利と能力とを備えた人格というものである。どのような文脈において行為が行われようとも、ある人に関連する行為がなされる場合には、その人にはその行為を正当化する根拠が与えられねばならない。すべての他者をそのような人として承認する義務が人間には常にある。さらに、特定の規範を引き合いに出すことによって行為が基礎づけられる場合、その規範とその規範の解釈とは、受け入れることのできる根拠を基礎としていなければならない。その際に、「受け入れることのできる」根拠と「受け入れることのできない」根拠とを区別することができるためには、相互性と普遍性という二つの基準が必要である。第一に、特定の規範的要求を正当化する根拠は、相互的に拒否不可能なものでなければならない。すなわち、この要求をする人は、この人がこの要求を受け取る人には与えない権利や特権を妥当なものとすることができない。その要求をする際にはさらに、この要求をする人自身の見解や利害関心、価値を他者に投影してはならず、よって、相互性基準を充たしているかどうかを一人で、それゆえに非相互的に、判定してはならない。同じことが要求の受け手にも当てはまる。第二に、道徳的文脈において正当化が行われる共同体は恣意的に分断されてはならず、この共同体は、行為や規範から道徳に関連する仕方で影響を被るすべての人々を包含するのでなければならない。この両基準を合わせることによって、道徳的人格には、制限つきのものではあるが、基本的拒否権が与えられる。これがまさに正当化への基本的権利である。この拒否権が「制限つき」と呼ばれるのは、道徳的異議申し立て自体も相互性と普遍性という基準を尊重せねばならないからである。したがって、この基本‐権利によって基礎づけられる人権は、誰も理に適った仕方では（それゆえ、相互的かつ普遍的な論拠を挙げることによっては）拒否することができないものである。このように否定形を用いて定式化することの利点は、合意という単純な基準の代わりに、意見の相違がある場合でも諸々の立場の正当化能力を判定することを可能にするより制限の厳しい基準が使えるようになるという点である。[16]

この権利の形而上学的ないしは人間学的基礎へと背進する必要はない。むしろ、この権利の基礎として見なされねばならないのは構成である。ただし、それは「単なる」構成ではなく、間主観的に拒否することのできない「根拠」を持つ構成である。この権利は正当化された構成物であり、この権利を承認すべきなのは、この権利を拒否する充分な根拠がないことを洞察する道徳的人格である。よって、この正当化への基本的権利が現れるのは［根拠へと］遡る反省においてであり、この反省は道徳的文脈において個々の行為や普遍的規範を正当化するとはいかなることかについての討議的説明と結び付けられる。[17] ある道徳的規範が相互的‐普遍的に妥当すると主張される場合、この妥当はこの規範が課せられるすべての人々に対して相互的かつ普遍的に証明されねばならないので、この規範は、原理的にはすべての人がこの規範に賛成あるいは反対する論拠を述べることができる実践的討議の対象となることができねばならない。[18] それゆえ、道徳的妥当要求の分析から始め、その要求が妥当する条件を背進するかたちで遡り問うならば、先に私が「単純な」と呼んだ正当化の原理、すなわち、規範は、まさにこの規範を受け入れるはずの人々、あるいは、この規範から道徳的に関連する仕方で影響を被る人々による討議を耐え抜くことができねばならないと述べる原理、に辿り着く。というのは、この文脈における妥当の意味とは、規範の正当性に反対する道徳的に有意味な根拠がないというものだからである。

正当化原理（ならびに、相互性と普遍性という基準）の認知的洞察は、いかなる道徳的人格に対しても正当化への基本的権利を与えないままにしてはならないという義務の規範的洞察と結び付けられる。実践理性のこの二つの次元が結び付くのは、正当化原理の正当性の認識が、自分自身も他者もこの原理の主体、すなわち、有限で傷つきやすく、理性を備え基礎づけることのできる存在者から成る道徳的宇宙——いやおうなしに他者（や自分自身）に影響を与え、それゆえ特殊な仕方で正当化されねばならない行為や規範の妥当要求をする人としても、それを受け取る人としても見なされる人々から成る道徳的共同体——の成員であるという意味で、実践的認識でなければならないという点においてである。このことによって言わんとしているのは、人間とは、普遍的意味において、思惟し、理性的であり、論証する者であり、「常にすでに」道徳的義務を受け入れている、ということではない。そうではなく、このことによって表現しようとしていることはむしろ、——包括的理性原理としてではなく、規範的文脈において妥当する（適切に多様化された）[19]原理として理解された——正当化の実践的原理の洞察はただ純粋に認知的なだけの種類のものではなく、この原理が行為に関連するものであり、道徳的人格にとっての拘束力を持つということがこの洞察には含意されているということである。[20]道徳的に自律的な人格を特徴づけるのは、この原理とそれに対応する正当化の義務ないしは権利とを実践的に洞察する能力である。道徳的人格はこの正当化への権利を、包括的な道徳的共同体の成員としての人間が根拠をもって拒否することができない訴え‐かけ（An-Spruch）として理解する。

正当化への権利と相互性ならびに普遍性という基準とは、人権の構想を道徳的に構成するための基礎として役立つ。この基礎は文化中立的、つまり、文化内在的であると同時に文化横断的であるということは、上で私が明らかにしようと試みてきた通りである。どのような文化もこの基礎を純粋に外的な「発明品」として拒否することはできないが、それは、その文化自身が文化的統合性と〔その文化が〕内的に受け入れられていることとを要求する際に、正当化への権利が否定されていないということを前提にしているからである。また、ある社会の成員によってこの権利が具体的諸権利を要求するためにどのような仕方で用いられるかということを、「不可侵の」価値や布告によって決めることはもはやできない。普遍的ではあるが、内容的には開かれたこのような出発点がなければ、普遍的な人権構想も存在しえない。

人権構想が「討議的構成主義」の成果として見なされねばならないのは、以下の諸根拠のゆえにである。(21) 第一に、人権構想は堅固で公平な基礎の上に築かれるべきであり、いわば、原理的にはすべての道徳的人格が相互に協力して建設した建築物であるべきである。この家(あるいはウォルツァーが言うようなホテル(22))のなかですべての人が確実に保護される状態を実現するため(23)、その建設に際してそれらの人格は道徳的に受け入れることのできる材料だけを使い、理性の計画に従って〔その建設を〕進める。この意味において道徳的構成主義とは、人類が共有する規範の必然性とそれに対応する権利ならびに義務の必然性とを認識した自律的で、実践的に理性的かつ有限な人間の道徳的能力と経験とを表現したものでもあり、その能力と経験とから生じた成果でもある。

第二に、ジョン・ロールズに従えば、構成主義的見解の端緒となるのは、根本原理を構成する手続きのなかで適切に表象された道徳的人格の基本的構想である。(24) ロールズの理論において、(「モデルイメージ」としての)道徳的人格を特徴づけているのは、「合理的なこと」と「理に適ったこと」とに対応する二つの道徳的能力であり、この二つの能力は「原初状態 (original position)」にある当事者の記述のなかで、あるいは、「無知のベール」によってその当事者に課せられる制約のなかで描かれる。原初状態にある「媒介的な」モデルイメージは、「よく秩序づけられた社会(さらなるモデルイメージ)」にとっての正義原理を構成する手続きの本質的媒介物としての役割を果たす。後期の著作においてロールズは彼の理論の「政治的性格」を強調するようになる。その時期に至り彼が使用するのは「政治的」構成主義の手続きであり、もはやそれは「包括的な」道徳的構成主義の手続きではない。彼は規範的で政治的な前提から始めるので、「道徳的人格」の構想は民主主義的市民の構想に合致する。彼はさらに、社会的基礎構造にとっての正義の政治的構想を正当化するというこの理論の目的を強調する。(25) 彼の述べるところでは、構成主義の手続きは、「実践理性の関連するすべての要求を具現化し、実践理性の原理がそれ自身も実践理性の理念である社会と人格の構想とに結び付くことによって、どのようにして正義の原理が導出されるかを示す。(26)」

それゆえ、この構成主義的理論には三つの段階があることになる。第一の段階は、実践理性の原理（合理的なことと理に適ったこと）と理念（人格と社会）の反省的再構成である。第二の段階は、この基礎に基づく原初状態の「描写」である。第三の段階は、この原初状態を使った正義の原理の構成である。(27)

前期も後期も含めたロールズの試みと本稿において提案する試みは、次のいくつかの点において異なっている。（a）出発点である道徳的人格の構想は類似してはいるが、異なったものである。〔本稿の試みにおける〕道徳的人格の構想は、「包括的教説」に由来するわけでも、政治的なものに制限された理論に由来するわけでもない。（b）〔本稿の試みでは、〕構成の手続きは、原初状態のような、（たとえば「基本財」に関する）一連の特殊な想定を含む仮説的思考実験として描かれているわけではない。〔本稿で提案する〕手続きはむしろ、特定の文脈の内部における相互的－普遍的な論証の手続きとして理解される。（c）道徳的構成主義と政治的構成主義との違いは、ロールズとは異なった仕方で、次のように解される。後にさらに明らかにするように、道徳的構成主義は政治的構成主義の理論的代案ではなく、その一部である。（d）〔本稿の提案では〕結果として得られる原理は、〔道徳的構成主義においては〕人権の一覧表であるか、あるいは、〔政治的構成主義においては〕特定の文脈に関連する社会的基礎構造のイメージである。とくに道徳的構成主義は、ロールズが正義論を国際法へと拡大するなかで提案したものとは異なる人権構想に辿り着く。(28) 人権と国際的正義の構想とを文化横断的に基礎づけることをロールズは試みている。この試みをここで詳しく論じることはできないが、この試みとは異なり、〔本稿で提案する〕正当化への権利と相互性と普遍性という基準とを基礎として築かれる多様化された構成主義は、人権と国際的正義の規範とをより直接的により強く道徳的に正当化するに至る。

人権理論において構成主義的アプローチを支持するための三つ目の根拠は、「討議的構成主義」には利点があるということである。その中心的な考えは、理性的正当化についての見解から出発し、様々な共同体の成員が自分たちの共通の生を導くべき原理をそこに見つけ受け入れねばならない様々な文脈のなかにその正当化を位置づけるというものである。この構成手続きは文脈に位置づけられている。すなわち、この手続きは、あらゆる人間から成る道徳的共同体において道徳的問いとの関連において現地化され、ならびに、特定の政治的共同体において政治的・社会的な正義の問いとの関連において現地化される。その現地化に際しても、構成主義的立場の本質的特徴——道徳的人格の構想、実践的‐理性的正当化の原理、規範を構成する手続き——は保持されるが、ただし、この手続きは討議的手続きであるゆえに、特定の規範を支持する根拠は、この規範が妥当すると主張している人々が見出し吟味しなければならない。このようにして、人権の一覧表を、あるいは、特殊な政治的基礎構造のなかで人権を特定の仕方で解釈することを、パターナリスティックに決めつけることが避けられる。

人権が正当化され受け入れられねばならないのは人類という普遍的文脈である。この普遍的文脈を描写するために構成主義的理論が必ずしなければならないことは、もちろん、この〔人類という普遍的〕次元における特定の抽象化である。道徳的規範と権利の討議的正当化という前提を背景として、構成主義的理論は相互的‐普遍的に拒否不可能な人権を支持するための論拠を提供するものを再構成する。それが人間の道徳的な経験と学習プロセスである。社会的対立のなかで諸人格が掲げた、あるいは、掲げている要求から出発し、構成主義的理論が辿り着くのは、どのような社会的文脈においても、正当化への権利を侵害することなしには理性的な仕方で人格に与えないままにしておくことなどできないものとして見なされる人権の特定の一覧表である。このようにして、次のような人権構想を構成することが可能になる。すなわちその人権構想とは、たしかに「究極的に」根拠づけられているわけではなく、規範的に関連する歴史的発展の成果を叙述するとともにさらなる論証にも開かれたものである。しかし、それだからといって、この構想に含まれている道徳的内容が弱いというわけではない。というのは、ある人が（たとえば、一九四八年の世界人権宣言において確定されたような）権利に人権としての地位があるということに異議を差し挟みたい場合、その人はその異議を支持するためにそのような権利の妥当が一部地域にだけ当てはまるにすぎないということを示す論拠を挙げねばならず、この論拠はさらに関係する可能性のある人々の吟味にさえも相互的

－普遍的に耐え抜くことができねばならない。このことをもって確定されるのは、人間が持つすべての権利の基礎である正当化への権利は、それを持っているのが誰であろうとも、無視されないということである。さらにこのことは、特殊な諸々の権利が付け加えられるべき場合でも妥当する。ここには必要な場合に引っ張り出すことができるようなプラトン的真理が存在するわけではないが、この権利に関する討議において充たされねばならない基準は存在する。人権の普遍的一覧表の構成は、それがどのようなものであったとしても、「暫定的」性格のものであり、その根拠を問うことが可能なものである。ただし、この構成は無からの創造ではなく、歴史的経験と学習プロセスの結果である。さらに、この構成はそのような権利に対する正当な異議申し立ての基準によって、究極的には正当化への基本的権利によって守られている。この権利の規範的に証明された「不可侵性」は、個々人が発する拒否することのできない要求を守る装置というこの権利の役割とともに、実定－法的で拘束力を持ち、法人格としての人格を守り、告訴によって請求可能な権利という定式化のなかで表現される。この権利がこのようなものであるためには、政治的（さらにこの場合には常に法的でもある）構成主義を前提に築かれる法的－政治的構造がもちろん必要になる。

道徳的構成主義と政治的構成主義とが一緒になって現れねばならず、また統合されねばならない主要な根拠は下記の通りである。[29] 道徳的構成が辿り着くことができるのは、それに反対する規範的に受け入れることのできる根拠がないと想定されている権利のきわめて普遍的な一覧表までなので、これらの権利が具体的に正当化され、解釈され、制度化され、実現されるのは、社会的文脈において、つまり、法的に組織化された政治的秩序の内部において以外にない。道徳的人格が道徳的権利として要求し正当化することのできる権利は、それらの道徳的人格が固有の形式を持つ特定の政治的共同体の市民[30]としても要求し、正当化することができるものでなければならない――それがどのような権利であるのかは、市民たちがどのような者であり、そして、その市民たちがどのような社会的目標を持つかによって決まる。人権への要求が成立するのはこの具体的な社会状況においてである。まずもってその要求が聞きとられ、正当化されねばならないのはこの社会状況においてであり、さらに、この権利が守られ、法的に拘束力をもって保障されねばならないのもこの社会状況においてである。よって、構成の二つに分離された手続きがあるという考え方自体が、抽象的な考え方である。道徳的正当化は——規範的‐形式的な意味において——政治的正当化の核心である。すなわち、根本的で政治的な正当化の文脈において求められる「理性の公的使用」は、正当化への基本的権利と相互性と普遍性という基準とを侵害してはならない。普遍的な道徳的文脈において妥当するものは、人格が、同時に道徳的人格かつ市民として、特定の権利を要求する特殊な政治的文脈においても妥当させることができるものでなければならない。これが、すでに上で論じたように、人権が成立し、正当化され、適用される本来的文脈である——人権は、特定の政治的状況のなかで社会的関係の正当性が問われ、人間が人間として拒否することのできない仕方で要求する水準とこの社会的関係とが合致していないのではないかと疑われる場合に、必要になる。その場合にも、異議申し立ての目標は具体的なものに留まり、不正義の具体的経験と結び付いたままである。

　よって、政治的構成主義——特定の政治的共同体にとっての公正な基礎構造の正当化と設立——は、あらかじめ固定された道徳的権利の一覧表をたんに適用し制度化したものとして理解されてはならない。そのように理解されてはならないひとつ目の理由は、人権要求が具体的に成立する場でもあり、さらに、その人権要求が向けられる対象でもあるのが政治的文脈だということである。二つ目の理由は、この権利が法的に拘束力を持つかたちで解釈され、制度化され、実現されうるのは、法治国家において以外にはありえないということである。——法治国家とは、市民が正当化への権利とそれを基礎として正当化されるべき権利とを（自分たちが受け入れた形式において）自分たち自身に認めている国家のことである[31]。政治的討議のなかで市民は、正当化された基礎構造の設立を目的とした共同の企てへの参加者であり、その企ては歴史的文脈に位置づけられている。市民は、道徳的天国のなかで生まれ、その後地上に降り立ち地上を理念に即してかたちづくるような存在者ではない。市民とはむしろ、多くの対立と闘争のなかに身を置き、正しい秩序へと向けて自分自身の国家を動かそうとする者のことである。とくに深刻な討論が行われるのは、市民が自分たちの役割を道徳的人格として引き受け、法的公正さを要求するものであるか、あるいは、政治的平等や社会的包摂を要求するものであるかにかかわらず、誰も拒否することのできない人権としての地位を持つ権利を妥当させようとする場合である。(32)そのときどきの社会的－文化的文脈においてその文脈のなかから生じてくるそれぞれの政治的－法的構造は互いにきわめて異なったものであるが、しかしその構造のどれも、正当化への基本的権利を恣意的に凌駕するような構成要素を含むことはないだろう。よって、人権は正当化されたすべての基礎構造の内的核心を構成するものであり、法体系において「コピー」されるためだけにあるような具体的基準ではないのである。人権がそのつどのような形式を持つかについては、関係する人々自身が討議的に決めねばならないのである。

上記のことを踏まえれば、政治的共同体が「主権的」であるのは、正当化への権利を持つ人格としての相互的承認を基礎としつつ、その市民がその共同体を公正な制度を設立する共同のプロジェクトとして見なすという意味においてである。それゆえ、主権者の命令が人権を凌駕することもありうると述べる主権への絶対的要求など存在しえない。権利は国家から垂直方向に「与えられる」のではなく、正当化のプロセスのなかで水平方向に受け入れられ認められるのである。(33)つまり、権利とは相互的承認の表現である。(34)国家は、政治判断に従い市民へと権利を「与える」ことができるという意味で、優位に立っているわけではない。権利は、国家や神の力や自然といった権威的源泉に由来するわけでは決してない。権利の源泉に関するこれらの立場が、実証主義的理論と自然法理論とに分かれ、長い間論争を続けてきた――権利を相互的－普遍的に拒否することができない守られるべき主体的要求と理解すれば、この論争を終わらせることができる。根本的権利としてのこれらの権利には道徳的核心がある。ただし、この核心は、様々な文脈のなかで様々な仕方で具体化していく。しかし、重要なのは、道徳的人格の間で拒否されえない権利は市民の間でも拒否されえないということであり、それゆえ、この権利は、倫理的人格や生き方についての考え方や善構想にかかわる選択の自由を守る「保護カバー」として役立つ[35]法人格の具体的内容を決める際にも考慮に入れられるという点である。ここでは道徳的権利と法律的権利との架橋不可能な差異などはない。というのは、法律的権利が基本的権利として正当化される限りにおいて、その権利には、特殊な形式においてではあるが、道徳的権利の核心が含まれているからである。〔ただし、〕このことによって法律的権利がただ道徳的にだけ拘束力を持つ権利となってしまうわけではない。このことによって明らかになるのはただ、基本的権利の妥当要求が特別な種類のものだということだけである。この基本的権利がある国家の成員によってどのような仕方で解釈され制度化されようとも、この基本的権利が法人格に与えるものは、根本的には、いくつか例を挙げるならば、権利保障、個人の自由、政治参加、社会的な機会均等などが問われる場合のような、特定の中心的で規範的な問いと決定とに合わせて調整された拒否権である。ある法秩序の内部で基本的権利が異議申し立てと保護という役割を果たすということから明らかになるのは、基本的権利がどれほど正当化への権利によって支えられているかということである。道徳的に慎重な考慮を要する問題において無視されることを禁じる権利、重要な決定や規範の正当化を求める権利が権利主体に与えられるのは、この正当化への権利を基礎とすることによってである[36]。

上述の論証には人権と国民主権との「等根源性」というテーゼが含まれているが、ただしこのテーゼはユルゲン・ハーバーマスが主張しているものとは異なる。道徳的ないしは「自然的」権利が優位に立つことを避けようとする彼の試みにおいては、人権と国民主権（さらに、それとともに「私的」自律と「公共的」自律）とが、等しく、市民が同時に権利の創始者でも享受者でもある民主主義的・政治的な秩序を法的に制度化するプロセスの前提となっているということを理由に、この両者は緊張関係にあるわけでも、どちらかが規範的に優位に立つという関係にもないということが示される[37]。この見解と政治的構成主義の見解とは、社会的基礎構造が正当化されたかたちで設立されるのであれば、そこから市民が政治的正当化の主体であるとともに法人格として権利の主体でもある民主主義的な法治国家が生じると考える点において、一致する。この点においては、政治的自律も法的自律も同じコインの裏表であり、それらは基本的権利によって守られている――こう述べたからといって、実践においてこれらの権利間で対立が生じえないというわけではないが。ただし、この考察をもって道徳的構成主義の次元をくまなく考察したことにはならない。というのは、この次元が明らかにしているのは、道徳的人格は特定の文脈においても、さらにその文脈を超えたところでも、道徳的意味においてそれらの人格が相互に負っている権利を認めねばならない、ということだからである。「討議原理」と「法形式」とを合わせて、人権は民主主義的な自己決定を法の形式に制度化したものの含意だと述べる論証は、人権のこの規範的次元と全面的に対応するわけではない。加えて言えば、この論証では「私的自律」がまずもってコミュニケーションを拒絶する自由として理解されており、この保護権の内在的価値への光の当て方が不十分である。[38] 権利として妥当するためには、人権がどのような内容を持つかについての解釈が必要であり、さらに、人権が法的に実定化される必要があるとしても、人権はそれでもやはり道徳的正当化を保持し続け、法律的であると同時に道徳的権利でもある。人権は、その形式とその主体的‐法的意味においては法律的性質を持つが、しかし、人権の道徳的な核心的内実に関してはこのことは当てはまらない。[39] 人権要求と人権の正当化は、それが成立するところでは、道徳的性質を持っている。このように考える場合でも、この核心的内実は、自然法構想における意味で政治的正義に対して優位にあるわけではない。ここで重要なのは道徳的構成主義と政治的構成主義とが統合されたかたちで二段階になっているという点である。この核心的内実は、常に具体的に特定の正当化に関する討議のなかで請求され、正当であることが認められ、承認されるのである。道徳的構成は、それによって構成される権利が具体的状況のなかで人間が引き合いに出す文脈横断的な人類にとっての規範に対応するとはいえ、「彼岸において」行われるわけではない。人権ないしは基本的権利を自然法的に構想するか、あるいは、法内在的に構想するかという二者択一は、この関連のなかではあまりに局限されすぎている。正当な権利の中心にある正当化への権利はむしろ、内的基準であると同時に超越的基準でもある。この基礎によって正当化された権利は「存在する」が、それは法秩序における実定的権利としてのみである。しかし、そのような秩序がそもそも存在すべき理由とその秩序の正当性の条件が何であるかを私たちが規範的観点においても知るのは、この権利によってである。

第3節 権利、義務、公的機関

これまでの分析は主として、人権と正当化された政治的-社会的な基礎構造との関係、ならびに、道徳的人格と特定の政治的共同体の成員という市民の二重の役割にかかわるものであった。人権への要求は、政治的共同体の紛争状態のなかで生じ、その共同体を変化させることを目指すものとして解釈された。〔この解釈において〕この共同体の内的な基礎構造が、基本的権利の文脈化と制度化の場として見なされたのである。ただし、正当化への権利が、正当化が行われる文脈としてのある国家の成員にだけ限定されていないことは明らかである。ある国家の決定は、〔その国家の成員にかかわるのと〕まったく同様に、ほかの個人や政治的共同体にもかかわり、これらの個人や共同体も同じく正当化への権利を要求する。人権はある国家の内部において要求されるだけではなく、いわばその国境上で外側からも要求されるのである。自分たち自身の権利だけではなく、自分が属す政治的共同体の成員ではない他者の権利に関しても、道徳的人格と「世界市民」という役割を市民は引き受けねばならない。正当化されるべき諸権利という構想の水平の広がりは国境によって遮られるわけではないので、正当化への権利は政治的主権に対して内的条件を課すだけではなく、対外的ふるまいにも制約を加えるのである。よって、〔自分自身の国家とは〕異なる国家によって冷遇され、そこでは拒まれた礼節上の尊敬を要求する人々が存在することになり、さらに、現在のあるいは歴史的な、政治的あるいは経済的な支配関係ないしは抑圧関係に起因する自国の犠牲者が存在することになる。政治的決定に起因する国境を超えた経済的帰結も、この〔他者の権利という〕範囲のなかに含まれる。これらのすべての事例は、〔他者からの〕強い要求への注目を促し、さらに、（a）すべての政治的秩序は各々、どのようにこれらの要求に応じるかに関する決定を含まねばならないということ、（b）国際的文脈自体が、包括的意味における正義と権利への要求が掲げられる文脈であるということを明らかにする。このことによって、国際的な基礎構造が必要になり、可能であれば「世界国家」さえも必要になるのである。

ただし、〔世界国家が必要になるという〕後者の結論には制約がある。というのは――とくにますます進んでいくグローバル化と相互依存に直面する状況のなかで――、人権の普遍主義的性格はグローバルな超国家を要求するという推論が行われる前に、人権という概念は正確に何を含んでいるのかという問い、つまり、この権利にはどのような義務が対応しているのかという問いが立てられねばならないからである。重要なのは、正当化された権利要求はそれを受け取る者をつねに前提にしているということである。その権利要求はそれを受け取る者に対して掲げられ、それを受け取った者はこの要求を尊重する、あるいは、この権利が享受されることを保証する義務を負うことになる。同様に重要なのが、人権という文脈のなかでは、権利を受け取る者と特定の義務を負う者に関する描写は複雑なものとして現れるということに留意せねばならないという点である。この点を説明するためには、道徳的構成主義と政治的構成主義との区別が役に立つ。

１．道徳的水準においては、これまで述べてきたことから、人権要求を発する者とそれを受け取る者とはすべての人間を包括する共同体の成員としての道徳的人格である、ということが帰結する。あらゆる個々人は、傷つきやすいとともに基礎づけ能力を有する存在者としてのあらゆる他者各自に対して、正当化への権利とこの権利を基礎として正当だと認められる諸々の権利とを尊重する義務を道徳的に負う。特定の固有な状況のなかで人格間あるいは集団間で対立が生じ、〔この対立に際して〕双方が付き合っていくうえでの「人間味のある」道徳的規準に訴えるというのが普通だということを踏まえれば、この道徳的水準において人権について語ることは抽象化をすることである。けれども、個人の統合性を支える人権の普遍的構想は、個々の人間はすべて相互的－普遍的な正当化の主体として尊重されるべきだと述べる普遍的原理から発展するのである。

2．上述のように、人権要求がはっきりと掲げられる文脈は、特定の社会的基礎構造を備えた政治的共同体という文脈である。この社会的基礎構造が要求の対象である。ここで権利という言葉が表現するのは、個々人の主張は拒否することの不可能性への要求を含むかたちで発せられているということである。個々人によるこの主張は、権利の創始者かつ享受者としての、したがって正当化が行われる共同体〔に属する成員〕としてのほかのすべての市民に向けられている。この文脈において重要なことは、一部の市民を法的・政治的・社会的な正義から排除することなく、普遍的に受け入れられうる権利、義務、制度の（より）公正な構造を設立することである。この構造を設立する際に基本的権利が個々人に与えるのは、原則にかかわる特定の問題に関して保障された拒否権である。このことが意味しているのは、権利——人権とそのほかの制限つきの権利——要求の主要な政治的受け手が、政治的共同体を形成している法的に組織された公的機関、すなわち、国家だということである。国家を形成する政治的集合体としての市民には、正当化された人権を具体的に解釈し、制度化し、保障し、実現する義務がある(40)。

人権を実現する主要な主体が国家だと考えるためには、一連の経験的で機能主義的な考察、ならびに、規範的考察があり、これらの考察には多様な（議論の余地のある）論点が含まれている。私は本稿においてそれらを詳細に検討することはできない。前者の考察に関しては、政治的・経済的に相互にきわめて依存しあっているとはいえ、国家が依然として秩序の中心的単位だという現状をまず指摘し、さらに、国家を形成することを諸々の集合体が求めているということに目を向けたうえで、民主主義的秩序を築くためにはその領土はあまり大きすぎてはならないということを論拠として挙げるところまで進めば充分である。規範的立場は、政治的共同体には歴史的に育まれた特定の倫理的なアイデンティティがあり、それが国家として形成されたものを代表するという共同体主義的テーゼから、国家の内的構造はいくつかの世代を経て獲得されたものであり、国境を維持することはこの構造の安全と持続に役立つというリベラルな意味でも主張されるし、ときには社会民主的な意味でも主張される見解にまでの広がりを持つ。これらの考察の長所や短所がどのようなものであろうとも、これらの考察からは独立した、個々の国家を人権要求の主要な受け手として考えるための中心的論拠があると私は考える。その中心的論拠は、正当化への権利を基礎として掲げられる要求を聞き入れ、その要求に応じることを個々の国家の基礎構造が可能としている場合には（この点は経験的に探求されねばならない）、それらの国家の正当性や有効性を疑う理由が規範的観点からは見当たらないということである。上述のように、国家が公正な秩序を設立するための歴史に位置づけられた共同のプロジェクトである限りにおいては——このプロジェクトにおいて正義は市民自身によって定義される——、国家が人権を実現するための充分な文脈であってはならない理由は見当たらないということは一見して自明である。政治的世界において特殊性それ自体は問題ではない。問題なのは、特殊性とともに現れる不正義である。

けれども、以下の二つの理由から、人権保障のさらなるレベルを顧慮する必要がある。ひとつ目の理由は、正当化された基礎構造を作り出すことに国家が失敗する可能性があるということである。二つ目の理由は、ある国家が、その国家の成員ではない個人や国家に対する義務に背く可能性があるということである。ここからは以下の帰結が生じる——ここでは単に示唆するに留まるが——。

3.（a）人間は、ある国家の市民であるとともに道徳的人格でもあるゆえに、国際的文脈のなかで特定の義務を持つ。道徳的人格として、すなわち、あらゆる人間から成る共同体の成員として、人は他者の人権を尊重する義務を持つだけではなく、ある国家のなかで人間の基本的権利が組織的に無視されている場合のように他者の権利が侵害されている場合には、その他者を助ける義務をも持つ。人はこの点で「世界市民」である。深刻な不正義の犠牲となった他者を助けるという道徳的なこの義務は、そのような権利侵害を見つけ出し、それと戦い、それを防ぐことを効果的に保障する公的機関を設立せよという肯定形で表現される「間接的」義務に転換される。(41) よって、他者を助けることは、国連や国際刑事裁判所のような人権侵害に反対する公的機関をほかの諸国家とともに設立することのできる国家に属する市民としての人間の役割でもあり、危険に瀕している他者を効果的に助ける義務を人々に課す普遍的社会の道徳的な同志・成員としての人間の役割でもある。人権を政治的‐法的に保障するためにこの

〔権利侵害されている他者を助けよという〕義務を政治的に引き受け、〔それをその他者を助ける公的機関を設立せよという義務に〕転換する主体は、国家、国際的機関、グローバルな市民社会やその社会における様々な団体である。[42]〔人権を保障するという〕この努力の主要な目標は、不正義の犠牲となった人々によって、その人々の正当化への基本的権利がもはや否定されない政治的構造が実現されることを可能にするというものである。よって、この目標は内的目標であるが、それはパターナリスティックな意味においてではない。というのは、この目標が主として含んでいるのは、この基本-権利を尊重することへの要求だからである。以下の考察においても触れるが、ここでも、住まう市民やその市民から成る公的機関といった事柄ではもはやない。この基礎に続くものは、同じ世界に社会的統合性と内的正義を再び作り出す際の援助がそれ自体で政治的共同体の統合性を破壊してはならず、このことはその政治的共同体が紛争状態にある場合でも当てはまるということを指摘しておこう。介入が持つ主要な意味は組織的で継続的な人権侵害が生じる状況を防ぐことであり、介入それ自体の正当化が必ず強く求められる――その正当化は、とくに介入から様々な仕方で害を被る人々やその人々の利害関心を代表している人々に対してなされねばならない。武力介入が問題になっている場合には、〔正当化の〕ハードルがもっとも高くなるということは言うまでもない。

（b）そのほかにも援助が必要になる場合がある。すなわち、ある国家が他国家に侵略する場合である。このような場合、グローバルな社会にともに属すすべての市民を代表する公的機関が活動を始めることを、伝統的な国際法が、国家間の平和な関係を命じる最上の命法とともに、要求し、さらに人権構想も同じことを要求する。けれども、この要求において重要なことは、平和を作り出すという目標は、市民が自分自身の政治的共同体のなかで正当化への権利を行使することができる状況を再び作り出す途上におけるたんなる一歩にすぎないということである。「国際的共同体」は、国家間の平和維持のほかにも、人権を保障すること、よって平和な状態を持続的に保障することに関する義務をも負うのである（ここにも、介入の正当化と手段を綿密に検討することが含まれている。[43]）

（c）「世界市民」としての市民が持つさらなる義務が、上述の問題と結び付いている。すなわちその義務とは、人権侵害の被害者たちがある国家のなかで安全に暮らすことができる法的可能性を用意しておく義務である。亡命への基本的権利は、人々にそれを与えるか否かをある国家が任意に決めることができるような権利ではない。亡命への権利は、相互的に拒否することのできない根本的な要求なのである。

（d）市民が受け入れなければならないそのほかの義務は、政治的決定が自分が属する政治的共同体の成員ではない他者に与える影響にかかわる。（たとえば、経済にかかわる種類やエコロジーにかかわる種類の）決定がほかの人々やほかの集団の権利を侵害するという結果を伴う場合、それらの人々や集団は適切な仕方で政治的正当化の手続きに参加せねばならない。たとえばそれは、すでに特定の結果が生じてしまい、その結果を補償するような場合である。ここでもまたこの課題に取り組むのにふさわしい公的機関が必要になる――それに伴い、「グローバルな民主主義」の構造への問い、より正確に言えば、グローバルな問題を処理するための民主主義的に統制された公的機関への問いが提起される[44]。

（e）人権という文脈においてこれまでに触れてきた義務のほかにも、この権利に関して言及すべき重要な側面が残されている。それは、社会権という用語によって特徴づけられる側面である。この用語が意味しているのは、適切な生活水準への基本的権利である。けれども、様々な文化的・社会的な連関のなかには「適切な」生活水準についての様々な考え方があるということを踏まえれば、（たとえば『世界人権宣言』の第二十五条における）「社会」や「適切さ」の意味はきわめて曖昧であり、この権利には実際には何が含まれているかという難しい問いが提起されることになる。さらに、この権利は社会的財の分配への実定的権利であり、このような権利が主張されうるのは、具体的な関係と責務とを基礎とする特定の社会的文脈の内部においてのみであり、社会や国家を超えて普遍的にこのような権利は主張されえない、という異議がたびたび表明される[45]。この考察は正義の多様化された概念に関連するとはいえ（下記の四つ目の論点を参照）、私の考えでは、飢餓、病気、あるいは貧困に苦しむすべての人は、原理的には、充分以上の手段を持っているすべての他者に対して、もちろん手段を過剰に所有している人々に対してはとくに[46]、（この世界で人間的に生きるためにふさわしいだけの物質的条件を前提とした）基本的生活水準を実現するための資源を要求することができるという論拠は拒否されえない。アマルティア・センのもののような理論が示してきたのは、文化的差異を踏まえたうえでも普遍的生活水準を定義し、その定義から様々な社会のなかでの「人間的尊厳のある」生活とはどのような生活であり、その生活を実現するためにはどのような手段が必要かに関する考えを発展させる可能性があるということである[47]。「適切な」の意味を定めようとする際に克服しがたい困難が生じる場合でさえも、その困難にもかかわらず、何が「不適切な」生活と見なされるかについての充分な基準は見出される。充分以上の手段を持っている国家の市民には、そのような手段への正当な権利要求を効果的に実現するための公的機関を作り出す義務がある。さらに、一方ではすべての個人が自分が属する政治的共同体のなかで（それがどのような形式のものであろうとも）正当化への権利を持つべきだと主張しながらも、他方では、この権利を守るためにはその共同体のなかでどのような物質的前提が必要かを考えないということは矛盾しているだろう。よって、一定の物質的財への人権は、正当化を経た基礎構造を設立するための最小限の条件と、さらに、次のことが中心的なものであるが、人間的尊厳のある生活を送るための最低限の水準、現在使用可能な資源の状態を踏まえれば誰に対しても与えずにいるための充分な根拠などないほどのこの水準とを引き合いに出すことによって正当化されうる。この意味において、この権利は人権として見なされねばならない。人権は、もちろんたんに一定の自由への権利であるにとどまらず、それを要求することが相互的－普遍的に正当化可能な財への権利だからである[48]。

4．けれども、人権要求と広い意味における正義の要求との区別に注意を払うことは重要である。そのひとつ目の理由は、政治的共同体の内部における正義の要求は人権構想が含むことよりも多くのことを含んでいるということである。というのは、正義の要求においては実質的で規範的な自己了解が導き手となり諸々の固有の考え方が生まれるが、財の公正な分配についての固有の考え方はその一例だからである。二つ目の理由は、上で述べたある程度の生活水準への人権が、配分的正義の国際的文脈のなかで掲げられうるすべての要求を包含するわけではないということである[49]。この文脈においてそのような要求を発し、または、それを受け取るのは、主として政治的集団であり、その集団が持つ固有の歴史的・政治的・経済的な関係が基礎となって、特定の正義の要求が発せられるのである。

〔この特定の正義の要求として〕第一に、歴史的正義の要求がある。この要求は、以前の（場合によっては、違ったかたちで依然として現存する）支配関係ないしは搾取関係を引き合いに出すことによって正当化されうる。このことの例証として役立ちうるのは、補償を求める旧植民地である。ただし、直接的な植民地化だけではなく、貿易関係のなかで特定の国家が明らかに不利に扱われた事例も、この支配・搾取関係として見なされる。

二つ目は、国家間での普遍的正義に関する熟慮〔を基礎とする要求〕である。この熟慮は大きな不平等の埋め合わせに関してなされる。この不平等には、自然資源の所有にかかわるもの、または、特別に不利な気候条件を基礎とするもの、あるいは場合によっては、技術に関する知識にかかわるものがある。この要求の基礎にあるのは、人権の構想ではなく、極端に不平等で道徳的には恣意的に選ばれた出発点がもとになり結ばれた不公平な協力関係を排除しようという正義の理解である。この要求には、たとえば、より公正な「貿易条件」への要求が含まれる。

よって、より特殊的な連関だけではなく、グローバルな連関も正義と責任の重要な文脈であり、これらの文脈の一方を他方の文脈に還元することは許されない。歴史に関する情報を備えてはいるが普遍主義的な正義の構想は、歴史的に成立した特殊な政治的共同体や生産と分配に関するその共同体の内的構造から目を逸らすこともないし、権力と影響とを持つ現在の経済システムがどのように発展してきたかといった点やこの経済システムのなかで利益と損失がどのように分配されるかを決める意志から目を逸らすこともない。この構想からグローバルな正義に関するどのような公的機関が導き出されるかという点についてはここで論じることはできない[50]。

第4節　結論——人権の批判理論へ向けて

私が本稿で試みてきたのは、「西洋的」ではなく、よって文化相対的ではない基本的人権についての見解があり、それは正当化への権利であるという着想を発展させることであった。本稿は、文化的統合性（と強制なき統合）への要求とこの要求が社会的対立のなかで内的にどのように問題化されるかということから出発し——部分的にはイデオロギー批判的論証を用い、部分的には抽象化論証を用いることによって——、具体的な社会的‐政治的文脈との関係において人権を構成主義的に構想するための基礎である内在的で道徳的な核心として取り出されたのが〈正当化への権利という〉この権利である。道徳的構成主義の討議理論において正当化される人権の普遍的構想は、複数の可能性に開かれた政治的‐構成主義的な具体化と解釈の形式的‐規範的な中心として理解され、その具体化と解釈によって、そのつど正当化される（「内的」でもあり「外的」でもある）基礎構造を作り出すという目標が追求されるのである。

このように、外的な発明品であるといった非難や民族中心主義的性格を持つといった非難を回避する人権構想の可能性が示されてきたが、このことをもって多様な社会的基礎構造に適用可能なこの構想の道徳的権威が失われることもない。特殊主義的な先入見にとらわれることもなく、文脈を無視するグローバル主義に陥ることもなく、この構想は人権の中心的目標と意味とをそれにふさわしい場に位置づける。すなわち、関係者に対して実際に正当化されるべきより公正な社会秩序をめぐる政治的議論と対立の中心という場である。この〈議論と対立という〉取り組みが、解放を目指す人権要求が成立し、それを要求する言葉が理解される場である。したがって、人権理論が始まるのはこの場でなければならず、この理論は再びこの場に戻らねばならない。このように、いわば周縁から考えることによってのみ、（法律的な）人権の根源的で政治的‐道徳的な意味が露わになる。専制制度、他人の意のままに操られること、搾取、これらに抵抗する様々な戦いのなかで、「人間味のある」正義への多様な要求のなかで、その戦いや要求の目的が具体的にどのように定義されようとも、人権のこの意味は露わになる。権利を持たない人々や排除された人々の要求を特別扱いするように意識してはじめて、誰をも特別扱いしない人権の批判理論を発展させることができるのである。

注

＊エッセンの文化学研究所（Kulturwissenschaftliches Institut）にて催された会議「民主主義のグローバルな変化」（»Global transformation of democracy«）」（一九九六年一二月）、ならびに、プラハにて催された会議「哲学と社会科学：制度、討議、アイデンティティ」（»Philosophy and Social Sciences: Institutions, Discourse, and Identity«）」（一九九七年五月）に参加した人々に対して、貴重な意見や批判を頂けたことを感謝申し上げる。とくに、人権と民主主義的正当性との連関に関して、エッセンではフランク・マイケルマンと、プラハではシュテファン・ゴーゼパートと行った議論は私にとって有益であった。ユルゲン・ハーバーマス、フェルモン・デイヴィス、ノルベルト・カンパーニャに対しては、書面による詳細な質問と批判を頂いたことを感謝申し上げる。批判や指摘から学ぶことができたはずのことの少なくとも一部分だけでも私が学べたことを願う。

（1）たとえば、以下を参照。P. Kondylis, »Des Westens weiße Weste?«, in: *Frankfurter Rundschau*, 20. 8. 1996, S. 10.

（2）以下の文献のなかで論じられている事例を参照。S. Moller Okin: »Konflikte zwischen Grundrechten. Frauenrechte und die Probleme religiöser und kultureller Unterschiede«, in: S. Gosepath u. G. Lohmann (Hg.), *Philosophie der Menschenrechte*, Frankfurt am Main 1998. また以下の文献も参照。S. J. Al-Azm, »Das Wahrheitsregime der Verbrecher«, in: *Frankfurter Rundschau*, 26. 11. 1996, S. 10.

（3）人権概念の宗教的起源と世俗的起源との関係に関する検討については以下を参照。E.-W. Böckenförde und R. Spaemann (Hg.): *Menschenrechte und Menschenwürde*, Stuttgart 1987. O. Höffe, »Christentum und Menschenrechte«, in:

ders., *Vernunft und Recht*, Frankfurt am Main 1996, S. 83-105.

（4）（私の提案との比較のためにも）以下の二つのこのような試みを挙げておく。O. Höffe, »Menschenrechte«, in: ders., *Vernunft und Recht*, a. a. O., S. 49-82. J. Habermas, »Der interkulturelle Diskurs über Menschenrechte«.〔ハウケ・ブルンクホルスト、ヴォルフガング・R・ケーラー、マティアス・ルッツ＝バッハマン編、舟場保之、御子柴善之監訳『人権への権利――人権、民主主義そして国際政治』、大阪大学出版会、二〇一五年〕。

（5）道徳の問題においては社会の「共有された理解（shared understandings）」に従うべきだという、マイケル・ウォルツァーの格率の改訂版を参照。彼は次のように述べる。「わたしの『相対主義者』の格率にはもうひとつ別の制約が組み込まれている。すなわち、社会的な意味を参照するとなれば、そうした意味がいかに構成されているか、そして、それをどのように承認できるかについてなんらかの理解が要請される、というものである。社会的な意味は――中身はないが、かといってたんに形式的でもない――尺度を満たさなければならないのではないか。社会的な意味はひとつの社会のすみずみまで、共同生活をいとなむ一団の人々のあいだでほんとうに共有されていなければならない。しかも、この共有は徹底的な強制の結果生じたものではありえない。」（M. Walzer, *Thick and Thin. Moral Argument at Home and Abroad*, Notre Dame 1994, S. 26f.〔マイケル・ウォルツァー、芦川晋、大川正彦訳『道徳の厚みと広がり――われわれはどこまで他者の声を聴き取ることができるか――』、風行社、二〇〇四年。引用は、邦訳書の57―58頁から行った〕）。ウォルツァーが言及する「道徳のミニマリズム」のそのほかの制約については、以下で論じる。ウォルツァーの元来の見解への批判と〔見解を〕このように変更することが必要だというテーゼとに関しては、以下を参照。R. Forst, *Kontexte der Gerechtigkeit*, Frankfurt am Main 1994, Kapitel IV. I.

（6）人権要求に対して文化の自律を専制政治的（とくに神政政治的）に弁護するということが起こらない、あるいは、起こりえない、ということをここで述べたいわけではない。ここで述べたいのはただ、そのような弁護は文化的統合性の強い概念を利用することができないということだけである――このような弁護は、その論証のイデオロギー的性格を隠すため、この概念を利用しようとするのが通例となってはいるのだが。

（7）U. Narayan, »Contesting Cultures: ›Westernization‹, Respect for Cultures, and Third-World Feminists«, in: L. Nicholson (Hg.), *The Second Wave: A Reader in Feminist Theory*, New York 1997, S. 399. リンダ・ニコルソンがナーラ

ーヤンの印象深い論文と私の試みとの共通点を指摘してくれたことに感謝申し上げる。

（8）Ebd. S. 410, 412.

（9）自律の様々な構想の違いに関しては、以下を参照。R. Forst, »Politische Freiheit«, in: *Deutsche Zeitschrift für Philosophie* 44 (1996). さらに、多文化的正義の理論にふさわしい自律概念についての私とウィル・キムリッカとの議論も参照。R. Forst, »Foundations of a Theory of Multicultural Justice«, in: *Constellation* 4 (1997); W. Kymlicka, »Do We Need a Liberal Theory of Minority Rights? A Reply to Carens, Young, Parekh and Forst«, ebd.

（10）この「道徳的近代化」と社会的近代化のプロセスとがどのような連関のなかでかかわるかということは経験的問題である。けれども、人権の発展論理の純粋に機能主義的な説明は経験的には大きな価値があるとはいえ、その説明を、多様な社会的－文化的文脈のなかにいる関係者の視点から、場合によってはきわめて多様でありうる政治的目標と併せて提示するといった仕方によっては、人権要求に固有の規範的論理と結び付けることはできない。したがって、人権の「機能主義的基礎づけ」は、ハーバーマスの構成主義的理論のなかで行われているような、規範的基礎づけを必要とする。この点については、以下の文献を参照。J. Habermas, »Zur Ligitimation durch Menschenrechte«, in: H. Brunkhorst u. P. Niesen (Hg.), *Das Recht der Republik*, Frankfurt am Main 1999. その際に基礎としての役割を持つ自律の構想はたしかに社会的－道徳的な学習プロセスと多様化のプロセスとに結び付いているとはいえ、自律が社会的近代化のプロセスの最終結果としてはじめて見出されるというかたちで結び付いているわけではない。自律はむしろ、人権という言葉が用いられ、正当化根拠が要求される様々な種類の社会的対立のなかで、核心として使用され発展させられるのである。

（11）M. Walzer, »Nation and Universe«, *The Tanner Lectures on Human Values*, G. B. Peterson (Hg.), Salt Lake City 1990, S. 535.

（12）以下を参照。M. Walzer, *Thick and Thin*, a. a. O., bes. S. 11ff.

（13）以下を参照。M. Walzer, *Kritik und Gemeinsinn*, Frankfurt am Main 1993, Kapitel I.〔マイケル・ウォルツァー、大川正彦、川本隆史訳『解釈としての社会批判——暮らしに根ざした批判の流儀——』、風行社、一九九六年〕。

（14）この点に関する詳細な検討については以下を参照。R. Forst, *Kontexte der Gerechtigkeit*, a. a. O., Kapitel IV. I.

（15）M. Walzer, »Objectivity and Social Meaning«, in: M. C. Nussbaum u. A. Sen (Hg.), *The Quality of Life*, Oxford 1993,

S. 173.

（16） この定式化はトーマス・スキャンロンの理論から借りたが、ここではそれを彼の理論とは異なった仕方で解釈している。彼の理論に関しては、以下を参照。T. Scanlon, »Contractualism and utilitarianism«, in: A. Sen u. B. Williams (Hg.), *Utilitarianism and beyond*, Cambridge 1982. スキャンロンがこの「理に適った仕方では拒否できない（not reasonable to reject）」という定式化を選んだのは、理に適った仕方で拒否することも受け入れることもできてしまう要求を発する利他的態度を認めるための道徳的正当化に関してである。それに対して、私がより重要だと考えることは、「理に適った（reasonable）」という用語を相互性と普遍性という基準を用いて説明し、そうすることでスキャンロンがしたよりも詳しくこの用語を定義することである。

（17） この点については以下を参照。R. Forst, »Praktische Vernunft und rechtfertigende Gründe«, in: S. Gosepath (Hg.), *Motive, Gründe, Zwecke*, Frankfurt am Main 1999.

（18） この点については、とくに以下を参照。J. Habermas, »Diskursethik — Notizen zu einem Begründungsprogramm«, in *Moralbewußtsein und kommunikatives Handeln*, Frankfurt am Main 1983;〔ユルゲン・ハーバーマス、三島憲一、中野敏男、木前利秋訳『道徳意識とコミュニケーション行為』、岩波書店、一九九一年〕、ders., »Eine genealogische Betrachtung zum kognitiven Gehalt der Moral«, in: *Die Einbeziehung des Anderen*, Frankfurt am Main 1996.〔ユルゲン・ハーバーマス、高野昌行訳『他者の受容——多文化社会の政治理論に関する研究』、法政大学出版局、二〇〇四年〕。

（19） 四つの「正当化の文脈」の違いについては以下を参照。R. Forst, *Kontexte der Gerechtigkeit*, a. a. O., 特に、S. 294ff. u. 362ff.

（20） よって、正当化の権利を基礎づけるために、カール＝オットー・アーペル（Karl-Otto Apel）の理論（ders., *Diskurs und Verantwortung*, Frankfurt am Main 1988）においてそうであるように、理性あるいは論証の普遍的概念とその概念の「超越論的語用論的」前提を引き合いに出すことはできない（この理論に対する批判に関しては以下を参照。A. Wellmer, *Ethik und Dialog*, Frankfurt am Main 1986, S. 102ff.〔アルブレヒト・ヴェルマー、加藤泰史監訳『倫理学と対話——道徳的判断をめぐるカントと討議倫理学——』、法政大学出版局、二〇一三年〕）。規範的文脈における実践的で理性的な行為を正当化する前提は〔根拠へと〕遡る反省においてのみ再構成されるが、このことと「究極的基礎づけ」への要求とは関係がない。けれども、論証の前提にある「弱い超越論的強制の〈ねばならない〉」と「行為規則の指令的〈ねばならない〉」とをハーバーマスが区別したこと（J. Habermas, »Erläuterungen zur Diskursethik«, in: *Erläuterung zur Diskursethik*, Frankfurt am Main 1991, S. 191〔ユルゲン・ハーバーマス、清水多吉、朝倉輝一訳『討議倫理』、法政大学出版局、二〇〇五年〕u. ders., »Eine geneologische Betrachtung zum kognitiven Gehalt der Moral«, a. a. O., S. 63）によって生じる（論証原理「U」への認知的内容を一方とし、討議的に正当化された規範によって課せられる責務を他方とする）基礎づけ理論にかかわる裂け目を埋めるために重視すべきなのは、正当化原理と正当化への義務ないしは権利とに対する実践的な洞察である。これは、道徳的に基礎づけし、道徳的に行為する存在者として理解される人格が持つ洞察である。さもなければ、正当化原理が人格にとって持つ実践的意味が不確定なままになってしまう。その際に重要なのはもちろん、正当化への権利が討議的に正当化された権利と同じレベルにあるわけではないということである。この考えと類似してはいるが、重要な点において差異のある考えとして「自由な態度決定への権利」がある。この考えについては、以下を参照。K. Günther, »Die Freiheit der Stellungnahme als politisches Grundrecht—Eine Skizze«, in: P. Koller, C. Varga, O. Weinberger (Hg.), *Theoretische Grundlagen der Rechtspolitik, Beiheft zum Archiv für Rechts- und Sozialphilosophie* 54, Stuttgart 1992. この差異のいくつかについて、私は以下の文献のなかで論じたことがある。R. Forst, »Die Rechtfertigung der Gerechtigkeit. Rawls' Politischer Liberalismus und Habermas' Diskurstheorie in der Diskussion«, in: H. Brunkhorst u. P. Niesen (Hg.), *Das Recht der Republik*, a. a. O.

(21)　構成主義と実践理性とに関する議論については以下を参照。R. Forst, *Kontexte der Gerechtigkeit*, a. a. O., Kapitel IV. 2. ここでは、文脈に関連付けられた正当化の理論の構想と、エアランゲン学派ならびにコンスタンツ学派の構成主義における実践的方針決定の合理的基礎づけに関する根源的で様々な点でより包括的なプログラムとの関係という複雑な問題に取り組むことはできない。これらの学派に関してはとくに以下を参照。P. Lorenzen u. O. Schwemmer, *Konstruktive Logik, Ethik und Wissenschaftstheorie*, Mannheim 1975 (2. Auflage); F. Kambartel (Hg.), *Praktische Philosophie und konstruktive Wissenschaftstheorie*, Frankfurt am Main 1974. 後者の文献においてとくに重要なのは次の論文である。F. Kambartel, »Moralisches Argumentieren. Methodische Analysen zur Ethik«.

(22) 道徳的に要求され、あらゆる場所で保障されるべき人間保護についてのミニマルな基準としての「ヒルトン・ホテル」というアイデアについては以下を参照。M. Walzer, *Kritik und Gemeinsinn*, a. a. O., Kapitel I.

(23) ここで私が用いているイメージは、構成主義的道徳に関してオノラ・オニール（Onora O'Neill）が論じたものである。以下を参照。Dies., *Tugend und Gerechtigkeit*, Berlin 1996, Kapitel II.3.

(24) 以下を参照。J. Rawls, »Kantischer Konstruktivismus in der Moraltheorie«, in: *Die Idee des politischen Liberalismus*, Frankfurt am Main 1992, S. 81ff.

(25) この点については以下を参照。R. Forst, *Kontexte der Gerechtigkeit*, a. a. O., Kapitel IV.2 und ders., »Gerechtigkeit als Fairneß: ethisch, politisch oder moralisch?«, in: Philosophische Gesellschaft Bad Homburg u. W. Hinsch (Hg.), *Zur Idee des politischen Liberalismus*, Frankfurt am Main 1997.

(26) J. Rawls, *Political Liberalism*, New York 1993, S. 90.

(27) 以下を参照。Ebd., S. 103f.

(28) 以下を参照。J. Rawls, »The Law of Peoples«, in: St. Shute u. S. Hurley, *On Human Rights*, New York 1993.〔スティーヴン・シュート、スーザン・ハーリー編、中島吉弘、松田まゆみ訳『人権について――オックスフォード・アムネスティ・レクチャーズ』、みすず書房、一九九八年〕。この論文に対する重要な批判としては以下のものがある。T. Pogge, »An Egalitarian Law of Peoples«, in: *Philosophy and Public Affairs* 23 (1994) und T. McCarthy, »Über die Idee eines vernünftigen Völkerrechts«, in: M. Lutz-Bachmann u. J. Bohman (Hg.), *Frieden durch Recht*, Frankfurt am Main 1996.

(29) 下記の点に関しては以下も参照。R. Forst, »Die Rechtfertigung der Gerechtigkeit«, a. a. O., Abschnitt 4.

(30) 以下では「市民（Bürger）」という短縮形を用いるが、それはつねに「男性市民（Bürger）と女性市民（Bürgerin）」という意味においてである。

(31) この政治的‐法的文脈において正当化への権利は、マイケルマンの背理法が目指しているであろうこと、すなわち、人権のどのような解釈であっても、ある国家においてそれが正当であるのは、それがいわば「純粋な」手続きにおいて合意のうえで受け入れられる場合に限られるということを意味しているのではもちろんない。この文脈における正当化への権利が意味しているのはむしろ、誰も恣意的に排除されることのない政治的正当化の手続きにおいては基本的で相互的‐

普遍的に拒否することのできない要求は無視されないということである。このことは、マイケルマンが重視する基準、すなわち、人権解釈の規範的「妥当」とその解釈の民主主義的検討可能性という基準と類似したものである。マイケルマンの見解に関しては以下を参照。F. Michelman, »Bedürfen Menschenrechte demokratischer Legitimation?«, in: H. Brunkhorst u. W. R. Köhler u. M. Lutz-Bachmann (Hg.), *Recht auf Menschenrechte—Menschenrechte, Demokratie und internationale Politik—*, Frankfurt am Main 1999. この点で重要なのは、正当化への権利が政治的手続きのなかに完全に吸収されてしまうということはありえず、この権利は政治的正当化を改善するために不可欠のものであり続ける。よって、制度がこの権利を侵害したり、あるいは、よりよく表現したり、または、より悪く表現したりすることはあるが、この権利が完全に制度化されるということはないのである。

（32）この点に関して、クロード・レフォート（Claude Lefort）は以下の文献のなかで、民主主義社会の内的ダイナミズムの内側での人権要求を分析している。»Menschenrechte und Politik«, in: U. Rödel (Hg.), *Autonome Gesellschaft und libertäre Demokratie*, Frankfurt am Main 1990.

（33）以下を参照。R. Forst, »Politische Freiheit«, a. a. O.

（34）以下を参照。A. Honneth, *Kampf um Anerkennung*, Frankfurt am Main 1992, Kapitel 5.〔アクセル・ホネット、山本啓、直江清隆訳『承認をめぐる闘争――社会的コンフリクトの道徳的文法――』、法政大学出版局、二〇〇三年〕。

（35）「保護カバー」としての法人格という理解に関しては以下を参照。R. Forst, *Kontexte der Gerechtigkeit*, a. a. O., Kapitel II.

（36）ロールズが「格差原理」とともに強調しているように、拒否権はその普遍的意味において社会的‐経済的構造と財の分配との根本的構成要素に関連しうる。けれどもその際には、この拒否権が具体的権利の形式をどのように持つに至るかという点は不確定のままにとどまる。この点については以下を参照。J. Rawls, *Eine Theorie der Gerechtigkeit*, Frankfurt am Main 1975, § 26.〔ジョン・ロールズ、川本隆史、福間聡、神島裕子訳『正義論』、紀伊國屋書店、二〇一〇年〕。

（37）以下を参照。J. Habermas, *Faktizität und Geltung*, Frankfurt am Main 1992, Kapitel III〔ユルゲン・ハーバーマス、河上倫逸、耳野健二訳『事実性と妥当性――法と民主的法治国家の討議理論にかんする研究』、未來社、二〇〇二年〕。

（38）ここでは示唆するにとどめたハーバーマスの理論との広範囲にわたる取り組みについては以下を参照。R. Forst, »Die

Rechtfertigung der Gerechtigkeit«, a. a. O., Abschnitt 4.

(39) 人権は「そもそも法律的性質のもの」であるというハーバーマスのテーゼ、さらに、それとは対立する、道徳的論証は人権の基礎づけに充分であるというテーゼに関しては以下を参照。J. Habermas, »Kants Idee des ewigen Friedens—aus dem historischen Abstand von 200 Jahren«, in: *Die Einbeziehung des Anderen*, a. a. O., bes. S. 221ff., und »Zur Legitimation durch Menschenrechte«, a. a. O.

(40) 以下を参照。T. Pogge, »How Should Human Rights be Conceived?«, in: J. Hurschka (Hg.), *Jahrbuch für Recht und Ethik* 3, Berlin 1995; P. Koller, »Frieden und Gerechtigkeit in einer geteilten Welt«, in R. Merkel u. R. Wittmann (Hg.), ›*Zum ewigen Frieden*‹. *Grundlagen, Aktualität und Aussichten einer Idee von Immanuel Kant*, Frankfurt am Main 1996.

(41) この点に関しては以下を参照。H. Shue, »Mediating Duties«, in *Ethics* 98 (1988). 権利と義務に関して彼が行った価値ある検討に関しては以下を参照。H. Shue, *Basic Rights*, Princeton 1980.

(42) この点に関しては以下を参照。J. Habermas, »Kants Idee des ewigen Friedens—aus dem historischen Abstand von 200 Jahren«, in: *Die Einbeziehung des Anderen*, a. a. O. この論文は以下の著作にも収められている。M. Lutz-Bachmann u. J. Bohman, *Frieden durch Recht*, a. a. O. この著作に収められている以下の論文も参照。J. Bohman, »Die Öffentlichkeit des Weltbürgers. Über Kants ›negatives Surrogat‹«; R. Falk, »Die Weltordnung innerhalb der Grenzen von zwischenstaatlichem Recht und dem Recht der Menschheit. Die Rolle der zivilgesellschaftlichen Institutionen«; A. Honneth, »Universalismus als moralische Falle? Bedingungen und Grenzen einer Politik der Menschenrechte«.「人道的介入」の問題に関しては以下を参照。C. Greenwood, »Gibt es ein Recht auf humanitäre Intervention?«, in: *Europa-Archiv* 4 (1993).

(43) 以下を参照。R. Marx, »Kein Frieden ohne Menschenrechte — keine Menschenrechte ohne Frieden«, in: *Amnesty International: Menschenrechte vor der Jahrtausendwende*, hg. von H. Bielefeld, V. Deile, B. Thomsen, Frankfurt am Main 1993; D. u. E. Senghaas, »Si vis pacem, para pacem«, in: *Leviathan* 20 (1992).

(44) たとえば、以下の文献における様々な提案を参照。D. Held, »Kosmopolitische Demokratie und Weltordnung. Eine neue Tagesordnung«, in: M. Lutz-Bachmann u. J. Bohman, *Frieden durch Recht*, a. a. O.; J. Habermas, »Kants Idee des

ewigen Friedens—aus dem historischen Abstand von 200 Jahren«, a. a. O.; O. Höffe, »Eine Weltrepublik als Minimalstaat«, in: ders., *Vernunft und Recht*, a. a. O.

(45) 以下を参照。W. Kersting, »Weltfriedensordnung und globale Verteilungsgerechtigkeit. Kants Konzeption eines vollständigen Rechtsfriedens und die gegenwärtige politische Philosophie der internationalen Beziehungen«, in: R. Merkel u. R. Wittmann (Hg.), ›*Zum ewigen Frieden*‹, a. a. O.; C. Chwaszcza, »Politische Ehik II: Ethik der internationalen Beziehungen«, in: J. Nida-Rümelin (Hg.), *Angewandte Ethik*, Stuttgart 1996.

(46) ある国家において放漫経営がなされることによってその国家が誤った方向へと導かれたというロールズが指摘する（»The Law of Peoples«, a. a. O., S. 77.）事例においても、その国家のなかでそのことによって苦しんでいる人々に対して、拒否することのできない肯定形の（間接的）義務が生じる。その義務のなかには、公正な内的構造の設立を目指す義務も含まれる。

(47) 以下を参照。A. Sen, *Inequality Reexamined*, Cambridge, Mass. 1992〔アマルティア・セン、池本幸生、野上裕生、佐藤仁訳、『不平等の再検討』、岩波書店、一九九九年〕u. ders., »Capability and Well-Being«, in: M. C. Nussbaum u. A. Sen (Hg.), *The Quality of Life*, Oxford 1993.〔マーサ・ヌスバウム、アマルティア・セン編、竹友安彦監修、水谷めぐみ訳『クオリティー・オブ・ライフ——豊かさの本質とは——』、里文出版、二〇〇六年〕。

(48) よって、これらの権利は否定形でのみ表現されると見なされている義務を含意するほかの要求と比べて弱いわけではない。このことは、生命と個人の統合性への権利が、これらの権利を保障するのに有益な公的機関を設立する義務を含み、これらの義務は同様に肯定形で表現され、手段を必要とする義務であるということによっても裏付けられる。

(49) この点において、私の見解とゴーゼパートが以下の論文で示した見解とは区別される。S. Gosepath, »Zu Begründungen sozialer Menschenrechte«, in: ders. u. G. Lohmann (Hg.), *Philosophie der Menschenrechte*,a. a. O. ゴーゼパートはこの論文のなかで、財と資源とを平等に分配する原理を基礎として、社会的人権と分配的正義とが一致するということを論じている。けれども、私の考えでは、ゴーゼパートの見解においては正義の特別な文脈が持つ特殊性が見過ごされている。この文脈は平等原理の制約を踏み越えない範囲内で再び導入される。

(50) しかし、この点についてはポッゲが以下の文献で論じている革新的提案を参照。T. Pogge, »Eine globale

Rohstoffdividende«, in: *Analyse und Kritik* 17 (1995).

人権への権利

ヴォルフガング・R・ケーラー
（米田恵訳）

【ケーラー論文への助走】

ヴォルフガング・ケーラーによる本論では、まず人権に関して考えられる4つの問題点が提示される。それぞれ、（1）人権の根拠づけ、（2）人権の妥当範囲（人権は誰に妥当するのか）、（3）人権の内容、（4）人権の貫徹、であるが、このうち、ケーラーが最も重要と考えているのは、（1）の人権の根拠づけの問題であり、ここでの回答が他の問題を扱う際の方向性を規定するものとなっている。

人権の根拠づけを説明する際のケーラーの手法は以下のようなものである。ケーラーはまず、権利を根拠づけるという議論の前提として、人間の相互主観的な実践をおく。権利の根拠は、現に妥当しているという単純な適法性にあるのではなく、承認に値する適法性としてその正統性が証明されなければならない。とはいえ、もはや整合説的、模写説的にこの正統性の概念を理解することはできない。そこでケーラーは、ユルゲン・ハーバーマスに依拠する仕方で、根拠づけの実践とは相互主観的な正当化を必要とするものであると考える。

ところで、法制化することと正統化することとが同義であるかどうか、また、相互主観的に正当化され公的に適法とされたものが正統であるかどうかについては、なお説明が必要であるとケーラーは考えている。では、相互主観的な実践から帰結する適法的なものが正統であるということをいかにして担保するのか。歴史に依拠した論拠も政治的な論拠も人権の正統性の根拠を示すことはできないとして、ケーラーはその根拠を道徳性のうちに見る。このとき、カントの尊厳の概念とともに、あらゆる人間を人格として目的それ自体とみなすという道徳原理を根拠に、「人権への権利」が導出される。ケーラーによれば、それは、人格として承認される権利としての、自由と身体的な不可侵性、そして法的な平等を示している。

このような人権への権利は、あらゆる人間を目的それ自体とみなすことから導かれる以上、国家の主権によって制限されることはない。それゆえ、人権への権利は民主主義に依拠しない。その一方で、個々の人権は法的な形をとってはじめて実現するのであり、民主的合法化を必要とするということをケーラーは認めている。そこで、人権への権利こそが個々の人権を合法化する手続きとしての民主主義を正統化する、すなわち、人権への権利が民主主義への権利をも導出すると考えられる。つまり、道徳的に根拠づけられた人権への権利という理念において、相互主観的な民主主義の法的手続きが正統化され、それにより、内容としての個別の人権が法的に根拠づけられることになるのである。このように、ケーラーによる人権の根拠づけの議論は、道徳的－法的な二重の構造をもっている。

こうしたケーラーの議論は、冒頭で提示される（2）人権の妥当範囲、（3）人権の内容、（4）人権の貫徹の問題を考える際にもひとつの指標となっている。ここでは、（3）についてだけ確認しておく。ケーラーは、人権の一定の内容については、普遍的に妥当することが反論の余地なしに根拠づけられると考える一方で、国家や国家連合が保証しうる人権だけが存在すべきという見解も誤ってはいないという両義的な立場をとっている。これは、前述のような人権の道徳的－法的根拠づけというケーラーの想定からすれば、首尾一貫している。というのは、人間の人格性という道徳的原理を根拠とする人権への権利から、おそらく直接導かれるであろう人権の「一定の内容」については、あらゆる人格に議論の余地なく確保されなければならないのと同時に、本来個別の人権は、人権への権利に根拠づけられた民主主義的な合法化によってのみ実現されると考えられるからである。

ところでケーラーは、ハーバーマスに依拠して相互主観性の概念を導入しつつ、ハーバーマスの考える人権概念については次のような指摘によって留保を示している。ハーバーマスは人権を「はじめから」法理的なものとして理解しており、このとき、道徳と法との関係は「補完関係」であって道徳が法を制限するのではない。それゆえハーバーマスにおいては、民主主義的実践に先立って道徳的な前提として想定される「人権への権利」のようなものが人権の根拠となることはない。ケーラーによれば、もし人権を法によって制定される規範としてだけ理解しようとすれば、法の変更によって人権が失効させられたり廃止されたりするという事態を阻止することは原理的にはできない。また、人権の法的妥当が承認されることも任意の行為とみなされうる。道徳が民主主義の法的実践を制限しえないなら、こうした可能性が常に見込まれなければならず、このことが人権を純粋に法的に根拠づけることの弱点である。それゆえケーラーは、人権への権利を民主主義に先立つ道徳の圏域として示すのだが、それに対して、ハーバーマスの人権概念は道徳と法を補完的な関係に止めている以上、常に、純粋に法理的な人権概念と同様のリスクを負っている。

ケーラーの選択する方途は、少なくとも、人権への権利から直接導かれると考えられる重要な人権について、民主主義の主権原理のもとで無効にしてしまうという可能性を排除できる点で魅力的である。しかしここではあえて、人権概念によって問題の解決がはかられようとするケースにおいて、何を自由であるとし、平等と判断するのかというまさにそのことにおいて合意がえられないという事態を想定してみたい。というのは、ケーラーは人権への権利を自由と平等という理念として呈示しているが、多様な価値観の共存が求められる今日の世界情勢のなかで、自由・平等といった理念が成立してきた文脈とは異なる文脈の価値観から、こうした理念そのものに問題が提起されることは十分考えられるからである。もし、ケーラーが人権への権利の内実として想定する「自由と身体的な不可侵性」や「平等」が問われることで人権が否認されるとするならば、権利を正統化する基準としてはたらくべき自由や平等について議論する余地が確保されない場合には、ここで生じている人権に関する不合意が相互主観的な了解に至ることはないのではないだろうか。そしてこのことは、人権への権利から直接導かれるとケーラーが考える人権の「一定の内容」はもちろんのこと、人権への権利を根拠としてさらに法的に根拠づけられる個々の人権の内容についても同様に言えるだろう。まさに、ケーラーにおいては、まず人権への権利が想定され、これによってはじめて民主主義が正統化される以上、こうした民主主義は、相互主観的な民主主義的実践に先立って道徳的に想定される人権への権利そのものについては問うことができないからである。これに対して、ハーバーマスのように法と道徳を補完的なものと捉え、民主主義による法的実践に先立つ道徳の圏域を想定しないなら、人権の妥当に関するあらゆる問いを問題化し、その正統性の根拠についても規範的に共有し承認しあう可能性は残されている。ここで想定したような事態においては、人権を純粋に法的に根拠づけることの原理的な「弱点」であるとケーラーが考えるものは、大きなリスクを孕んでいるのは確かであるが、また同時に原理的な利点であるとも言えるのではないか。本論においてケーラーが提起する人権の根拠づけの議論は、法と道徳に関する容易には解決しがたい問題を含んだものであり、今日十分に考慮されるべき課題であるといえるだろう。

私の考えでは、人権の問題点には、少なくとも、以下の問いにおいて表現されうるような四つの側面がある。これらの問いは、次に挙げる順に重要なものと思われる。

(1) 人権は根拠づけ可能か？
(2) 人権は誰に妥当するのか？
(3) 人権の内容とは何か？
(4) いかにして人権を貫徹することができるのか？

問い (I) について

否定的な回答を考慮に入れないとするなら、この問いには、肯定的な回答として複数のバリエーションが考えられる。しかし、肯定的な回答を与えることがおのずから明らかであるというわけではないようだ。というのは、人権に関して根拠を問うということは全く何の意味もないかのように、とにかくそれが現にあるということを前提とするような、人権についての断定があるからである。根拠を問わないこうした戦略によって、人権はまったくの権力問題になる傾向があったり、あるいは人権を考慮しないことが輸出の促進に役立ったりするので、人権の問題点が過度に政治化されてしまうのではないかと私は懸念している。しかし、歴史において人権が生み出される際に、さらに言えばそれゆえに人権は時代によって内容を異にするのだが、その際に人権の根拠について思考されてきたということを、私たちは忘れるべきではない[1]。そして私たちは、「人権が妥当する根拠がないなら、なぜ私は人権を考慮するべきなのか」という独裁者が提起しうる問いに対して、何が回答と見なされうるのかということについても考える必要はないのだろうか。ともかく、この問いを自明なもの、あるいは誤って立てられたものと見なす人は、人権をすでに承認しているか、あるいは、おそらく倫理的な懐疑論者であるに違いない。

（1）の問いへの肯定的な回答は、根拠づけの形式によってバリエーションをもち、要点を抜き出すとそれらは、（a）道徳的、（b）法的、（c）歴史的、（d）政治的回答と言えるかもしれない。しかし、これらの種類の根拠づけを取り上げる前に、拙論のコンテクストにおける根拠づけの概念について少し述べておきたい。根拠づけは、通常の学問理論的な基準に従えば、何かがどのようにして成立したかということを単に説明する以上のことを行っている。つまり、何かがなぜ、最も広い意味で妥当する、あるいは妥当性を持つのかということをも明らかにするはずである(2)。

私たちは妥当という概念によって、ある法が効力を持つ、あるいは適法（legal）であるということを考えることができる。しかし、周知のように、ある法が遵守されず、この意味で承認されてもいないという理由で、それが紙の上でのみ妥当するというようなことがある。こうしたことはたびたび人権にあてはまる。他方で、ある妥当している法が、遵守されており、この意味で承認されているとしても、それにもかかわらず不正であるということがありうる。ナチズムがその恐るべき例をもっともよく提供している。

妥当している法が不正でありうるということは、よく言われるように、単に実際に妥当するということ（通例では、立法者によって妥当性を与えられることがその基礎をなす）と、通常、正統性の概念によって示されるような、何らかのしかたで正当化される、あるいは少なくとも正当化することができるような妥当するということとの間の区別を前提としている。正統性は、それゆえ、特別な適法性、あるいはまた、承認に値する適法性として理解することができる。権利の根拠づけは、立法者が妥当性を与えた、あるいは効力を与えたということを単に示す以上のものであろうとするのであり、それゆえ、権利の正統性を証明することにあるのでなければならない(3)。

この正統性の概念は、いまやプラトン的に理解されるべきではない（「プラトン的」という言葉が「人間から独立している」とほぼ同様の意味であれば）。というのは、何かを根拠づけるのは常に人間たち、あるいは人格たちだからである。このように正統性が根拠づけの実践に依拠していることによって、妥当性をプラトン（主義）的に解釈することは不可能である。というのは、ひとつの人格が、根拠づける対象から完全に独立して、一人きりで何かを根拠づけることができるということはないからである。お望みなら、次のように言うこともできる。根拠づけの実践は、「ディスクルスによって認証可能である」ということを要求し、ゆえに「相互主観的な正当化」を必要とするのだから、こうした実践は原理的に公的な理性使用を意味する。まさに、ただ一人ではどのような人権も根拠づけることはできないだろう、と。しかし、もし私たちが相互主観的な正当化概念ないしは相互主観的な根拠づけ概念とともに考察するとしても、ハーバーマスの主張するように、やはり私たちは、いかにして適法性から正統性が生じうるのかというパラドクス[4]を説明しなければならない。道徳的なものの圏域が法制化されるのだと考えるなら、この説明は容易になるように思われる[5]。しかしどうやら、そのときでもあいかわらず、適法的なことを必然的に何か道徳的なこと、正統なこととして考えなければならないのかどうかという問題が立てられるように思われる。というのは、法制化することは正統化することと明らかにに同じではないからである。

もし私たちが人権を根拠づける可能性を相互主観的に解釈するなら、人権の起源に関するある種の想定ははじめから問題とされない。前もってそこにあった何かを私たちが発見できたり認識できたりするように、人権は発見されたのだ、などと言うことには何の意味もない。同様に、以前にはまだなかった何かが構成されたり、構築されたたりするように、人権は発明されたのだ、ということもありえない。また、生物が生み出されたり作り出されたりしうるように、人権は産出されたのでもない。しかしひょっとすると私たちは、自らを形成したり形成されたりするものが出来しうるように、人権は、語のある意味において、出来したのだと言うことができるかもしれない。しかし、人権は承認されたのだと言う方が、おそらくもっとよいだろう[6]。

最後のように考えることによって、私たちは、人権の起源に関する厄介な問いから解放され、人権の妥当に関する問いにある意味で答えることになるだろう。(それが理論であろうと規範であろうと)何かが生成することと、(真理であろうと根拠づけられることであろうと)何かが妥当することとの間の違いは、人権の身分を議論する際に、すでにいつもひとつの役割を果たしてきた。こうした議論の際に、典型的な形而上学的実在論者であれば、時間に左右されない人権の妥当と人権の妥当を時間的‐歴史的に理解することとを区別する。しかし、（形而上学的実在論者のように）真理と真理の認識との間の区別を全く問題のないものと考える（しかしそれに対しては何の根拠も存在しない）[7]場合にのみ、私たちは生成と妥当との間の区別もまた問題のないものと考えることができる。しかし、まさしく人権の場合、ふたつの区別を問題のないものと考える理由がないのである。なぜなら、人権の妥当はその生成から厳密に切り離すことができるわけではないからである。さらに、もし生成と妥当の違いに厳密にこだわるとすれば[8]、次のように言う場合、それは「自然主義的」誤謬推理[9]のように思われうるからである。つまり、人権が妥当するのは、世界史的には、それが「道徳的なものの法制化」（Habermas a. a. O.）によって承認されたからであり、したがっていわば「自然の」事実だからである、と言う場合である。

　それゆえ、形而上学的な実在論者の立場は、形而学的な反実在論者の立場よりも魅力的な選択肢と思われるかもしれない。というのは、歴史的であるということには妥当しないということや妥当性をもたないということが伴うとされるので、形而上学的な実在論者の立場によれば、一見すると、ある言明が歴史的であることが、この言明の妥当を減少させるからであり、それゆえ人権宣言の妥当をも減少させるからである。形而上学的な実在論者であれば、人権はすでにいつでもどんな場所でも妥当していたに違いないということを指摘するだろうし、たとえ人権がこうした意味で普遍的に妥当するものとして承認されていなかったとしても、妥当していたに違いないということを指摘するだろう。しかし、実在論者はこうした形而上学的なやり方を、あらゆる反実在論者を相対主義だとして非難するために用いることができるわけではない。というのは、反実在論を相互主観主義的に解釈するなら、相対主義につながらないからである。――相対主義につながるのは、私が正当化されていると思うことだけが正当化されているというような、主観主義的な解釈だけである。それゆえ、相互主観的な正統性の概念は常に反実在論的に理解されうるが、そのことはなんら相対主義を含意しない。こうした関連において、他性[10]という「知的な」概念によって、相対主義者たちは、異なる文化を承認するための、また人権の侵害に際して国家に介入させないための、あるいはそれどころか、人権の承認を要求するなどできないということのための、一見すると強い論拠を手にする。しかし、犯罪者というものは、別の種類の人間であるというわけではないのである。

（a）

もし人権を道徳的に根拠づけようとするなら、私たちはただ、人権をひとつの道徳的な原理から、したがって二つの言明から導き出すことによって、おそらくそれを成し遂げることができるだろう。この二つの言明のうち少なくともひとつは、道徳に関係する規範的前提あるいは価値的前提である。もし人権がある「道徳的な核」をもち、このことがただの隠喩にとどまるべきでないということが認められるとすれば、そのような何かが可能でなければならない。しかし、道徳的な原理からの演繹の試みは、カントの定言命法以来、あるいは功利主義の最大化の原理以来、私たちが知っているように、かなりの問題を孕んでいて、試みられた演繹のすべてにおいて望まれた行為規範が得られているわけではない。たいていは、演繹が論理的に機能するために、道徳的な補助原理が用いられなければならないのである。[11]

ただちに思いつくのは、人権の道徳的な根拠づけを、どの人間にも絶対的な価値を認めること[12]、あるいはどの人間をも目的それ自体と見なすことのうちに見るということである。[13] この絶対的な価値がもっともよく理解できるのは、（国連の人権宣言、あるいはドイツ連邦共和国の基本法におけるように）カントの尊厳の概念とともにであるということは、それにもかかわらず、一部の哲学者たちにとっては受け入れがたい。だが、絶対的な価値に関するこうした見解は、一七七〇年代のカントによってすでに支持されている。「自由はその独立性の故に尊厳をもち」、「彼自身の人格における人間性の尊厳は、人格性それ自体、すなわち自由である。というのは、彼は自らに目的を設定することができる存在者であるかぎりにおいて、目的それ自体だからである。[14]」私にとってさらに重要だと思われることは、ただ自律的な意志だけが人間のものとされるのではないということ、人間を熟議を行う人格としてだけ、あるいは正当化を要求してよいような存在者としてだけ見なすのではないということである。というのは、こうした人間のものとされることのすべてが正しければ正しいほど、それによって、人間が非常に傷つきやすい肉体をもち、同時に保護を必要とするということが忘れられてしまうからである。純粋に合理的な存在者というようなものがもし存在しうるなら、そうした存在者は私たちの人権を必要としないだろう。

目的それ自体であることは、人権を、より正確に言うなら、少なくともあるひとつの人権を道徳的に根拠づけることにとっての必要十分条件であるように私には思われる。[15]そして、このひとつの道徳的に根拠づけうる人権を、私は人権への権利と呼びたいが、それは私の独創ではない。この権利は、本質的には人格として承認される権利であり、それゆえ、自由と身体的な不可侵性への権利である。さらには、国連の人権宣言の第一条では、たとえどこかの国の市民でないとしても、すべての人格は法的に平等であることが謳われている。[16]

目的それ自体であることが人格としての人間にふさわしいということは、人間が価格、すなわち市場価値をもつということを不可能にする。それに対して、もし人間が価格をもっているとしたら、人権は道徳的に根拠づけられえないだろう。接続法で表現されたこのことを直説法を用いて反対に表現すれば、次のとおりである。人権が道徳的に根拠づけることのできるものであれば、人間は価格、あるいは市場価値をもつことはない。[17]

人権は、法的な形をとるという意味において、確かに民主的な合法化を必要とする。しかし人権への権利には、何らそのような合法化は必要ではない。というのは、人権への権利は民主主義に依拠していないからである。[18]人権への権利は、民主主義による正統化も必要としない――それ自体が、民主主義を正統化する。その限りでは、人権への権利が認められるなら、民主主義への権利もまた認められなければならないと言うことができる。しかし逆ではない。

その限りで、人権への権利は民主主義への権利と政治的に同義のものと見なされるかもしれない。しかし、だからといって、民主主義と人権は道徳的に等価というのではない。強く言うなら、民主主義は人権の実現に奉仕するが、人権が民主主義の実現に奉仕することはない。というのは、民主主義はまさに、人間のいかなる価値にも依拠せずに、あるいは人間が互いに人間として承認しあう価値、それも、私の知る限り、歴史的にはあらゆる民主主義に先立って承認しあってきた価値に依拠せずに存在するような目的として、構想されるのではないからである。

こうした見解とは異なり、ハーバーマスは一方で、国民主権と人権、国民の自律と道徳的な自律は等根源的なものであるとしている（a. a. O., S. 138, 161）。そして他方で彼は、古典的な自由主義的基本権は、「……普遍的な自由権を解釈したものであり形態化したもの」（S. 159）であると言う。しかし、このことはおそらく彼の考えでは矛盾ではない。それはともかく、私の考えでは、民主化ないし民主主義が要求されうるのは、個々の人権の名においてではなく、人権への権利の名のもとにおいてのみであるという事情は、民主主義の独立性というテーゼにとっても有利に作用する。

（ハーバーマスが推測するように[19]）道徳的な根拠づけの問題が、実際に、人権を自然法として構想することが不適切であることに存するのか、それとも前国家的そして超国家的な道徳を国家の法規範へ模写するという、ひょっとするとより魅力的なプラトン主義的構想のうちに存するのか、こうしたことにどう答えるかは、私たちが真理概念についてもつ見解に依拠する。私たちが、真理概念を対応説的、あるいは模写説的に捉えるのではなく、害のない意味論としてそれを用いるなら[20]、法や人権を、法に先立つ、あるいは法を超えた道徳の圏域との一致として、あるいはこの圏域の模写として理解しようとする誘惑が生じることは決してありえない。

（b）

それに対して、人権が実定的‐法的な権利としてのみ理解されうるなら、この場合には、人権が妥当しうるのは部分的にのみであるということは自明であり、それゆえそのときどきの法を制定する者、あるいは法を保証する者が認める妥当範囲においてのみ妥当しうるということになる。しかし、人権はXという国家においてのみ妥当するべきではない。人権がすべての国家において妥当する法、つまり世界市民の権利であると考えることは、確かに可能である。しかし、人権はこうした法では（いまだ？）ない。それでは、人権はどのような点で、ハーバーマスが言うように（a. a. O., S. 136）、「はじめから法理的な意味における権利として理解され」うるのだろうか。そしてそのとき、誰がその立法者と見なされうるのだろうか。そうしたものは、なるほどいわばアプリオリな法というものが考えられているのなら、法の外部の立法者でなければならないのだから、道徳的‐実践理性なのだろうか。しかし、人権が道徳的に根拠づけられているのではなく、「はじめから」法的に制定されているのなら、そのとき、「人権のヤヌスの顔」（ハーバーマス）[21]はどうなるのだろうか。[22]

人権を法によって制定される規範としてだけ理解しようとするなら、人権を法制定の変更に基づいて失効させることや再び廃止することに反対するいかなる原理的な論拠も、道徳的に強制力をもつものと見なすことはできないだろう。同様に、人権がかつて法的に妥当性を認められたということも、原理的には任意の行為と見なされるだろう。憲法における不可侵性の要求、あるいは変更可能性の禁止でさえも、憲法を憲法に合致しない仕方で廃止することを阻止することはできず、ただまさに禁止するのみである。そのような可能性が常に見込まれなければならないということは、人権を純粋に法的に根拠づけることの弱点を示している。

その起源が、民主主義の発展と、あるいは国民主権とどんなに緊密に結び付いていたとしても、人権は、民主主義国家に、あるいは法治国家に生きる人間にのみ妥当するのではない。人間は、人格として――そして（何らかの）国家の市民としてだけではなく――人権を認められるという要求をもっている。というのは、すでに論じたように、人間は人権への権利をもっているからである。人権は確かに、民主主義においてのみ保証されうるが、国家において生み出される諸権利と同等ではありえない。それは、この産出の手続きがどれほど正統だとしてもである。このことは、ある意味で、憲法の基本権にも当てはまる。

ハーバーマスが、「個々の」（すなわち人間の）「道徳的自律において根拠づけられた人権は、ただ国民の政治的自律によってのみ、実定的な形態を獲得する」[23]と言うとき、確かに、それによって人権への権利が過小評価されているのではないと思われる。しかし、彼が、「人権の実体」が制度化されたディスクルスのための枠組みの条件となる（a. a. O., S. 135参照）という仕方で、人権への権利を国民主権の原理と内的に結び付けるとき、この疑念が生じる。というのは、このとき「市民の民主的な自己決定の実践に書き込まれている」人権は、「その道徳的な内容にもかかわらず、はじめから法理的な意味での権利として理解され」「なければならない」（a. a. O., S. 136参照）からである。ハーバーマスが、道徳と法は「補完関係」（a. a. O., S. 137参照）にあり――カントの場合とは異なり、制限する関係にあるのではないと考えているという点でも、人権への権利に対する過小評価がなされたままである。しかしまさに、法と道徳の関係についてのこのようなカントとは異なる解釈が論点となっているのである。

しかし、人権が純粋に道徳的に、あるいは純粋に法的に、それとも本当に「ヤヌスのようなもの」として根拠づけられるべきかという議論は、ハーバーマスの場合、結局は道徳哲学的な考察が決め手となっているのではなく、彼にとっては本質的に反プラトン的であることを意味する「ポスト形而上学の思考」の哲学が決め手となっているのだろう。というのは、ハーバーマスは、「法と道徳の間のある種の模写の関係というプラトン的な観念」（a. a. O., S. 138）を避け、それゆえ、「基本権を道徳的権利の単なる模写として理解する［つもり］はないし」、「政治的自律を道徳的自律の単なる模写として理解する［つもり］もない」（a. a. O., S. 138）と述べているからである。しかし、それでもこうした戦略に対しては、それによって一定のポスト形而上学が造作なく根拠づけられたものとして、あるいは真理として前提され[24]、人権を法理的に根拠づけるために、あるいは民主主義理論によって根拠づけるために動員されるのではないか、と問うことができるだろう。さらに、ハーバーマスの反プラトン的なポスト形而上学のもとで、人権が根拠づけられていると想定され、あるいは証明される場合でさえも、それによって人権への権利が民主主義理論によって矮小化されなかったかどうかは、あいかわらず疑わしい。ひょっとしたら個々の人権それぞれに関しては問題ないとしても、人権への権利にとって問題があるのは確かだ。

(c)

人権を根拠づけるのが、道徳的にもあるいは法的にも可能ではないとしたら、歴史に目を向ければよいのだろうか。もっとも、私たちは規範的に再構成された歴史にのみ目を向けうるのであり、事実としての歴史に目を向けることができるのではない。それゆえ、私たちは、解釈された歴史においてのみ——慣習的道徳からポスト慣習的道徳への発展の光のもとで、あるいは啓蒙主義的な道徳の発展の光のもとで、法と民主主義を読み解くことができるのであるが、だとすれば、人権を根拠づけるために何を得ることができるだろうか。

そのような無謀な試みの問題は、それによって、せいぜい何が起こったのかということが再構成されるだけだということにある。起こったことが、起こるべきであったのか、あるいは善き理由から起こったのかどうかを根拠づけることはできない。どのような歴史的発展であっても、それを再構成するために、単に機能的な、あるいは目的論的な説明を見出す人は、それによっていまだ道徳的な根拠づけを提供しているわけではない。このときことによると、事実的なものがもつ規範的な力か、あるいは、〔単に〕法があるという状態から、公正な状態という意味での法的状態が何らかの仕方で生じうるという想定が、救いの神として利用されざるをえない。

もちろん、人権の承認を、なされないこともありえたような恣意的な決定として理解することはできない。というのは、人権の承認は、人間存在がもつ人間学的に不変的なものが成立するための前提にも基づいているからである。この前提は、一般的に、暴力的な死の回避、自由な生、そして善き生を内容としている。――さらに人権の承認はまさしく、宗教的な不寛容と政治的な弾圧を伴うヨーロッパの血なまぐさい経験にも基づいているので、ナチスの強制収容所における野蛮な文明破壊について、全面的に沈黙することはできない。それゆえヴェルシュは、ヨーロッパの宗教戦争と市民戦争の痛ましい経験に基づいて、人権を「プラグマティックに」根拠づけようとする。彼は、「人権は妥当しなければならない。さもなければ、これらの野蛮な戦いが世界規模で繰り返される恐れがある」と述べている。ヴェルシュによれば、その限りにおいて、人権は、基礎（何の？）として見なされるべきものではなくて、この野蛮を繰り返さないという心情、洞察、意志の表現として見なされるべきである。[25]

世界史的に、道徳的なものが法制化されるという傾向が存在したということ、あるいはこうした傾向がなお存在しているということによって、潜在的な人権が脱道徳化されるわけではない。しかし、この歴史的な傾向が、同時に、人権が法の外部の領域、たとえば宗教的な領域に起源をもつのではないということを示しているかどうかは、有意味な問いであり続ける。というのは、旧約聖書や古代悲劇の宗教的コンテクストを人権への権利の起源の場と見なすことは、的外れではないように思われるからである。[26]

私たちは確かに次のように言うことはできる。人権とはまず、ここ二、三百年の間に、精神史において形成され、政治的な公衆の意識のなかに入り込み、また（たとえば、ドイツ連邦共和国における基本的権利として）法的に実定化されてきたものである。しかし、そのことから、人権が「単に歴史的」であるということが帰結するだろうか。

人権が近代の産物であり、それゆえ歴史的な場をもつということが、人権を自動的に、ほかならぬ近代の発明品にしてしまうわけではないし、あるいはそれどころか、西洋先進国の所産であり、またそのことによって、特殊な文化相対的規範にしてしまうわけではない。逆説的に思われる人権の妥当要求を理解するために、人権の妥当を時間を伴わない歴史性として考えることは、もしこの考えに目的論的な理性史の問題点が結び付いていないというのであれば、きっと可能であるだろう。

（d）

もし私たちが歴史的な根拠づけと政治的な根拠づけの間でのみ選択しなければならないのであれば、容易であるという理由から、政治的な根拠づけの方が好まれるということがありうるだろう。その場合、こうした見せかけの根拠づけのもとで重要なのは、実際には一定の社会の生活形式を支持する（そしてまた他の社会の生活形式に反対する）決定だけだろう。あるいは他の選択肢が考えられる場合、いわゆる人間学的な根拠づけによって、人間が完全な動物などではなく、まったく欠陥存在であり、保護を必要とする等々といったことだけが示されようとするかもしれない。

人権は、法治国家によって実定化されており、国際的に貫徹することがパワーポリティクスによってのみ可能であるような規範である。人権はより狭い意味で政治的であるということができるかもしれない。というのは、その内容については様々な議論を呼んでいるし、そのいくつかについては、議論の余地があるというのももっともなことだからである。

人権を道徳的に根拠づけることが可能かどうかという問いは、片がついたのだと信じたい誘惑は大きい。たとえいくつもの国家で若干の強情な人々が人権の普遍的な妥当に異議を唱えているとしても、より民主的となった世界の舞台で、人権は法規範として国際的に認められている。確かに、一部のアジアの政治家にとっては、死刑を宣告された人々にとってと同様に――異なる理由からではあるが――人権を根拠づけることが可能かどうかということと、どのような形式で根拠づけるかということとはどうでもよいことであるが、しかし哲学にとってはそうではない。

人権は、人間の側のどんな義務も対応していないような権利であるということは、部分的に認められている。〔しかし〕ヘッフェはそうではないと考えている。つまり、人権は「施し物」ではなくて、「お返し」を求める「贈り物」である。人権は「交換」に基づいて正統化されるものである。このことは、根本価値に相応するべきであるとされる根本義務を強く思い起こさせる。私たちの根本価値であるドイツ連邦共和国の根本価値は、「国家の倫理化」（フランケンベルク）に基づいてこのように理解されるが、こうした理解は、これら個々の根本価値においても、証明されたり根拠づけられたりしないだけでなく、人権においても、そして人権への権利においてはなおさら、証明されたり根拠づけられたりはしない。もっとも、国連の人権宣言は第二十九条であらゆる人間に対して、より詳細に定義することなしに、「そこにおいてのみ人格の自由で豊かな発展が可能であるような、共同体に対する義務」を定めている。それゆえ、「人間の義務宣言」という最新の提案は、余剰なものである。

人権は、規範的で道徳的な権利とは異なって、相互的あるいは対称的ではない。そうではなく、対応する義務をもつのは通常国家であり、国家において生きている市民が人権の担い手である人間というわけである。もちろん、共和主義の憲法を遵守する義務というものは考えることができる。〔さて〕人権は、（ひょっとしたらその重要性の順序で）防御権として、また参政権あるいは請求権として分類されうる（リベラルな自由権、民主的な参政権、社会的な配分権）。このことは、これらの人権を侵すべからずという国家あるいは国家の制度が果たすべき義務が、人権に対応する、ということを意味する。それゆえ、不作為の義務、並びに保証義務が重要である。

問い（2）について

私たちは、人権の妥当範囲に関する問いをシニカルに理解することはできるが、そうする必要はない。歴史的に見れば、認められる答がおのずから明らかである、あるいは明らかであった、ということは決してない。私は、上述においてこの問いに対して明瞭に答えたつもりである。もともと問われているのは、人権がどのような存在者に認められるべきであるかについてである。この問いの意味は、単純にだいたい次のように分類することができる。

（a）第一に、人権がすべての人間に、そして人間だけに認められるべきかどうかが問われているのかもしれない。

（b）第二に、人権がすべての人間と、そして場合によると人間とは異なる存在に認められるべきかどうかが問われているのかもしれない。

（c）最後に、第三として、人権が一定の特徴をもった人間だけに認められるべきかどうかということさえ、考えられているかもしれない。

人権がすべての人間にとって、そしてただ人間にとってのみ、つまり人間という種にとって妥当するなら、いわゆる種差別が問題となるのではなくて、私たちは人間の顔をもつものすべてに、それゆえ植物人間、胎児、あるいは精神に重い障害のある人間にも、人格の地位を帰するべきであるかどうかという問いが問題となる。この問いに対するいずれの答えも、両義的、論争的で扱いにくいものであり続けるにちがいない[27]。

私には、人権がなぜ「人格の権利」ではなく「人間の権利」と呼ばれるのかわからない。しかし、もし私たちが人権を文字通り人間の権利として受け取るなら、問い（2）の（a）には肯定的に答えられなければならないだろう。そしてそのとき、問い（2）の（c）も肯定的に答えられなければならないかどうかということは、もはや明らかである。この問いは、少なくともかつて（不当に）肯定的に答えられたのであり、そしてなお、最も優れた哲学者の一人によって肯定的に答えられている。

このように人権を文字通り受け取る場合、問い（2）の（b）はまだ答えられていないだろう。この問いには、私たちが人権を人格権として理解するときに、はじめて答えることができるだろう。そうすると、この問いへの答えは、人間という生物学的な種の概念を基礎におき、それから人権概念の適用を多かれ少なかれ恣意的に動物へ拡張することを許容しうるかどうかということに、あるいは、人間概念のかわりに人格概念を導入し、それから人権概念の適用をたとえば一定の動物といったような、人間ではない人格へ拡張することを、もしくは遠い（もはやそれほど遠くない？）未来にはロボットへ拡張することを、多少とも洗練された仕方で許容するかどうかということに依拠している。

　こうした問題が現実離れしているというのは見かけ上のことにすぎない。というのは、チンパンジーやイルカや他の動物については一旦おくとして、たとえばいつの日か、技術が止まることなく進歩し、依然として存在する人間が、自分たちのスペアのためのクローンや愛着をもったロボットたちに人権を認めるべきであるかどうかという問いに直面することを思い浮かべるのは、容易に可能だからである。

問い（3）について

人権は、内容的にも、あるいは歴史的にも大きく変化してきた。自由、生命、財産は中心的なものと見なされてきたし、見なされている。それに対して、労働の権利等々は、もちろんそれほど中心的なものとは見なされない。人権への権利が人権の理念を意味するのであれば、私たちはこの個別的な中身をもった諸権利を人権の内容と呼びうるだろう。

　人権の普遍的な妥当は、いくつかの内容の場合にのみ反論の余地なく根拠づけられるだろうと、私は考えている。国家が、あるいは国家連合でもよいのだが、これらが保証することができる人権だけが存在すべきであるという考えは、ひょっとしたら誤りではない。というのは、そうでなければ、ハーバーマスの言うように、人権は「不完全な」ままだからである。「人権は、政治的立法者によって、そのつど状況に応じて解釈され仕上げられなければならない。[28]」リベラルで民主的な防御権と参政権だけでなく、社会的な配分権および教育への権利等々も、この考えにあてはまる（国連人権規約を参照せよ）。その一方で、人権の一定の内容を保証するというアスペクトは、国家による保証には依拠しないものと見なされるべきであると反論することもできるだろう。というのは、そうでなければ、危険に目を背ける政治となってしまう危うさが増大するからである。

人権が位置づけられている「正義の文脈[29]」について問うならば、私たちは、ひょっとしたら、人権が政治的な権利でもあるということのうちにも、そのヤヌスの顔を見出すかもしれない。結局のところ、人権がただ諸国家によって認められ保証されうるというだけではなく、諸国家が他の国家を、起訴したり有罪にしたりはできなくても、疑いをかけ人権の遵守を国際裁判所に要求することはできる。それゆえ私たちは、人権を「閉じた社会の扉を開ける役目を果たすもの」として見なすことができるかもしれない[30]。

もうひとつ別の問いは、たとえば、水や職業等々に対する人権を取り上げることはどのような意味をもつのかということである。私には、その意味が明瞭であるとは思われない。というのは、その意味が明瞭になるには、保証の可能性はまったく度外視するとしても、人間が必要とするものと必要としないものとの境をなんとかして定めなければならないからである。

さらにもうひとつの問いが考えられる。それは、いつかそのうち、現在の人権とは全く異なるものが生まれうるのかどうかということである。もし、たとえば人間が生物学的に変化するか、あるいは遺伝子操作によって根本的に自らを変化させるとしたら、いくつかの人権とされてきたものについて、それが人権なのかどうかということは、結局議論の余地があるか、あるいは少なくともいつか議論の余地があることとなりうるだろう。

問い（4）について

人権を貫徹することに関する問いについては、それが政治的に重要であるため、多くの議論がなされてきたのだが、このことに関して問うには少なくとも二つの観点、つまり、国家的な観点と国際的な観点がある。そのうち、後者の方が明らかにより重要な観点である。要求できることや貫徹することは、人権概念の一部であるという見解さえある。もし、人権がなんとか哲学的にうまく根拠づけられてはいるが貫徹できないというのなら、それが根拠づけられていることには価値などないと考える人たちもいることは、否定できないのである。

さて、周知のように、人権の遵守を監視する権限をもつような制度がすでにあるというだけではなく、たとえば国際裁判所などのような、さらなる制度も要求される。しかし、貫徹することに関する問いの主要な観点は、人権が民主主義なしにありうるかどうかという問題である。ジョン・ロールズならおそらく、民主主義的ではないが秩序ある一定の国家であれば、それが可能であると考える。[31] しかし私には、この言い分に説得力があるとは思えない。

人権を個々の人間の個人的な事柄でもあると見なすこと、個々の人間が少なくとも登録する何か、彼女もしくは彼が（たとえば国際アムネスティの成員として）関与するべき何かとして人権を見ることは、おそらく過剰であるだろう。この場合、人権は機能上、内面化された規範と同じものとなるだろう。そうであれば、人権はこれを遵守することができ、また遵守しなければならない人々によって、遵守されるものであるということを考慮せよ、という主観的な自己義務が存在することになるだろう。しかし、ヴェルシュは、「［こうした主観的自己義務による］人権の命令は人権の理念に対する侵害に等しいことになるだろう」[32] と考えている。主観的自己義務として人権を命令することは、「私たちの」西洋の個人主義的文化と、私たちとは異なりどちらかといえば共同体的である諸文化との間の差異を承認しないことになるだろう。

ヘルツォークは、（ある程度正当であるが）民主化を「人権の貫徹に向けた最も効果的な戦略」と見なしている。ヘルツィンガーは、普遍的な人権は西洋民主主義の最も重要な輸出品であると考えている。ある種の人（ヘルツォーク？）が言うように、人権の貫徹について強引に理屈をこねるかわりに、ひょっとしたら、むしろ人権の承認を・・・・・・・期待できるかどうかということについて問われるべきなのかもしれない。しかし、この忠告はあまりに駆け引きの性格が強いものである。

私は次のように主張したい。人権は、目的それ自体としての、つまり人格としての人間の地位というものを参照することによってのみ根拠づけることができるのであって、この地位についているということは、人間が自由であり、平等であり、価格にならない価値をもっているということを意味している。根拠づけは、結局は人権への権利を人間の地位から導出し、それにより民主主義への権利をも導出することのうちにある。しかし、人権は民主主義に奉仕するものではなく、反対に、民主主義が人権に奉仕するものなのである。

注

（1）たとえばジョン・ロックは、やはり、なぜ各々の人間が生命、自由、財産への権利をもつのかということを根拠づけようと試みた。

（2）しかし、説明することと根拠づけることとの間の、あるいは、原因を述べることと理由を挙げることとの間のこの学問理論的な区別は、すべてのコンテクストで相互に排除しあうものと見なされるまでに、絶対化されるべきではないだろう。

（3）以下を参照せよ。Jürgen Habermas, *Faktizität und Geltung*, Suhrkamp, 1992, S. 46-47.〔ユルゲン・ハーバーマス、川上倫逸、耳野健二訳『事実性と妥当性』、未來社、二〇〇二年〕。「法の妥当様式において、国家の法貫徹の事実性は、自由を保証するがゆえに、要求上合理的な法制定の手続きの力と交差しており、この力が正統性を根拠づける。〔……〕この法の妥当の意味は、一方では、社会的ないしは事実的な妥当への関連によって、他方では、正統性、あるいは妥当性への関連によって説明される。法規範の社会的妥当は、貫徹の程度に応じて規定される。［……］それに対して、規則の正統性は、規範的な妥当要求を討議によって認証可能かどうかということについて、結局は、規則が合理的な立法手続きで実現されたかどうかにおいて測られる……。」

（4）以下を参照せよ。Jürgen Habermas, a. a. O., S. 110.「国民にその政治的自律の行使を確保する法の助けによって、適法性から正統性がパラドクシカルに成立するということが説明されなければならない。」以下も参照せよ。S. 157.「基本権のディスクルス理論的な理解は、人権と国民主権の間の内的な関連を明らかにし、適法性から正統性が成立することのパラドクスを解消すべきである。」――さらに以下も参照せよ。S. 541ff.

（5）ハーバーマスは、原理によって導かれるポスト慣習的な形態をした道徳は、実定法によって「補完」されなければならないと考えている。しかし、補完がなされるのなら、その場合には相変わらず実定法の正統性が問われえないだろうか。

（6）以下を参照せよ。Axel Honneth, *Kampf um Anerkennung*, Frankfurt am Main 1992.〔アクセル・ホネット、山本啓、直江清隆訳『承認をめぐる闘争』、法政大学出版局、二〇〇三年〕。

（7）これに対しては、以下を参照せよ。Forum für Philosophie Bad Homburg (Hg.), *Realismus und Antirealismus*, Frankfurt am Main 1992.

（8）この違いにこだわることには、確かに意味があるかもしれない。たとえば、私たちは、ある言明がともかくなされた、あるいは誰かある人によって主張されたというただそれだけの理由で、その言明が真であると信じることはないだろう。

（9）確かに私の知る限りでは、今日の道徳哲学において、自然主義的ないし記述的な誤謬推理の議論をもちだすことは、もはや何ら重要な役割を果たさない。こうした議論をもちだすことによって、記述言明からは、規範言明や価値言明を導き出すことはできないとされるのだが、日常言語を用いて道徳的な判断が下されるとき、価値を伴わない概念あるいは言明と、価値概念あるいは価値言明とが厳密に区別されるわけではないということを、私たちは知っているからである。それにもかかわらず、自然主義的な誤謬推理を犯さないように注意することは、余計なことではない。というのは、このように注意することによって、道徳的な判断が下される際に用いられる多くの概念のうちに隠されている暗黙の価値評価が、明らかになるからである。それゆえ、たとえば、拷問の報道から、いかなる拷問もあるべからずということを論理的に導き出すことはできない。――いずれにせよ、「拷問」という概念の使用には、すでに暗黙のうちに、拷問が何か非難されるべきことでそれゆえ禁じられているという価値評価が結び付けられているといったような、道徳的な想定が付け加えられることなしには、それは導き出せない。したがって、価値を伴わない拷問の報道というものもあり得ない。拷問の報道から拷問の禁止を演繹することは、それゆえ、ただ意味論的にのみ可能である。

(10) すでにプラトンの『ソフィスト』では、他性の理念が、〈このものでないこと〉という理念とはただ異なるということが明らかにされ、その限定された射程だけに論証能力が相対化される。何か〈ある理念もしくはある物〉が他の何かとは異なっているということは、つまり全く何も述べていないに等しいのである。同じ意味でバトラー僧正も、「すべてはそれであるところのものであり、他のものではない」と言った。

(11) 黄金律を拠り所として人権を根拠づけようとする思想家がいるようである。しかし、第一に、黄金律の普遍化可能性には隠された前提条件があるため、カントは、普遍的な道徳原理としての黄金律に反対している。そして第二に、黄金律が権利の根拠のために用いられることはまったくなく、ただ一定の行動様式を正当化しうるだけである（そして一定の行動様式を正当化しうるのも、否定的なものほどは知られていない黄金律の肯定的なバージョンにおいてのみである）ということが、黄金律を反証している。

(12) 以下の問い（2）を見よ。

(13) 以下を参照せよ。Jürgen Habermas, a. a. O., S. 122.「この観点のもとで」［すなわち、「目的それ自体であること」］、「社会契約は、平等な主観的行為の自由への権利という、唯一の『生得的な』権利を制度化することに役立っている。この根源的な人権を、カントは個々人の自律的な意志において根拠づけられたものとして見る。……同時にカントは、唯一の人権は、諸権利の体系へと分化するのでなければならないと考える。」

(14) 重要なのは、アカデミー版カント全集第十九巻からのレフレクシオーンであり、とくに七二四八番および七三〇五番である。以下を参照せよ。Charles Taylor, *Die Quellen des Selbst*, Frankfurt am Main 1996, S. 635.［チャールズ・テイラー、下川潔、桜井徹、田中智彦訳『自我の源泉―近代的アイデンティティの形成―』、名古屋大学出版会、二〇一〇年］、及び、Dieter Sturma, *Philosophie der Person, Die Selbstverhältnisse von Subjektivität und Moralität*, Paderborn 1997 (Verlag Schöningh), S. 344. ここでは、まったくカント的に次のように言われている。「人権は、……人格の形而上学的な尊厳（Dignität）を具体的に解釈したもの以外の何ものでもない。道徳的な存在の、他には還元できない尊厳は、どこかから引き出された概念としてではなく、自分自身の人格における人間性も、いずれの他者の人格における人間性も、同時に目的それ自体として用い、決して手段としてのみ用いないという、具体的な課題として現れる。」

(15) フランス革命における、「人間の権利」と呼ばれたものとしての、「侵害できない法」を参照せよ。この侵害できない法は、個々の実定化可能な基本権とは違って、人権の理念としても理解されてきた。

(16) これについては、以下を参照せよ。Hannah Arendt, »Es gibt nur ein einziges Menschenrecht«, in: *Die Wandlung* 1949, S. 754-770. アーレントはこの権利を、少なくともある(法治)国家が、自国のどの国民をも、そして国籍のないその人であっても、人間として保護するという権利であると考える。一九四八年の「国連世界人権宣言」第十五条によれば、いずれの人間も国籍を有する権利をもっている。――アーレントは、誰もがヒルトンホテルに宿泊する権利をもつように、と言った。以下を参照せよ。R. Forst, *Kontexte der Gerechtigkeit*, Frankfurt am Main 1996, S. 265.「共同性と人間性、土地の人の道徳とよその人の道徳は、両立しうるのでなければならず、土地の人が自らを疎外したり、土地の人がよその人にされたりしてはならない。」

(17) 私は、たとえば奴隷制の禁止が別の仕方でどのように根拠づけられうるのかわからない。しかし、奴隷制社会においてさえ、奴隷にあらゆることをしてもよいというのではない。敵の子供もまた、タブーであった。

(18) 以下を参照せよ。Frank I. Michelman, Bedürfen Menschenrechte demokratischer Legitimation?, in: Hauke Brunkhorst, Wolfgang R. Köhler, Matthias Lutz-Bachmann, (Hg.), *Recht auf Menschenrechte*, Frankfurt am Main 1999. ここでマイケルマンは、ドゥウォーキンの「背景的権利」についての発言に同意しながら、それを引き合いに出している。

(19) 以下を参照せよ。A. a. O., S. 136.

(20) 権利や義務のこのような根拠づけは、言明における「真である」、「その通りである」、「正しい」という述語の助けによって、意味論的な真理概念にひるむこともなく、表現されうるだろう。その結果、たとえば「ある人PがRへの権利をもっているということは正しい(正しくない)」と言いうるだろう。

(21) ヤヌスは、ひょっとすると、法の領域と道徳の領域にのみ目を向けるような姿ではなくて、歴史にもより注意深く(ベンヤミンの天使のように過去へ)目を向けるような姿として、描かれた方がよいかもしれない。人権侵害の歴史を手掛かりとして、人権の正統化が可能となるからである。

(22)　これとは反対の意味で、一九四八年一二月一〇日の「国連世界人権宣言」では、その前文において、「法の支配」によって人権を「守る」ことが重要であると謳われている。「はじめから」存在する法として理解することが重要なのではない。

(23)　A. a. O., S. 123. しかし彼は次のように続けている。「法の原理は、道徳原理と民主主義原理の間を仲介するように思われる。しかし、この二つの原理が互いにどう関係しあうかは、完全に明らかなわけではない。」

(24)　彼はそのように言っている。「ポスト形而上学的な根拠づけの水準において、法的な規則と道徳的な規則は、伝統的な人倫性から同時に分化し、二種類の異なった、しかし互いに補完しあう行為規範として並立する、ということを私は前提している。」A. a. O., S. 135.

(25)　Wolfgang Welsch, »Eurozentrismus oder Universalität. Über die Menschenrechte und die Gefahr einer rechtstheoretischen Kolonialisierung«, in: *Frankfurter Rundschau* vom 03. 09. 1996.

(26)　以下を参照せよ。Micha Brumlik, Zur Begründung der Menschenrechte im Buch Amos, in: Hauke Brunkhorst, Wolfgang R. Köhler, Matthias Lutz-Bachmann, (Hg.), *Recht auf Menschenrechte*, Frankfurt am Main 1999. この意味において、ユッタ・リンバッハもアンティゴネについて述べている（以下を参照せよ。*Frankfurter Rundschau* vom 19. 7. 1997, S. 16.）。「彼女は、あの〔兄を埋葬するなという〕クレオンの命令に、国家によるすべての立法に先立つ道徳法則を対置させた。それは、今日私たちが譲渡できない人権と呼んでいるものである。ソフォクレスは、彼の悲劇の中で、不文法である神の掟について語っている。」

(27)　人間というクラスが人格というクラスと同一の外延をもつと見なすべきかどうかという問題を、ここで議論することはできない。そしてそれゆえ、人権が本来は人格権として解釈されなければならないかどうかという問いもまた、未解決のままにしておこう。しかし私は、人権を人格権として解釈する方が賢明であるという見解に傾いている。なぜなら、人格の尊厳がすべての人権の中心をなすからである。これについては、以下を参照せよ。Norbert Hoerster, *Neugeborene und das Recht auf Leben*, Frankfurt am Main 1995, および、Robert Spaemann, *Personen—über den Unterschied zwischen »etwas« und »jemand«*, Stuttgart 1996.

(28)　Jürgen Habermas, a. a. O., S. 159.

(29)　以下を参照せよ。Rainer Forst, *Kontexte der Gerechtigkeit*, Frankfurt am Main 1996.

(30) この表現はルッツ・ヴィンガートによるものである。以下を参照せよ。Lutz Wingert, Türöffner zu geschlossenen Gesellschaften, in: *Frankfurter Rundschau* vom. 6. 8. 1996.

(31) Rawls, »das Völkerrecht«, in: Stephen Shute/ Susan Hurley (Hg.), *Die Idee der Menschenrechte*, Frankfurt am Main 1997, S. 53-103.〔スティーヴン・シュート、スーザン・ハーリー編、中島吉弘、松田まゆみ訳『人権について――オックスフォード・アムネスティ・レクチャーズ』、みすず書房、一九九八年〕。

(32) A. a. O.

ハンナ・アーレントの革命論

アルブレヒト・ヴェルマー
（金慧訳）

【ヴェルマー論文への助走】

この論文のなかでアルブレヒト・ヴェルマーは、ハンナ・アーレントの革命論を主たる素材として、アーレントが提示する「公共的自由（政治的自由）」の意味内容とその条件を明らかにしようとしている。アーレントが公共的自由によって意味したのは、一言でいえば、自由で平等な人々による言論を媒介とした共同の「行為」である。よく知られているように、アーレントは人間の活動を「行為（action）」、「労働（labor）」、「制作（work）」の三つに分類した（志水速雄訳『人間の条件』（ちくま学芸文庫、一九九四年）、ただし訳語は変更した）。「労働」は、生命の必要を充たすための消費財の生産であり、料理といった活動がその典型である。これに対して制作は、家具の制作や建築にみられるように、より耐久性のある人工物の生産を指す。これら二つの活動が、人間が物に対して働きかけることによって成立するのに対して、行為だけは、複数の人間のあいだの物を媒介としない活動であるとされる。アーレントにとって政治とは、一般的にイメージされる利害の調整や権力者による支配とはまったく異なり、まさに上記の意味での「行為」を意味する。複数の人々が、誰から強制されるわけでもなく集まり、自らの意見を表明し、他者を説得し、反論に耳を傾ける。人々を結び付けるのは「共通の関心事」であり、これをめぐる言論と行為によって公共的自由が成立する。

ヴェルマーの議論の独創的な点は、こうしたアーレントの公共的自由の概念に二つの「特殊主義」を見出している点である。ひとつは、公共的自由の空間がそのつど特定の集団によって行われる活動の結果であるという事実からもたらされる特殊主義である。つまり、公共的自由の空間は様々な具体的状況において可能となるため、憲法によって人権や市民権を保障するのと同じように、公共的自由をすべての人に保障することはできない。ヴェルマーに従えば、公共的自由の空間は限定され、「柵で囲われ」た空間としてしか成立しえない。それにもかかわらず、公共的自由の空間を構成することは原理的にはすべての人によって可能である。ヴェルマーはこれを上記の特殊主義に対応する「人間の可能性の普遍主義」と呼んでいる。

この特殊主義によってヴェルマーが強調したいのは、法治国家において保障される人権や市民権と公共的自由とのあいだにある距離である。これらの権利が憲法によって保障されることは、公共的自由の前提条件ではあるが、公共的自由それ自体ではない。国家権力が干渉することのできない自由の領域（自由権）を確保することと、「共通の関心事」をめぐって意見を交換し、意思を形成することによってもたらされる自由の経験（公共的自由）とのあいだには無視することのできない懸隔が存在する。ヴェルマーが指摘するように、公共的自由が実現するためには、自由権にくわえて、「歴史的偶然性や文化的伝統、物質的な状況、さらには個人の自発性、想像力、決意、判断力」といった偶然的な要素が一定の役割を果たしている。そのため公共的自由に関しては、権利の所有それ自体ではなく、権利をいかに行使するかという点が決定的な意味を持つ。

第二の特殊主義は、アーレントが自覚していなかったとされる特殊主義である。アーレントは公共的自由の制度化として、人々が自ら議論し決定を行うことができる評議会制を提示したが、ヴェルマーはこれを現実性に乏しいとして退けている。ヴェルマーによれば、公共的自由の空間は必ずしも一般的な利益を要求するとは限らない。どのような組織やアソシエーションも特殊な利益を追求する傾向を持つため、他の組織やアソシエーションが要求する利益と競合することは避けられない。これが公共的自由の空間にひそむ特殊主義である。こうした特殊な利益への要求を抑止し、場合によってはそれらを一般的な利益へと媒介するためには、複数の公共的空間のあいだの意見や利益の競合を調整する国家が必要となる。

そのため、国家の政策が民主的な正統性を備えるために公共的な空間を必要とするのと同時に、公共的空間のあいだの意見や利益を調整するためには「民主的な法治国家」が必要になるとヴェルマーは主張する。したがってヴェルマーは、公共的自由を実現するにあたって法治国家の理念が重要ではないと主張しているわけではない。むしろ彼は、公共的自由の前提条件としても、また調整機能としての役割という点においても、市民に諸権利を保障する法治国家を重視しているのである。

以上のようにヴェルマーは、ときにアーレント自身の主張に抗しながらも、彼女が提示する公共的自由を可能にする条件を確定しようと試みている。こうしたヴェルマーの議論から私たちは何を読み取ることができるだろうか。最後にこの点に関して若干の考察を試みたい。公共的自由の空間は、人々が表現の自由や結社の自由といった自由権を積極的に行使することによって意見を交換し、意思を形成することによって成立する。法や政策が民主的な正統性を備えるためには、政治制度がこうした意思に敏感に反応する必要がある。とはいえヴェルマーが主張するように、個々の組織やアソシエーションの役割は意見や利益を表明することにあり、最終的な決定を下す権限は法治国家に委ねられるべきである。ここにみられるのは、公共的空間の両義性とでも呼ぶことのできる事態である。つまり、法的拘束力を備えた決定の権限を持つべきなのは、個々の公共的空間ではなく公式の政治制度である。しかし他方で、法や政策が民主的に正統であると言えるためには、公共的空間は公式の政治制度の意思決定に影響を及ぼすことができなければならない。したがって公共的自由の空間は、直接的な法制定の権力を欠きながらも、法制定過程において何らかのかたちで影響力を持たなければならない。（この論点に関しては、毛利透『表現の自由』（岩波書店、二〇〇八年）が説得的な議論を展開している。）

このような事態は、公共的自由の空間が公式の政治制度から切断されるとともに、法制定過程への影響力の行使というかたちで接続されなければならないという一見矛盾する二つの要請から生じている（アーレントが提示する評議会制はこうした矛盾を解消するひとつの方法である。）こうした事態を、解消すべき矛盾としてではなく、公共的自由が可能となるための条件として捉えた場合に問われなければならないのは、第一に表現の自由や結社の自由といった自由権の行使による公共的空間の構成を阻む（制度的あるいは心理的）制約をいかにして取り除くか、第二に公共的空間において形成された意見や意思をいかにして公式の政治制度における意思決定に媒介しうるかという問題である。これらの問いは、アーレント研究にとどまらず、現代のデモクラシー理論において論じられるべき問題でもある。その意味でヴェルマーの議論は、アーレントの革命論を現代のデモクラシー理論へと接合するための格好の経路を提示しているといえるだろう。

よく知られているように、ハンナ・アーレントは自身の著書『革命について』(1)において、自由民主主義の伝統とマルクス主義の伝統、すなわち過去一五〇年のあいだに支配的だった二つの政治的伝統に関する一種の決算書を作成した。彼女の基本的なテーゼによれば、自由民主主義者とマルクス主義者はどちらも近代の革命の筋書きを理解していない。なぜなら、近代の革命において本当の意味で革命的だったのは、繰り返し頓挫した「自由の構成(Constitutio Libertatis)」という試み——公共的自由が可能となる政治的な空間を創設することによって、平等で自由な市民としての人間が自分たちの関心事を自らの手に取り戻そうとする試み——であることをいずれの陣営も理解していなかったからである。自由主義者とマルクス主義者は、どちらも同じくらい政治の究極目的は政治の彼岸にある何かである——それが個々人の利益の制約なき追求や市民の私的幸福であれ、あるいは階級なき社会の構築であれ——という政治的なものについての理解にとらわれていた。マルクス主義者に対するアーレントの批判はすでに常套句(locus classicus)となり、もはやこれ以上の正当化を必要としなくなった。今日の見地からみた場合より挑発的な印象を与えるのは、近代産業社会の自由民主主義と社会民主主義に対する彼女の批判である。だがアーレントの議論にはここでもう一度要約しておく価値がある。

第Ⅰ節

アーレントは、近代において半ば成功した唯一の革命であると彼女がみなすアメリカ革命を模範に、自らのカテゴリーを展開する。アメリカ革命においてのみ、どの近代革命であっても革命を起こした人民にとってもっとも重要であったこと——公共的自由の空間の構成——が、地方自治の長い伝統や建国の父たちがみせた豊かな政治的才能といった幸運な条件にめぐまれて、広大な近代国家として初めて実現した。しかも——ここがアーレントにとって重要なのだが——、この自由の実現は、基本権ならびに市民権が憲法によって普遍的かつ平等に保障されるという「消極的な」意味を持つだけでなく、「積極的な」意味、まさに政治的な意味を持っている。後者の意味での自由は、諸制度からなる連邦制の創設を意味しており、この連邦制のなかでは、市民の自己統治が——地方自治の次元から国家規模の政治の次元にいたるまで——経験と習慣に根を下ろすと同時に、日々の実践のなかで繰り返し新たに経験することのできる現実として実現可能だった。アーレントはアメリカという模範に従って、——政治的なものについての保守的な構想や権威主義的な構想はいうまでもなく——伝統的な自由民主主義、社会民主主義、さらにはマルクス主義の国家構想に対する政治的なオルタナティブとして評議会制というアイデアを展開している。アメリカ革命以降の大革命、とりわけフランス革命とロシア革命においては、アーレントが述べるように、評議会制というアイデアが革命を起こした人民によって繰り返し自然発生的に発見されたが、結局そのつど権力を掌握した革命のエリートによる——あるいはそれに続く保守的な体制派による——容赦ない同一の論理に従って抑圧されなければならなかった。ただ唯一アメリカでのみ、アメリカ革命の出発点となる地方自治の伝統という要素と、自由で平等な人々による共同の行為という「公共的な幸福」についての記憶とが維持されていた。この公共的な幸福とは、革命が起こる以前はタウンシップやウォード〔タウンシップ（郡区）とウォード（区）はいずれもアメリカの行政区画で、州よりも小規模の地方団体である〕において、またアメリカの共和制が設立されてからは国家規模の次元において経験することができるようなものだったのである。もちろんアーレントが述べているように、アメリカにおいても革命後すぐに政党国家の確立に向けた動きが生じ、最終的には近代大衆民主主義への展開がますます強まっていった。アーレントに従えば、近代の大衆民主主義において市民は徐々に「消極的」にのみ自由になったのである。というのも彼らは、自分たちの政治的自由——ともに行為し熟議することによって実現される自己統治の自由——を、議員や大政党、さらに代表機関と引き換えに失ったからである。アーレントに従えば、近代の政党国家と社会主義国家の一党独裁とに共通しているのは、政治を行政に解消しようとする傾向である。マルクス主義的な政党独裁はある意味で、自由民主主義的な政党制の発展につきものの市民の政治的な無力化の帰結である。

アーレントは、こうした政治的なものの脱政治化に、近代世界における自由に対する深刻な脅威を見出したのである。

実在した社会主義が崩壊した今となっては、もしかすると上述のアーレントの議論に少しの説得力も感じられないかもしれないが、彼女の議論をその本来の要点を維持したまま形を変えて考えることは難しくない。すなわち、ますます増大する政治的なものの脱政治化、さらに市民の無力化によって生み出された自由民主主義の自己解体への傾向は、近代民主主義のいたるところで現実のものになっている。こうした意味で、アーレントの政治的自由の概念は近代諸革命の隠れた磁場として、今日においてもなお現実を批判し診断する力を失っていない。ここで問題となっているのが近代諸革命の隠れた磁場であるというのは、アーレントが近代民主主義についての常識に対置した政治的自由の理念が、近代の確立された政治的言説のなかで正当な場所を持たないということ、そのため決定的で革命的な近代の出来事が人々の記憶と思考のなかで歪められたかたちでしか認識されていないということを意味する。アーレントが近代の革命史に見出した新たな意味と、自由民主主義の伝統における自由と政治の忘却に対して向けた批判は、哲学的な意味で根本的である。つまりアーレントは、近代社会を政治的に描き出すための中心的なカテゴリーを根本的に見直すことを読者に求めているのである。彼女はこうしたカテゴリーを揺り動かし、それを新たな構造連関のもとにもたらすことによって、なによりも政治的自由の理念を理解可能にし、分節化することを可能にしようとしている。たしかに政治的自由の理念は、近代の諸革命においては多かれ少なかれ潜在的であるとはいえその力を失ってはいなかったが、近代の政治的思考の主流とはつねに相容れない関係にあった。さて、注意を引くのは、近代における政治の忘却に対する彼女の批判が哲学史の二つの異なった終焉から始まっていたことである。その重要な参照点がアリストテレスとハイデガーである。ただし、明示的に触れられているのはアリストテレスだけである。ひょっとしたら次のように述べるほうが適切かもしれない。彼女のもっとも重要な参照点はハイデガーとともに、そしてハイデガーに抗して新たに解釈されたアリストテレスであると[2]。アーレントの政治的なものの概念にみられるアリストテレスの実践哲学の痕跡はあまりに明白で見間違いようがない。したがってここで私は一般的によく知られている点だけを述べることにする。アーレントが行為と共同行為の領域に対して「制作」と「労働」の領域を対置し、実践的な熟慮、政治的な怜悧、政治的な判断力に備わる合理性に対して、科学的な認識、技術的な制作、そして経済的あるいは「政治的な」管理の合理性を対置し、「イソノミア」〔これはギリシャ語のイソス（等しい）とノモス（慣習・法）からなる語で法的平等という意味を持つ。アーレントは『革命について』のなかで、この概念の核心を「無支配（no-rule）」にみている〕の公的領域に対して労働と諸個人の幸福追求という私的領域を対置するとき、こうした対置すべてにアリストテレス的な区別を見て取ることができる。このように考えれば、アーレントは、古代に端を発しながらも近代において広範に覆い隠された政治的思考の伝統をふたたび蘇らせようとしていると言える。しかしながら、彼女はたんなるネオ・アリストテレス主義者ではない。というのも、ハイデガーの政治学あるいは反－政治学とは真っ向から対立する見解を抱いていたにもかかわらず、アーレントによるアリストテレスへの回帰には、アリストテレスのカテゴリーについてのハイデガー的な解釈の痕跡がはっきりと認められるからである。アーレントは自由の構成を、世界の開示、歴史の連続性の断絶、根本的に新たなものの始まりとして描き、近代における政治的自由への欲求と自由主義の伝統における人権－普遍主義とのあいだに根本的な結び付きを見出す立場に異議を唱えている。歴史哲学と進歩思想に対するアーレントの批判は有限性の哲学の要素であり、この哲学の光に照らしてみるならば、公共的自由の空間の構成は、いわば自由で平等な存在としてともに行為することを決意した人々による偶然的で行為遂行的《パフォーマティヴ》な活動として現れる。しかも、有限性の哲学の光のもとでは、こうした政治的自由の空間を拡張することには必ず限界があるため、局所的に現れるのであり、アーレントの言葉では「柵で囲われ」て現れるのである。公共的自由の空間は本質的に有限な空間であり、いわば光が輝き出す空間である。歴史的な瞬間にこの光のもとで人間という被造物が「輝き出し」、共同行為の世界へと自らを開示する。『革命について』の末尾で、アーレントはテセウスの口をとおしてソポクレスが伝える言葉に注意を促している。「生きていることの悲しみに押しつぶされずに、生き物の暗闇から人間の輝きへと達するために、人間を耐えさせたものは何だったのか。それは自由な行為と生きている言葉からなる柵で囲われた空間、ポリスであった。それが生に輝きを与えたのだ（── ton bion lampròn poieisthai.）(3)。」

第2節

『革命について』は決定的な点で根本的に非カント的な書物である。というのも、この書物では、政治的自由という理念と人権の普遍性とのあいだにカントや自由主義の伝統が見出した根本的な結び付きが切断されているからである。アーレントは人権の普遍主義を否定しているのではない。しかし、その普遍主義の政治的な意義を否定しているという点で、彼女と対蹠的な論者であるカール・シュミットと奇妙にも一致する。つまり、人権の普遍主義は道徳のカテゴリーに属するにすぎない。自由主義的な基本権と市民権は、たしかに自由主義の伝統においては一貫して人権にその基礎をおいているが、アーレントの理解では──すでに示唆したように──政治的自由にとって不可欠の前提条件にすぎない。これに対して、憲法による基本権と市民権の保障とアーレントが政治的自由の構成と呼ぶものとを混同することを、彼女は決定的な誤りであるとみなしている。近代の立憲国家における消極的自由に関しては、自由をなお普遍主義的に、つまり普遍的な拘束力を要求することができる法治国家の理念として理解できるかもしれない(4)。しかし同じことは、積極的自由、すなわち共和制的な国家形態における政治的自由にはもはや当てはまらない。アーレントはむしろ、後者の政治的自由を近代の自由主義の言説における普遍主義の文法に真正面から対置する。もちろん革命論のなかには、政治的自由の理念を普遍主義的に解釈した痕跡、つまりアーレントの思考のなかにフランスとロシアにおける両革命が有する革命的な普遍主義の痕跡がみられる箇所が繰り返し現れる。その一例はちょうど先ほど引用した著書の結論部分であり、アーレントはそこで「生き物の暗闇」と「人間の輝き」(!)を対比させている。別の箇所ではこの点がより明瞭である。「二〇世紀の革命の恐ろしい破局によって覆い隠されたのは、他でもなくこの初めて現れた真に革命的な希望である。ヨーロッパの人々が、そして最終的にはもしかすると地上のあらゆる人民が新しい国家形態に対して抱くかもしれない希望であり、これは大衆社会のただなかで同時代の公共的な事柄に関与することを可能にする国家形態への希望である。」[5]「もしかすると地上のあらゆる人民」を結び付ける「革命的な希望」という考えを敷衍するため、アーレントはその数頁後にもう一度、アメリカ革命から一七八九年と一八七一年のフランスの評議会制、さらに一九一七年のロシアの評議会運動をへて、一九五六年のハンガリー革命における評議会制を形成する試みにいたる大きな流れを描き、次のように述べる(以下の記述は、アメリカ革命につづくあらゆる革命の勃発にも同様にあてはまる)。「北アメリカの植民地史における初期の無数の契約や『協合』や同盟の場合と同じように、ここでも行為の基本的条件から、別々の単位のあいだの連盟と同盟という連邦の原理が貫徹している……。」(強調引用者)[6] ここでアーレントが述べているのは、理論的な意味ではなく、実践的な意味での政治的自由の理念が「行為の基本的条件」に内在しているということにほかならない。これが革命の普遍主義についてのアーレント自身の見解であるが、もちろん当面ここでは、こうした潜在的で、いわば人間学に基づくアーレントの普遍主義が自由主義的な人権と市民権の普遍主義とどのような関係にあるのかが不明確なままにとどまる。

この問題を取り上げる前に、アーレントによる政党国家と評議会制との対置、つまり代議制民主主義と直接民主主義との対置――この対置によって同時に彼女は自らの政治的自由の概念を自由民主主義的な伝統における政治的自由の概念から引き離そうとしている――についてやや詳細に考察したい。アーレントがその対置から政治的自由の概念を練り上げたように――この点はすでに指摘した――、こうした対置が持つ、現実を診断し、批判する力には無視しえないものがある。しかしながら、この対置を文字どおりに、つまり実体化して理解しようとするならそれはナイーブである(これはアナーキズムの理論家にみられるナイーブさである)。複雑に構成された近代社会の政治制度を評議会制という単純なモデルに従って新たに構成することはできない。それゆえ私はさしあたり、評議会制という概念を、自律的あるいは半自律的な制度、組織、アソシエーションからなるひとつのネットワークのメタファーとして理解しておく。それらにおいては、自由で平等な人々によってそのつど自己統治のような何か――しかもそれらには様々な観点や目的があり、またメンバーを勧誘する様々な方法がある――が生じうる。このネットワークは、上記の諸要素が水平的にも垂直的にも結び付き、相互に関係し、依存することによって統一をなしている。このような複雑な構造連関のもとでは、(地方から国家の次元にいたるまでの)連邦制的な政治システムを構成する諸制度とともに、本来の意味での政治制度とは区別された民主主義的な「市民社会」のアソシエーション、組織、制度もまた重要になる。私の考えでは、アーレントは本来なら、評議会制という概念によってこれら二つをともに意味するべきだった。つまり、連邦制的な政治システムを構成する政治的諸制度と自律的あるいは半自律的なアソシエーションや組織からなる市民社会のネットワークである。自由で平等な人々からなる共同の行為は、連邦制システムを構成する本来的に政治的な諸制度において可能であるのと同様に、原理的には大学における自己統治あるいは市民運動の自己組織化においても可能である。自由を楽しみ自由を経験すること――これがアーレントにとって決定的な点である――は、共通の事柄への多様な関与によって生じる。ただし、その関与が外部からの制約や干渉に対して十分な程度の自律性を獲得した組織形態において行われるかぎりにおいてである。リベラルとコミュニタリアンのあいだの論争のなかでふたたび熱心に取り上げられたアーレントの重要な主張は、政治的自由は本来、自己統治が行われる制度、アソシエーション、組織からなるシステムという観点からしか説明できないという主張である。しかも、当事者が「共通の事柄」にいわば身体的に触れることが可能で、自分自身に直接かかわる事柄としてそれを自律的な仕方で扱うことのできるときにはじめて自由は始まるのであり、また自由を経験することができるはずなのである。このように理解した場合、政治的自由はたんに基本権と市民権が憲法によって保障されることとは異なる何かであり、それ以上の何かであるのは明らかである。これらの権利が保障されることは、アーレントが的確に述べているように、自由の前提条件ではあるが自由それ自体ではない。

さて、重要なことは、アーレントにとって問題なのは、あくまで――ポスト伝統主義的な――近代という条件下での政治的自由の概念だったという点である。アーレントは自らが提示する範例に対して――アテナイのポリスだけでなくアメリカ建国初期の共和主義に対しても――独特の距離を、つまり断固としたポスト形而上学的な思考に伴う距離をおいている。彼女を――自由主義に対するあれほどの批判にもかかわらず――自由主義と結び付けているのは、近代への移行における、もはや取り返しのつかない伝統の断絶についての意識、とりわけ伝統がもはや正統性と権威の源泉としての力を持たないという意味での伝統の断絶についての意識である。アーレント自身はこの断絶を、近代の始まりにおいて政治的なものの基礎をなしていた権威、宗教、伝統という「ローマ的」な三位一体の崩壊として描いた(7)。こうした断絶を肯定している点で、アーレントは共同体主義者よりも自由主義者に近い立場にある。それに対して、自由主義に対する彼女の批判は、近代の政治的思考の根底にあるものを「脱構築」しようとする試みの一部であるだけではなく、プラトンやアリストテレスにまでいたるこうした政治的思考の系譜をさかのぼって解明しようとする試みの一部でもある。アーレントによる政治哲学の伝統についての新たな解釈とそれに対する批判は、ハイデガー的な意味で根本的であると同時に、ハイデガーによる形而上学の脱構築を政治的に転倒させようとする試みでもある。とりわけこれが意味しているのは、アーレントは、自由主義の理論における政治の忘却――自由主義においては本来の政治的なものが抑圧され、前政治的とみなされた諸個人の個人的な権利と特殊利益、また道具的とみなされた理性にのみ眼が向けられる――は、プラトンやアリストテレスにまでさかのぼるヨーロッパの政治哲学の伝統のつながりのなかにその基礎があると考えたということである。たしかにアーレントは、行為と制作の区別、プラクシスとポイエーシスの区別をアリストテレスに学んだが、そのアリストテレスでさえも政治的なものの領域を、最終的には私的なものと社会的なものの領域に由来する基準にふたたび従わせてしまったと彼女は考えている(8)。それに対してアーレントは、政治的なものの自律を以下の二重の意味で明らかにし、擁護したいのである。まず、公共的自由の空間における共同の行為は、それ自体で意味があり、政治外の目的——たとえば個人を庇護し、道徳を身につけさせること、あるいは個人の私的な幸福追求のような目的——のためにあるのではないという意味で、政治的なものの領域は私的なものと社会的なものの領域に対して自律している。次に、政治的なものの領域は、外部から、あるいは政治的なものの彼岸から付与される規範的な土台を持たないという意味でも自律している。ここから容易に見て取れるように、アーレントはこうした二つの自律の前提を立てることによって、自由主義の伝統を同時に二つの側面から厳しく批判している。いずれの場合においても、つまるところ彼女の批判は、自由主義の枠組みのなかで人権と市民権が担っている中心的な役割に向けられている。すなわち人権と市民権こそが、自由主義の思想に政治を超越する規範的な基礎を与えており、また政治の目的、政治のテロスは個人の基本権の保障と個人の福利であるという政治の理解の基礎をなしているのである。もちろんこれは、アーレントがこうした道徳的な基礎と自由主義の枠組みに内在する「諸目的」に対抗して、政治的なものの概念を動員しようとしているという意味ではない（この点でアーレントはカール・シュミットと区別される）。彼女の基本的な主張はむしろ、自由主義の枠組みのなかにあるカテゴリーは、政治的なものを把握するための適切な概念を基礎づけるには不十分であるという点にある。アーレントにとって「政治的」というのは、公共的な自由の空間における自由で平等な人々による共同の行為である。そうした公共的自由の空間においては、確証された知識や技術的な能力にかわって、言論の説得力や行為に伴う判断力が現れる。この空間のなかではじめて、行為することや新たなことを始めるといった人間にとって本質的な能力が生み出され、人間の生にとって構成的な人間の複数性が姿を現し、世界を形成する力になることができる。ついには、公共的自由の空間のなかではじめて政治権力を構成することが可能になる。政治権力が構成される場は、アーレントにとって行為する人々からなる「世界内のあいだの空間」であり、これは共同の行為によってはじめて形成される。「……行為は、人間の複数性を前提とする唯一の能力である、というのが行為の文法をなしており、それと同様に、権力は人間そのものに備わる属性ではなく、人々を相互に結び付け、また人々が創設行為によって生み出す世界内のあいだの空間に属している、というのが権力のシンタクスである。[9]」さらにアーレントの主張に従えば、公共的自由の空間を構成することによってはじめて、被造物につきものの偶然性とはかなさを超えた意味が人間の生に与えられ、人間は私的なものや社会的なものの暗がりから共通世界の明るみへと連れ出されることができるのである。

アーレントの政治的なものの概念が提起する特有の難しさは、その概念にひそむ多義性にある。政治的なものの概念を、いわばハイデガー的に根本的な近代批判という意味で理解することも可能だろう。その場合、近代における政治の忘却を批判することには、おそらく現代の自由民主主義においては広範に覆い隠されている経験や可能性への示唆が含まれている。つまり、ハンガリー革命や公民権運動、学生運動などの革命的な瞬間、あるいはそれに類するような瞬間にのみ、ふたたびわずかのあいだ現実化する経験と可能性である。だがそうした解釈は、逆説的にも、アーレントの政治的なものの概念を脱政治化してしまうという代償を伴う。その他の点では注目すべきデーナ・ヴィラの著書『アーレントとハイデガー』[10]がそれを示している。つまり、複雑に構成された民主社会の日常における政治的な経験と可能性のなかで、アーレントの政治的なものの概念を追体験することはもはやできないだろう。私たちが知っているように、政治は政治的なものの他者になるのだ、と。アーレント自身の記述のなかにそうした解釈を可能にする根拠があるのはたしかである。しかしながら彼女の政治哲学の主張は、とりわけアメリカ革命における自由の構成を肯定的に参照していることから明らかなように、別の点にある。これが示唆する別の解釈は、アーレントの政治的なものの概念をデモクラシー理論に、たとえばハーバーマスのデモクラシー理論に統合しようとする解釈である。[11]こうした解釈の試みの問題点は、自由民主主義の枠組みに対するアーレントの批判を討議理論によって平板化してしまうという危険である。以下で私は、二つ目の解釈の試みにみられる戦略的な判断に従って、アーレントの政治的なものの概念をデモクラシー理論に即して解釈するが、アーレントの革命と政治の概念が有する独創的な点、すなわち自由民主主義の枠組みに対する彼女の批判を性急に討議理論に同化させることなく浮き彫りにしてみたい(12)。

第3節

アーレントと自由主義の伝統のそれぞれにみられる普遍主義と特殊主義の関係を、一種の図式のように対置することから始めたい。すでに指摘したように、たしかにアーレントはカント的な人権と市民権の普遍主義を受け入れてはいるものの、自由主義の伝統における人権と市民権とのあいだのいわゆる結び付きを、さらに民主主義の伝統における市民権と政治的自由の理念とのあいだの結び付きを切断している。つまりアーレントは、人権の理念をたんなる道徳的な理念、すなわち前政治的な理念として捉え、また市民権の理念をたんなる法治国家の理念という意味で理解している。これと冒頭で言及した彼女の政治的なものの概念の特徴である独特の「特殊主義」にはつながりがある。もっともアーレントにとってこの特殊主義は、人間学的に理解された普遍主義と結び付いている。アーレントが人権と市民権にさほどの価値を見出していないということは、政治的自由主義を強力に擁護する論者とはもちろん異なり、人権と市民権の意味に重大な限界があることを意味する。というのも、いってみればすでに概念の次元において、基本権と政治的自由の理念という二つの次元のあいだには断絶があるはずであると想定されているからである。それに対して、ロールズやハーバーマスはもっともな理由を挙げて次のように主張した。自由主義的な基本権と民主主義的な基本権は互いに結び付いていると考えなければならないため、私的自律と公共的自律は相互に指示しあう関係にあり、そのため厳密にいえば、一方がなければ他方を考えることもできない。たしかにロールズのいう「公共的自律」は、少なくともアーレントのいう「公共的自由」と同じではない。この相違についてはあとで立ち返ることにしよう。しかし、たとえばハーバーマスのデモクラシー理論の観点からみれば、アーレントが眼を向けなかったカント的な普遍主義に備わる可能性が姿を現すのは明らかであると思われる。それは、近代における人権、市民権、政治的自由のあいだの内的な関連を示すことができるという可能性である。この問題はあとで取り上げることにしよう。

だがここで私にとって問題なのは、自由民主主義の枠組みそれ自体に内在している特殊主義の問題である。つまり、人権と市民権のカント的な普遍主義を（デモクラシー理論的に）ハーバーマス的な意味に強くひきつけて理解しようとするときに、人権と市民権とのあいだの自由主義的な結合のなかにすでに、特殊主義と普遍主義のあいだの緊張が含まれているということが明らかに――しかもカント自身や自由主義の伝統におけるよりも明らかに――なるのである。この緊張は、アーレントについてすでに述べたものとは異なる種類の緊張である。しかしながら、この緊張を正確に理解できるかどうかがアーレントの共和主義の理念に関する解釈にも影響を与えるのである。私がここで述べているカント的な普遍主義に孕まれている緊張をもたらしているのは、人権を市民権に実定化することが同時に人権の特殊化をもたらすという事実である。市民権はつねにその市民に属する者の権利にすぎない。したがってフランス革命において人権が市民権として実現されたとき、同時にヨーロッパに国民国家が誕生したのは偶然ではない。だが、こうした市民権の特殊主義と人権の普遍主義とのあいだの緊張から実際に衝突が生じるという事実は、民主的な社会の特殊な利益とそうした社会が表明する人権のレトリックが衝突しているところでは、今日どこでも見られることである。他方で――もう一度強調しておくと――、この人権のレトリックは西洋民主主義それ自体の正統性の基礎をなしているのである。さて、私が主張しておきたいのは――ここでその論拠を述べることはできないが[13]――、近代民主主義の基礎にある普遍主義と特殊主義のあいだの緊張――この緊張は今日、西洋民主主義社会に対して政治的にも道徳的にもますます差し迫った問いを投げかけている――に対して、近代自由民主主義の言説を構成しているカント的な深層文法が許容するたったひとつの解答は、すべての人の人権と市民権が社会正義に適った方法で保障される自由主義的かつ民主主義的な世界市民社会の創設である[14]。

人権、市民権、正義――これが自由民主主義的な言説の文法を規定している中心概念である。この文法の普遍主義は根本的にはマルクスの普遍主義でもある。革命は世界革命としてのみ成功を収めることができるというマルクス主義の確信は、世界市民社会というカント的な理念のいわば唯物論的な対応物を提供しているにすぎない。アーレントが自由民主主義とマルクス主義をいわば単一の歴史的枠組みをなす二つの相補的な見解として密接に結び付けたのもまったく不当とはいえない。もちろんここで私が強調しなければならないのは、アーレントが強調するこうした相補的な関係の消極的な側面とは異なり、この関係のなかに、歴史的にいまだ答えが与えられていない問題提起が含まれているという点である。すなわち、自由主義の伝統とマルクス主義それぞれの普遍主義は、相互に指示しあう関係にあるばかりでなく、両者の根底には、依然超えられておらず超えることのできない近代の問題が横たわっているのである。この問題を生み出しているのは、経済と技術からなる物質的な普遍主義と、超えることのできない人権の理念とのあいだの対立である。私の考えでは、物質的な経済の普遍主義と規範的な人権の普遍主義は、自由主義的かつ民主主義的な世界社会の諸構造においてのみ調和可能である（もちろんこれは世界国家と呼ばれるものと同じではない）。

　アーレントの革命概念のなかに含まれている特殊主義と普遍主義のあいだの緊張は、すでに述べたように、ここで述べたものとは異なる種類の緊張である。アーレントの主題は、正義ではなく（政治的な）自由である。そのため、彼女の革命概念に含まれている普遍主義は、規範的な人権の普遍主義でも、近代経済と近代技術の事実上の普遍主義でもない。それはむしろ人間の可能性の普遍主義である――これは、偶然に満ちた歴史的状況のなかで、目的論的な法則とも終末論的な観点とも無縁であり、規範的な基盤によって守られているわけでも、そこに最終的に基礎づけられているわけでもない公共的自由の空間を構成する可能性である。政治的自由の可能性は、「行為の基本的条件」に内在しているという意味で普遍的である。それに対して、事実上の公共的自由の空間の構成はどれも、限定され、「柵で囲われた」自由の空間としてしか現れることができない。というのも、公共的自由の空間の構成は、共同で行為する人々からなる特定の集団による、偶然的で「革命的」な活動の結果以外にはありえないからである。ここで見逃してはならないのは、政治的自由の空間の構成による「世界開示」というアーレントのレトリックは、たんなる決まり文句ではないという点である。自由を可能にする制度は、発見され、制度化されなくてはならず、そうした制度を創設することに成功しなければならない（多かれ少なかれ失敗することがありうる）。また、制度を維持することは、ある意味で絶えず新たに発見し、新たに構成することを意味しており、制度を創設することは、政治的な言論の新たな文法、新たな経験、そして新たな態度を生み出すことである。逆に、制度のほうでもそうした経験や態度を、判断力や政治的な徳を必要とする。自由を可能にする制度を創設することは、基本権と市民権の実定化と制度化（基本権と市民権の実定化と制度化を欠いては、憲法によるそうした権利の保障について語ることさえできない）を意味するだけではなく、そうした権利それ自体のなかには書き込まれていない尺度に従ってその権利を行使し制度化することをも必要とする。これがアーレントの中心的な主張であると思われる。つまり、「直接」民主主義をたんなる代議制民主主義から区別する「公共的自由」という基準を、平等で民主的な基本権という原理から導出することはできないのである。ここにこそ、アーレント的な意味での政治的自由がもつ他に還元しえない固有性がある。すなわち、政治的自由に含まれている「新たな始まり」という要素、それと同時に政治的自由の存続をつねに脅かす脆さである。政治的自由はつねに特定の制度あるいは組織形態においてしか実現されえず、政治的自由の構成を人々に義務づけることのできる規範的な原理は存在しないため、政治的自由は、限定され、「柵で囲われた」空間でしか成立しえない。これが政治的自由の特殊主義である。本質的に、この自由には自発的で行為遂行的な要素が含まれる――アーレントはこうした要素を「新たな始まり」や「相互の約束」といった概念によって把握しようとした。そしてこの自由にはさらに、快や経験、判断力や幸運な事情といった要素も含まれるが、これらは――普遍的かつ平等な権利の要求とは異なり――規範的な原理によって普遍的に与えられることはできない。政治的自由が実現される範囲やその形態はむしろ、歴史的偶然性や文化的伝統、物質的な状況、さらには個人の自発性、想像力、決意、判断力に依存している。それに付け加えておかなければならないのは、公共的自由の制度は、利益を追求する資本の動きや政治エリートによる権力の追求、さらに官僚機構に固有の論理などに対しても自らを守り通し、自己主張を続けなければならない。それにもかかわらず、こうした自由の可能性とそれを得ようとする願望とが「行為の基本的条件」に内在しているとアーレントは主張する。そのため政治的自由は、人間にとっていたるところで可能であり、いわば「自然な」試みなのである。その意味でアーレントが、本質的に「局所的」で特殊的な性格を持つ公共的自由の空間と、革命的な希望が「もしかすると地上のあらゆる人民」の心をつかむ可能性とを結び付けて考えているとしても、そこに矛盾は存在しないのである。

ただし、依然として不明確なのは、こうしたいわば後退した、ほとんど「経験的」で革命的なアーレントの普遍主義が自由主義とマルクス主義の伝統の二つの普遍主義とどのような関係にあるのかという点である。私は、上述の自由主義とマルクス主義の二つの普遍主義の形態はその正しさを失っておらず、アーレントの議論によって決して疑わしいものになっているわけではないと主張した。経済と技術の普遍主義は事実の問題として、そして自由民主主義の枠組みという普遍主義は規範的な意味で、ともに消滅することはありえない。すべての人の人権が制度的に実現される自由主義的で民主主義的な世界社会をもたらすことは、新たな世界‐戦争という野蛮に替わる唯一の選択肢であり、したがって現存する民主主義社会が長期にわたって生き残るための条件でもある。それに対してアーレントが主張しようとしたのは、自由主義的な世界社会という展望においても、文明化されたかたちの野蛮という危険が残り続けるという点である。この野蛮のなかで人間の生活は、ひょっとするとあらゆる点で平和かもしれないが、行為の自由とともに自らの人間性や世界を形成する能力をも喪失しているかもしれないのである。ところで私はさきほど、近年のデモクラシー理論における論争に触れて、少なくともアーレント的な意味での政治的自由の要素を抜きにしては考えることのできない自由民主主義についての展望があることを示唆した。その点に加えて指摘したいのは、アーレントが政治的自由の「特殊性」を論じながらも、特殊主義への傾向を見逃していた（おそらく見逃さざるをえなかった）という点である。この特殊主義は、上述の自由民主主義の枠組み内部における国民国家という特殊主義への傾向に厳密に対応している。ただし、ここで問題なのは、個々の国家内部においてすでに存在する特殊主義への傾向である。これら二つがともに正しいとすれば、アーレントに対して次のような批判が向けられざるをえないだろう。すなわち、アーレントは自由民主主義の枠組みの意義と可能性を正しく認識しておらず、彼女による代議制民主主義と直接民主主義の対置、自由民主主義と共和的な自由の対置には、たとえこれを字義どおりに受け取らないとしても、考慮されていない何かが、また解消されていない問題が含まれているのではないかという批判である。こうした考察の結果として浮かび上がってくるのは、相互に対する問題提起である。つまり、一方でアーレントの政治的なものの概念がデモクラシー理論に対して問題を提起しているのは間違いない。他方で、精緻化されたデモクラシー理論もまたアーレントの思想に対して同じように問題提起を行っているのである。

アーレントの思想が現代の政治哲学に対して投げかける問題は、自由民主主義と社会民主主義の伝統――社会主義の伝統はいうまでもない――における政治的思考のなかでは、――自由民主主義それ自体にとって本質的な――公共的自由の領域を適切に把握するためのカテゴリーがほとんど形成されず、そのため政治的言説において重要な役割を果たしてこなかったという点にある。この徴候をよく示しているのがロールズの理論である。ロールズが最近のハーバーマスとの論争のなかで[15]、やや簡略ながらも私的自律と公共的自律の等根源性というテーゼを主張するまでに至った時でさえ、彼の考える公共的自律はアーレントの公共的自由と同じではなかった。というのもロールズは、公共的自律を本質的に選挙権や被選挙権、また代表機関や決定手続きなどの観点から考察したからである。したがって、「直接」民主主義や自由で平等な人々による共同の行為、あるいは――ハーバーマスとともにこう呼んでおきたい――コミュニケーション的な公共的自由といったアーレントの理念を改良するには明らかに不十分な概念の観点から考察した。これに対して共同体主義の理論家は、たしかにロールズよりもアーレントの共和主義の理念に近い立場にたっているが、アーレントにみられる急進的な特徴を欠いている。この急進性によって彼女は、共同体や共同体を構成する価値――それが国民であれ宗教であれ、あるいは民族であれ――に回帰しようとする幻想いっさいから距離をおくことができるのである。アーレントを共和主義的な自由へと向かわせるのは、新たなものの可能性、これまで存在しなかったものの可能性であり、これは過去へと遡行することではなく、共通の世界を開示することである。その意味で彼女の思考は真に革命的である。

これに対して精緻化されたデモクラシー理論は、アーレントの思想に対して以下のような問題を投げかけている。自由主義の枠組みを改良したデモクラシー理論からすれば、アーレントによる代議制民主主義と直接民主主義の対置、自由民主主義と共和主義的な自由の対置は、ナイーブではないとしても問題があるようにみえる。そのため、アーレントによる近代政治思想の脱構築それ自体がなおある種の脱構築を必要としており、それによって彼女の思想を現代の政治哲学に対する問題提起として生産的にすることができる。以上が上述の相互的な問題提起の構図であるが、結論部分でこの点をより詳細に論じたい。

第4節

おそらくデモクラシーの理論家のなかでも、もっとも好んでアーレントの公共的自由とコミュニケーション的権力の概念を、その急進的で反伝統主義的な含意に着目して取り上げようとしたのがハーバーマスである[16]。ハーバーマスは、平等に付与される自由かつ民主的な基本権の原理と合理的討議の理念との組み合わせという観点から、公共的自由とコミュニケーション的権力の概念を展開する。それによって彼はたしかに、アーレントの政治的自由の概念を、基本権と正義の概念を中心とするデモクラシー理論へと可能なかぎり「止揚」しようとした。もちろん私は上述の箇所で、アーレントの政治的自由の概念のなかにそうした止揚に逆らうようにみえる要素を示した。しかし、たとえそれが正しいとしても——この点には後で立ち返る——、ハーバーマスによる自由民主主義の枠組みの再構成から、さしあたりアーレント批判のための重要な視点をえることができる。以下で私はこうした批判を体系的に、したがってハーバーマスの理論を直接参照せずにまとめてみたい。

アーレントに対する決定的な反論は、代議制民主主義と共和主義的な自由という彼女による対置のなかにひそんでいる実体化にかかわる。そうした実体化をとりわけ示しているのが、政治的なものの自律を基礎づけようとする彼女の試みにみられる独特のあいまいさである。すでに指摘したように、アーレントは政治的なものの自律はまず次のように基礎づけられていると考えた。アーレントが公共的自由を明らかにする際に用いる中心的なカテゴリーは、規範的な意味でも機能的な意味でも、道徳的、社会的、法的なカテゴリーに還元することはできない。他方で同時にアーレントには、政治的なものの自律をその内容的な意味でも理解しようとする傾向がある。そうした傾向は、政治的なものに特有の問題や対象と、道徳、社会福祉、私的なこと、経済、あるいは基本権の保護といった領域に属する問題や対象とを峻別しようとする彼女の試みにみられる。これがアーレントにひそむ実体主義であり、これは、評議会という考えを最終的には文字どおりの意味で理解しようとする彼女の傾向にも見て取ることができる。(まさにこれは評議会があらゆる社会的、行政的、経済的な問題に対処する責任を失うという代償を伴う。アーレントが嘆いているように、革命の瞬間に評議会はつねにこうした問題に対処する責任を負ってきたのだが。)アーレントの政治的なものの概念にひそむこの実体主義は、彼女の理論の大きな弱点であると同時に、――もっともこれは逆説に聞こえるかもしれないが――近年アーレントを賛美する者たちが彼女の政治的なものの概念を非政治的あるいは反政治的な意味に向けかえている理由でもある(ハイデガーの晩年の復讐)。しかしながら、政治的なものの領域は、基本権の保障と制度化といった問題や社会正義あるいは経済の問題に対して単純に背を向けることができるという意味で自律しているわけではないこともたしかである。というのも、公共的自由が消極的自由や個人の権利の保障、社会正義、効率的な行政、あるいは公共の福祉とは異なる何かであることを認めたとしても、政治的なものの領域がこうした主題のどれをも共通の公共的な主題にすることによって政治的な主題に変化させることがなければ、政治的なものの領域はいわば宙に浮いたままになることは明らかだからである。(17) 基本権あるいは社会正義に関していえば、アーレントがすでに折に触れて認めるように、重要なのは近代社会における政治的自由にとって必要な前提条件ばかりでなく、政治的討議の中心的な対象であり、したがってアーレントに従えば、共和主義的な制度において取り扱われなければならない類の「共通の関心事」でもある。これが認められるとすれば、個々人の自由、社会正義、そして公共的自由は、複雑で相互的な依存関係のもとにあり、そのため政治的討議はつねに、いわば反省的に自身がよって立つ基盤や前提条件に眼を向ける必要に迫られるのは明らかである。さらに、自由民主主義の枠組み自体においてすでに、個々人の自由権と民主的な参加権が内的に結び付いていることを考えてみれば、以下のことが明らかになる。すなわち、個々人の自由権と社会正義は、公共的自由の制度において取り扱われなければならない共通の関心事の本質的な要素であるだけでなく、自由主義的かつ社会的な基本権は、それが民主的に正統な方法で実現されるためには公共的自由の領域を必要とする。これが正しいとすれば、アーレントの公共的自由の理念は、それが近代における自由主義、民主主義、社会主義それぞれの伝統にたんに対置されることによってではなく、それらの伝統のなかに埋め込まれ、そして新たな解釈が生産的に行われることによってはじめて、実際に政治的な意味で実り多いものになることができる。

私はアーレントに対する批判を以下の三つの点から明らかにしたい。ひとつ目は基本権についての解釈とその実現に関して（1）、二つ目は社会正義の問題に関して（2）、三つ目は（アーレント的な意味で）そのつど個別的に形成される公共的自由の空間のなかにひそむ特殊主義への傾向に関してである（3）。これら三つのいずれにおいても、アーレントには認識論的にいってやや素朴な単純化を行う傾向がみられる。こうした単純化を取り除いてみれば、少なくとも議会制民主主義と共和主義的な自由とのあいだの見かけ上の概念的な対置は消滅する。

（1）基本権に関してアーレントは、民主的な討議に対して自由主義的な基本権を単純に先行させる自由主義の理論家（ロールズもそうである）にまどわされている。こうした討議と基本権の関係は概念的にのみいえば適切ではあるが、政治的、また制度的にはそうではない。抽象的にいえば、基本権は、演繹の手続きのための公理としてではなく、ただ判断を形成するための原理として「所与」なのであり、つねに歴史上の具体的な形態のなかでのみ、すなわち制度と解釈からなる体系としてのみ「存在する。」基本権は一方で民主的な討議と結び付いているが、他方では民主的な討議のなかで繰り返しまず生み出されなくてはならない。つまり、新たに解釈され、新たに実現されなくてはならない。こうした討議の上にあるいは外に、基本権の正しい解釈や具体的なあり方を最終的に決定することのできる審級は存在しない。民主的な討議という媒体においてのみ、民主的な正統性の要求をみたす基本権の保障とその拡大を考えることができるのであり、したがってそのかぎりで自由主義的な社会は民主的な制度や公共性を必要とする。基本権は、民主的な討議に先行しながらも、こうした民主的な討議において、そして民主的な討議をつうじて、はじめてそのつど具体的な法的形態をとることができる。私はこれを民主的な討議の不可避の実践的循環と呼んでおきたい(18)。基本的なニーズについての、あるいは健全で自律的な生活の構想についての、歴史的な経験ならびにそれらに関する歴史的にこれまで変化してきた解釈が、基本権についてのそのつどの解釈や具体化に影響を及ぼしていることは明らかである。そうした経験や解釈や構想が、独断的にあるいは恣意的に立法過程に流れ込むべきではないとすれば、それらは民主的な公共性という媒体における浄化を必要とする。基本権はどのような意味で「先行して与えられる」ことができるのか、基本権が法的に具体化される際に解釈はどのような役割を果たしているのか、こうした問いについて考えてみるときにあの実践的循環の不可避性から導かれるのは、基本権の理念それ自体がすでに公共的自由の領域を必要としているということであり、この領域において政治的に自由で平等な人々がその自由と平等の意味を公共的な主題にすることができるということである。したがって正しく理解すれば、「私的」な自由と「公共的」な自由は、一方が他方を前提にし、また可能にするという相互的な関係にある。

（2）アーレントによる政治的自由と社会正義の対置もこれと似たような関係にある。政治的なものの自律を明らかにするために、アーレントはときおり、社会正義の問題は適切に機能する福祉行政によって合理的に解決されることができるだろうと述べている。こうした考えは気取っているわけではないとしてもナイーブである。社会問題や経済問題も公共的自由の空間で共通の関心事として主題化されれば政治的な問題になるということを認めていたほうが、少なくともアーレントはより首尾一貫していたことになるだろう。もう少し社会正義の問題を続けよう。社会正義についての解釈と基準という問題は、つねに具体的な歴史上の、そして経済上の制約のもとで答えを見出さなければならない論争的な問題であり、したがって潜在的に政治的な問題であるだけではない。むしろ、どのようなかたちで社会正義を実現するべきかという問いがこの問題をすぐれて政治的な問題にしているのである。つまり、たとえば経済的な生存競争に敗れた者は匿名の福祉行政に依存する受動的なクライアントになるのかどうか、なるとすればどれほどか、あるいは社会的な基本権の保障によって自律的な生活が、それゆえまた公共的な事柄への関与が可能になるのかどうか、なるとすればどれほどかといった問題である。現代世界における政治的自由の見通しは、長期的にみればどれほど資本主義経済を民主的に統制しうるか、そして社会正義の最低水準に関する国際的な基準を実現しうるか否かにかかっていると述べることは、今日ではほとんどありふれた主張であるように思える。不幸にもアーレントは、社会主義にみられる「政治の忘却」を正当にも批判するなかで、産湯とともに子どもまで流してしまった。とりわけ彼女が見逃したのは、マルクスの問題が今でも私たちの――政治的な――問題であること、そしてこの問題が現代世界における政治的自由の可能性の条件にかかわっていることである。

アーレントが「政治的なもの」の領域から除外した他の主題に関しても、上記の二つの主題について述べたことと同様に論じることができよう。政治的な共同行為や討議において問題になるのが共通の関心事であるとすれば、アーレントが強調するように、環境問題や経済問題あるいは行政問題もまた、潜在的には政治的な主題である。政治的なものの自律は、政治の場所が生活の領域を超えたところにあるということを意味するのではない。そうではなく、政治的討議においてこうした生活の領域を、経営者や私的な消費者、学者、あるいは行政の専門家の観点からではなく、どのように生きていくかということに関して決定する市民の観点から主題化することを意味する。すなわち、こうした問題を共通の関心事として主題化するのである。政治的討議が自律的であるというのは、政治的討議においては、たんなる私的利益や専門家の知識や合理性が最終的な発言権を持たないという意味においてである。ハンナ・アーレントが、政治は共通の関心事の領域であり、その意味で同時に――知識とは異なり――「意見」、説得、判断力の領域であると述べるとき、彼女もまたそのように考えていた。ただ彼女は、上述の社会領域は、私的利益や戦略的行為あるいは専門的な能力によって機能上の意味が決まるため、政治的な意思形成の領域の外部に位置づけられるという誤った結論を引き出したのである。私はこれをアーレントの「実体主義」と呼んだ。

（3）そのつど形成される特定の公共的自由の空間にひそむ「特殊主義」への傾向もまた存在するが、それに関してはおそらく詳細な証明は必要ないだろう。市民社会、市民運動、地方議会の制度やアソシエーションはつねに、何らかの意味で一般的な利益を犠牲にしてもっぱら特殊利益を追求しようとする傾向を持つ。アーレントがこの点にほとんど眼を向けなかった理由は、彼女がここで「利益」という語で表現されるあらゆるものを政治の領域から遠ざけておこうとしたためだろう。これは彼女の政治概念にみられる「実体主義」の一例にすぎない。評議会制というアイデアを文字どおりの意味で理解しようとするアーレントの傾向はこの点と密接に関係している。利害の競合が存在せず、したがって政治によって特殊利益を一般的な利益に媒介する必要性が存在しない場合、「別々の単位のあいだの連盟と同盟」といった点に関して――それゆえアーレントが「行為の基本的条件」に内在していると考えた「連邦の原理」に関して――、どのような制度を構築することが望ましいのかという問題は真剣に取り扱われるべきものとはならない。しかし、利害が競合するという現実を政治的に解決されるべき問題として真剣に受け止めれば、政治的共同体はもはやたんに下から上へという観点からのみ考えることはできず、むしろ同時に上から下へと設計されるべきものとしても考えなければならない。ここで「上から」というのは、西洋の伝統においてはまさに「(国民）国家から」を意味する。たとえ国際的な政治組織が完全に、あるいは部分的に国民国家に取って替わることを考えてみたとしても、国民国家は調整機能を有しており、またその機能によって特殊利益に抗して一般的な利益を追求するため、その機能的等価物を確立することができなければ国民国家を廃止できないのは明らかであろう。こうした機能によって国家――あるいは将来における国家の機能的等価物とされるもの――は、たとえ冷淡な決定権力を行使してでも特殊利益に抗するのである。個々人のたんなる私的利益はたしかにある程度、自由主義的な法治国家の枠組みそのものに属する。これに対して、制度やアソシエーションにかかわる特殊利益に関しては、異なる種類の制度問題が生じる。というのも――少なくともここで問題となっているのはたんに利益を代表することではなく、たとえば多くの市民運動においてそうであるように、アーレント的な意味での公共的自由の空間である――、この特殊利益はすでに共通の利益であり、場合によっては一般的な利益、あるいは少なくとも一般的な利益への要求だからである。すなわち、アーレントが考えるように公共的自由の空間では――その公共性によって――たんなる特殊利益はすでに共通の利益、あるいはそれどころか一般的な利益に転換しているのである。したがって、公共的自由の空間に特有の二つの特徴とは、それが民主的な公共性の基礎をなしていると同時に、集合的で特殊的な利益が結晶化するための空間にもなりうるという点にある。ひとつ目の側面からみた公共的自由の空間は、大規模な政治的自由と民主的公共性を可能にする条件であり、二つ目の側面からみた公共的自由の空間は、この空間のなかでつねに生じうる特殊主義を抑制するための集権化された政治制度という対抗力を必要とする。アーレントが語る公共的自由の空間は、民主的な法治国家の活動が民主的な正統性を獲得するために必要であると同時に、場合によっては法治国家によって規制されなければならない。これは、上述の民主的討議の不可避の実践的循環の一例であるように思われる。これについての一般的に妥当する理論的な解決策は存在しない。だが、「代議制」民主主義と「直接」民主主義のあいだの関係は、おそらくアーレントによる記述よりもさらに著しく複雑化するといえよう。というのも、アーレント的な意味での公共的自由の空間は、いまや自由民主主義それ自体の構成要素であるだけでなく、むしろひるがえって、民主的な法治国家がアーレント的な意味での公共的自由の空間を確立するうえで構成的な意義を持つのは明らかだからである。法治国家がそうした役割を果たさなければ、「別々の単位のあいだの連盟と同盟」(アーレントの「基本的共和国」)について現実的に語ることも、したがってそのつど特定の空間において生じる「共通の関心事」をより大規模な政治体における一般的な関心事へと媒介することもできない。公共的自由の空間の複数性は、民主的な法治国家に見て取ることができるような、集権的な立法、行政、司法の制度を必要とする。したがって、「直接」民主主義と「代議制」民主主義の理念は、近代民主主義が機能するための二つの条件あるいは「原理」を表しており、この二つは相互に指示しあうとともに潜在的には逆の方向を向いているのである。

第5節

これまで示してきたように、アーレント的な意味での政治的なものの領域が、社会的なもの、経済、行政、そして法の領域と絡み合っているとすれば、そうした経済システムや行政システム、あるいは法システムに固有の論理に委ねるべきものとそうではないものとのあいだに境界線をひくという問題それ自体もまた政治問題となる。逆に、どのような政治制度のシステムも、ある程度自律した経済システム、行政システム、法システムに「包囲」されることによって、その自律性や機能上の可能性が制約されているのもたしかである。さらに、様々な政治システムの次元のあいだの多様な依存関係や、政治システム、市民社会の制度やアソシエーション、民主的な公共性がそれぞれ複雑に結び付いていることをあわせて考えれば、アーレントによる(二つの異なる国家形態のあいだの選択という意味での)「直接」民主主義と「代議制」民主主義の対置は、複雑な個人化社会という条件のもとではさほどの意味を持たない。

しかしながら、こうした二者択一が意味を持つのは、それがいわば近代の民主的な文化の空間内部における選択として理解される場合である。つまり、これら二つのあいだの選択は、自由主義的で社会的な民主主義それ自体の内部における可能性の幅を示している。こうした幅の一方の端には、主権者である人民を公式的－民主的に議会において代表することを特徴とする中央集権国家――もしかするとこれにはマスメディアによる世論操作が含まれるかもしれない――があり、他方の端に位置しているのは、自由で平等な人々が日々の生活のなかで享受することのできる共同の自己決定という民主的な文化、そしてそれにふさわしい公共的な政治的討議の文化である。私の考えでは、アーレントの政治的ものの概念が今日においてもなお政治哲学を挑発しつづけているのはまさにこの点である。この点を明確にするための手がかりとなるのが、一九六八年の学生運動をつうじて政治的左派に広まった「民主化」という多義的なスローガンである。「民主化」は一面では反制度的な闘争の呼びかけを意味しており、これは議会における代表の次元に体現される民主主義の「形式」に対してのみ向けられたものではなく、制度一般の「形式」――公式に規則化された手続き、制約された自律、そしてそれらが自由主義の法システムに基づいていることがそこに含まれる――に対しても向けられていた。したがって、この意味での「民主化」には、制度と公共的議論のあいだの差異を解消しようとする傾向がみられる。だがこの公共性は、「自発的」で「直接的」であるとされ、それと同時に決定権限をも要求することによって、最終的には民主的公共性のパロディにならざるをえなかった。これもまた実体主義の一形態であり、いわば支配から自由な議論を実体化したものである。しかし、「民主化」は他面ではそれとは異なる何かを意味する言葉として用いられてもいた。それは、民主的公共性の拡張と、公式の政治制度の下にあるいは隣に位置する「基礎」の自己組織化との協働である。しかも「基礎」の自己組織化――たとえばクロイツベルクでの市民運動、〔反体制的〕日刊新聞のプロジェクト、「Pro Asyl」、過去数十年のあいだのこれに類似した無数のイニシアティヴやプロジェクト――は、共同行為の空間を開くと同時に、新たな公共性を生み出し、それによって逆に政治制度に影響を及ぼす。この意味での民主化はたしかに、直接民主主義という語によってアーレントが考えていたことに近い。それに私の考えでは、アーレントがそうした自己組織化の過程を記述する際に用いたカテゴリーは、今日においても現実を明らかにし、批判し、撹乱する力を失っていない。私が念頭においているのは、共同で新たなことを始めるという行為遂行的な要素や公共的空間の構成、さらに自由で平等な人々による共同行為の理念、ようするにアーレントが「公共的自由」に見出した特徴のすべてである。アーレントに従えば、公共的自由は、普遍的かつ平等な民主的基本権の保障と同じではない。公共的自由は、自分たちに共通する事柄を自分たちの手に取り戻そうとする人々が創造的に基本権を行使し、積極的に使用することを前提とする。だが、より重要なのはそれとは異なる点にあるように思われる。自己組織化の過程、すなわちアーレント的な意味での直接民主主義の要素だけが、大規模な民主的公共性が必要とする経験や態度、対応能力や判断力、つまりはそのつど形成される特定の公共的空間を民主社会のなかに生み出すことができるのであり、この特定の公共的空間それ自体が社会全体にとっての公共的自由の媒体になるべきなのである。したがって、すべての人が討議をつうじた社会的な意思形成過程に等しく参加するという意味での公共的自由は、直接民主主義の要素という意味での公共的自由の実践をつねに必要とする。ここで重要なのは、たんに民主的討議の合理性だけではなく、それと同時に参加することとそれ自体の方法と機会である。すなわち、アーレントの表現を用いていえば、権力を分割することによって民主的権力を増大させることが重要なのである。「民主化」ということばの正しい意味をだいたいこのように理解しておきたい。

アーレントによる評議会制の理念をメタファーとして理解し、したがってそれを近代の民主的な文化の空間内部における代議制民主主義と直接民主主義という両極のあいだに置き移して考えれば、アーレントが直接民主主義の要素とそれが自律的に構築され制度化されることを政治的自由の理念の中心に位置づけたことには、いくつものもっともな理由があることは明らかである。すでに指摘したように、これは平等で自由な民主的基本権から読み取ることのできない政治的自由という尺度を導入することを意味する。というのも、この意味での公共的自由は、当事者の自発性、想像力、経験、勇気を、さらに――近代政治哲学における社会契約論に関するアーレント特有の解釈を用いていえば――相互の約束に備わる拘束力をも必要とするからである。(19) ここで付け加えておかなければならないのは、この意味での公共的自由は、より上位の、あるいは中央集権的な政治制度や行政による権力や規制の要求によってたえず脅かされていることである。しかしながら、政治的自由の理念を中心に位置づければ、とりわけ民主的正統性の概念それ自体が変容する。つまり、自発的かつ行為遂行的な要素が民主的正統性の概念に含まれることになる。というのも、民主的な人民主権を担う者としての「私たち」が共同で望むことができるものは、とりわけ政治システムや市民社会の制度においてこうした「私たち」が組織化される方法に依存しているからである。公共的自由は、それがリアルに経験できる場合にのみ、政治システムの決定過程において無視することのできない共通の価値になることができる。だがこの「価値」は、政治的な決定過程において互いに競合する様々な価値のなかの任意のひとつではない。むしろこの価値が――たとえ完全にではないとしても――実現されるかどうかは、俗諺にあるように、民主主義が実際に人民のもとにある統治形態かどうか（あるとすればそれはどれほどか）、あるいはこの統治形態においては――アーレントが引用するベンジャミン・ラッシュの言葉を借りれば――、「たしかにあらゆる権力は人民に由来するが、人民が権力を保持するのは選挙の日だけであり、そのあとは統治者の所有物である」[20]かどうかという点にかかっている。したがって、公共的自由の程度が政治システムの民主的正統性をはかる尺度であり、これは平等な民主的参加権の保障という理念や民主的なコンセンサスあるいは討議による意思形成といった理念よりも重要な尺度である。もしかしたら、上記のかわりに次のように述べることもできるかもしれない。民主的正統性という伝統的な概念は、近代民主主義の伝統のなかでいつも必ず――多かれ少なかれ潜在的に――目標とされてきた政治的自由の理念を明らかにするためには不十分である、と。

この点をもう一度異なる仕方で定式化してみたい。私はさきほど、アーレントによる「直接」民主主義と「代議制」民主主義との対置を、相互に指示しあうと同時に潜在的には逆の方向を向く、近代民主主義の機能を支える二つの条件であると示唆した。この二つが潜在的に逆の方向を向いているという診断に同意できるとしても、これら二つの適切なバランスがどのようなものであるのかという問題は、平等な基本権の原理によっても、民主的なコンセンサスの理念によっても解決できない。この問題に関して平等な基本権の理念は不十分である。というのも、基本権はいわば不可欠の条件を定めているにすぎず、したがってどのような制度の形態がもっとも適切にそうした基本権の実現と行使を可能にするのかという問いに対する答えを与えることはできないからである。民主的なコンセンサスの理念が不十分であるのは、それを可能にし、再生産する様々な諸条件に比べると、民主的なコンセンサス自体があまりに抽象的だからである。民主的なコンセンサスの理念が十分な尺度になりうるのは、考えられるあらゆるコンセンサス、あるいはほぼコンセンサスに近いもののなかから「合理的」であると呼ぶことのできるものを抽出することが可能な場合だけである。しかし、特定の自由の空間と中央集権的な統治のあいだの「正しい」バランスとは何かという問題は合理性の問題（だけ）ではない――少なくとも、合理的なコンセンサスという概念が定義上、特殊なものと一般的なもののあいだの「正しい」バランスという理念と直接結び付いていると考えない限りはそうである。たとえこの二つが直結していると考えたとしても、私たちが手にすることができるのはただ空虚な公式にすぎない。すべての人が自由で平等な存在として民主的な過程に参加するという理念を制度的にどのように実現することができるのかと問うなら――これは私がすでに述べた「正しい」バランスをめぐる問題である――、アーレントが「自由の構成」を記述する際に用いた、合理性に還元できないカテゴリーすべてが重要になる。もちろん、制度に体現されている民主主義的な形態の人倫もまた理性的であろう。しかしながらそのような主張は、自己規定と自由への願望がもたらす制度問題を明らかにしたあとになって初めて述べることができるのである。アーレントが示しているのは、近代において繰り返し姿を現してはそのつど抑圧された自由への願望の歴史であり、この自由への願望を実際には現代の代議制民主主義も充たしてはいない。こうした願望を実現するための条件のなかでも、自発的な要素や行為遂行的な要素、さらに偶然的な要素を際立たせた点で、アーレントは正しいと私は考えている。これらの要素は、法のカテゴリーによっても合理的討議のカテゴリーによっても把握できない。なぜならこれらの要素は、法の概念にも合理的討議の概念にもおそらく含まれていない政治的自由の概念を浮き彫りにし、練り上げることを可能にするからである。

上記の点にこそ、アーレントの真の洞察と、現代のデモクラシー理論に対して彼女が果たした生産的な貢献があるように思われる。この点で、自由民主主義の政治的言説を規定しているカテゴリーを揺り動かそうとする彼女の試みは、もしかするとこれまでにないほどの現実味を帯びている。もちろん政治理論は、政治的実践を規定しているカテゴリーを揺り動かす以上のことをすることはできない。いかにして近代民主主義における公共的自由を保障することができるのかという問いに対して、もはや哲学的な解答を与えることはできない。アーレントが提示した評議会制という理念は、すでにみたように見かけの上ではそうした解答に見えるが、実際にはせいぜい政治的想像力を新たな方向へと導くのに適したメタファーにすぎない。ただし私の考えでは、アーレントが与える刺激が生産的なものになりうるのはただ、彼女の思想を自由主義的で社会的な民主主義の伝統に対置することをやめ、そのかわりにそれを、こうした伝統に関する批判的で「新たな解釈」のために用いることによってである。近代における自由の問題を解く鍵を政治経済学批判によって見出そうとするマルクスの試みと——マルクスに対する非常に鋭い異論の提起にもかかわらず——アーレントとの結果的には実りの乏しい対抗関係にも同様のことが当てはまる。今日、資本主義を民主的に統制できなければ、政治的自由は現実的なプロジェクトにはなりえないという洞察はかつてないほどの妥当性を備えているように思える。したがって少なくとも、実在した社会主義の崩壊のあとに、かつて失敗した政治経済学批判のプロジェクトをもう一度復興し、今度は近代における政治的自由の可能性についての新たな展望を開くことは不可能ではない。

注

（1）Hannah Arendt, *Über die Revolution*, München: Piper 1963.〔ハンナ・アーレント、志水速雄訳『革命について』、ちくま学芸文庫、一九九五年〕。

（2）アーレントによる生産的かつ批判的なハイデガー解釈に関しては、*Rahel Jaeggi, Welt und Person. Zum anthropologischen Hintergrund der Gesellschaftskritik Hannah Arendts.* Berlin 1997を参照せよ。
（3）Hannah Arendt, *Über die Revolution*, a.a.O., S. 362.
（4）こうした意味で、アーレントが語っているのは、諸権利（市民権）を持つ権利（人権）、つまり「法的市民」という地位をえる権利（人権）である。これは、ナショナリズムや全体主義の時代、とりわけもちろんナチによるテロルの時代における難民、国籍を失った人々、法的庇護のもとにないマイノリティの問題に対する彼女の答えである。以下を参照せよ。H. Arendt, »›The Rights of Man‹: What are They?«, in: *Modern Review* 3/1, 1949.
（5）A.a.O., S. 341.
（6）A.a.O., S. 344.
（7）以下を参照せよ。Hannah Arendt, »What is Authority«, in: *Between Past and Future*, New York 1977, S. 120ff.
（8）A.a.O., S. 118.
（9）*Über die Revolution*, a.a.O., S. 227.
（10）Dana Villa, *Arendt and Heidegger. The Fate of the Political*, Princeton/N. J.: Princeton Univ. Press 1996.〔デーナ・リチャード・ヴィラ、青木隆嘉訳『アーレントとハイデガー——政治的なものの運命』、法政大学出版局、二〇〇四年〕。
（11）たとえば、Seyla Benhabib, »Modelle des öffentlichen Raums: Hannah Arendt, die liberale Tradition und Jürgen Habermas«, in: *Soziale Welt*, Jg. 42/1991; 同著者の *The Reluctant Modernism of Hannah Arendt*, Thousand Oakes/London/New Delhi 1996, Kapitel 6; ならびに、とりわけハーバーマス自身の著書 *Faktizität und Geltung*, Frankfurt am Main 1992, insbes. S. 182ff.〔ユルゲン・ハーバーマス、河上倫逸・耳野健二訳『事実性と妥当性』上・下、未來社、二〇〇二・二〇〇三年〕。
（12）ハーバーマスのように、アーレントの概念をそれほどまでに性急に討議理論に同化させて論じることができるのかどうか判断を下すのは困難である。それが可能である根拠となるのが、民主主義原理を「討議原理と法形式の結合」からのみ導き出そうとするハーバーマスの試みである（a.a.O., S. 154）。他方で、それが困難であることを示しているのが、上記のハーバーマスの著書の第七章と第八章における「人民主権」、「熟議の政治」、「公共性」、そして「市民社会」の関係をめぐる入り組んだ考察である。ここではハーバーマス解釈に拘泥することは避け、以下ではこの問題に結論を下さないまま、私が重要であると考える点をできるかぎり直截的に論じることにする。

(13) 以下を参照せよ。Albrecht Wellmer, »Bedingungen einer demokratischen Kultur. Zur Debatte zwischen ›Liberalen‹ und ›Kommunitaristen‹«, in: *Endspiele: Die unversöhnliche Moderne*, Frankfurt am Main 1993, S. 70ff.

(14) この文章は、概念的、法的、そして制度的な点できわめて複雑な問題をひどく単純化した定式である。あらかじめ二つの誤解を取り除いておきたい。ひとつ目はここで世界国家という理念がもたらす誤解である。二つ目は人権の問題を最終的に解決するという可能性がもたらす誤解である。ひとつ目の誤解に関していえば、国民国家をモデルにして世界国家として考えられた「世界市民社会」は、アーレントがエッセイ「カール・ヤスパース——世界の市民」のなかではっきり述べたように(H. Arendt, *Menschen in finsteren Zeiten*. München/Zürich: Piper 1989, S. 100.〔ハンナ・アーレント、阿部齊訳『暗い時代の人々』、ちくま学芸文庫、二〇〇五年〕)、「あらゆる市民と政治の終わりを意味するだろう」という想定は真剣に受け止められるべき理由がある。世界市民社会をそもそも、近代における民主主義ならびに共和主義の伝統の「延長」として考えることができるためには、「国民国家か世界国家か」という二者択一が疑問に付されなければならないだろう。J・コーエンが卓抜かつきわめて明快な分析である「アーレントの共和主義のジレンマ」のなかで示しているように、こうした二者択一は、今日の人権問題の国際化と国家を超えた多様な次元の結び付きの形態によってすでに実践的に疑わしいものとなっている(Jean Cohen, »Rights, Citizenship, and the Modern Form of the Social: Dilemmas of Arendtian Republicanism«, in: *Constellations*, Vol.3, No.2, October 1996)。とりわけコーエンが明らかにしたのは、人権問題の国際化のなかには、特に人権保障という概念の多様化が含まれており、これが「たんなる」(裁判によって請求することのできない)人権と、国家によって保障された市民権という対立の構図を疑わしいものにしているという点である。現代の民主主義の法システムにおいては、そうした多様化(たとえば、「個別の共同体の構成員としての市民に付与されるべき諸々の権利、居住に伴う権利、そしてすべての人に付与されるべき諸々の権利」S. 179)はすでに様々な仕方で現実のものになっている。私は、この論文を書き上げた後になってはじめてコーエンの分析を眼にしたが、私がこの論文で行ったように、彼の分析は実に様々なかたちの人権問題という観点からアーレントの共和主義にひそむ「特殊主義」に疑問を投げかけている。二つ目の誤解に関しては次の点を思い起こすべきだろう。人権の理念は、それ自体としては決して法的な実定化や制度化を具体的に先取りしているわけではなく、まさにそれゆえに、原理的にはその解釈や実現をめぐる終わることのない争いを免れることはできない。人権の理念は、民主的討議という媒体において繰り返し新たに法的に実定化されなくてはならない規範的地平を表しており、この規範的地平は、特定のいかなる法的実定化をも超えた地点を指し示すとともに、繰り返しそれを批判的に越え出ることを要求し、またそれを可能にする。したがって正しく理解すれば、人権の理念は目的論的な最終形態を認めない。それにもかかわらず、当然ながら根本的な法原理として人権の理念が組み込まれた法システムをそれとは異なる法システムから区別することができるのである。その意味で、「すべての人の人権と市民権が社会正義に適った方法で保障される」世界市民社会について語ることもまた、疑いようもなく意味のあることなのである。人権の解釈と法的な実定化の問題に関しては、A. Wellmer, »Menschenrechte und Demokratie«, in: S. Gosepath/G. Lohmann (Hg.), *Philosophie der Menschenrechte*. Frankfurt am Main: Suhrkamp 1998 (im Erscheinen) を参照せよ。ところでJ・コーエンは、上記の論文のなかでクロード・ルフォールにふれて、解釈と法的な実定化の必要性を指し示す人権の理念の不確定性という要素こそが、人権の言説に超越的で創造的な政治的力を与えていると指摘している (a.a.O., S. 183f.)。

(15) Jürgen Habermas, »Reconciliation Through the Public Use of Reason: Remarks on John Rawls' Political Liberalism« und John Rawls, »Reply to Habermas«, in: *The Journal of Philosophy*, Vol. xcii, No. 3, März 1995.

(16) 注9と注10を見よ〔おそらく注11と注12の誤り〕。

(17) これについては、以下の文献が説得的である。Richard Bernstein, »Rethinking the Social and the Political«, in: *Philosophical Profiles*, Cambridge 1986, insbes. S. 248ff.

(18) これについては以下を参照せよ。Albrecht Wellmer, »Bedingungen einer demokratischen Kultur. Zur Debatte zwischen ›Liberalen‹ und ›Kommunitaristen‹«, in: ders., *Endspiele: Die unversöhnliche Moderne*, a.a.O., S. 61ff.

(19) Hannah Arendt, *Über die Revolution*, a.a.O., S. 227.

(20) A.a.O., S. 303.

人権と主権 ——二律背反か？——（1）

ハウケ・ブルンクホルスト
（寺田俊郎訳）

【ブルンクホルスト論文への助走】

基本的人権と人民主権ないし民主制がともに謳われている憲法に親しんでいる人々には、人権と人民主権が相容れないという主張は奇異に聞こえるかもしれない。日本国憲法もそのような憲法である。しかし、ブルンクホルストが本論で指摘しているように、有名な全体主義論（『全体主義の起源』）のなかでハンナ・アーレントは、一八世紀においては基本的人権と人民主権が相互に前提しあっていることは自明だったが、それらがひとつの立憲国家のなかで両立しなくなることを指摘し、それを「人権のアポリア」と呼んでいる。

このように論じるとき、アーレントが念頭においているのは、二〇世紀前半のユダヤ人をはじめとする、国民国家による保護を失った無権利者たちのことである。これら無権利者たちは、国民国家の一員としての権利をすべて剥奪され、いわば基本的人権しか残されていない人々であるが、その彼ら・彼女らには、その基本的人権さえ保障されず、いわば自然状態のうちに捨て置かれている。国際連盟のような国際機関も民間の人権団体も、無権利者たちの権利を称揚することはできても、それを保障することができない。無権利者には「諸権利を求める権利」すらないのである。このような事態の下では、基本的人権とは空虚な理念でしかない、とアーレントは論じる。

このような事態が生じた理由のひとつは、アーレントによれば、今やひとつになった地球が国民国家〔nation-state〕に覆われていることである。国民国家は国民の権利を保障する義務を負うが、それ以外の人々の権利を保障する義務はない。国民国家は原理的に自国民以外の人々を排除する。こうして排除された人々が失うのは、国民の権利の保障のみならず基本的人権の保障でもあるのだ。このような事態が過去のものでないことは、何らかの事情で難民になった人々の現状を見ればわかる。アーレントの念頭においている時代よりも、難民をめぐる国際条約が整備され、難民を援助する国際市民団体の数も規模も大きくなっている今日においてすら、難民の基本的人権は十分に保障されない。

この基本的人権と国民国家の非両立的関係は、様々な解釈を許すだろう。一方では、基本的人権は、原理的には、あらゆる人々に認められるべきものだが、現実的には、国民国家しかそれを保障するものが今はない、とも考えられる。それならば、国民国家に代わってそれを保障する制度を創出すればよい、という主張も出てくる。しかし、他方では、基本的人権とは、原理的に国民国家によって保障されるものだ、とも考えられる。なぜなら、基本的人権が国民国家によって保障されないかぎり効力がないということは、それが、国民（市民）の権利一般と同じように、国民国家によって実定的に制定されることによってはじめて存在するようになる、と考えられるからだ。

後者の解釈は、アーレントも考察している次のような事情によって支持される。基本的人権は、神が人に与えたものでも、自然が人に与えたものでもないとすれば、人が人に与えたと考えるしかない。人が人に人権を与える方法は、人々が相互に人権を承認しあい、それを保障しあう契約を結んで国家を形成する、という方法しかないのである。そうだとすれば、基本的人権は原理的に人民主権に従属することになる。

このような基本的人権理解に対して、ブルンクホルストは、近代ヨーロッパの政治哲学の主要理論を、ボダン、ホッブズ、ロック、ルソーと辿りながら反論を試みる。主権という概念はローマ法の概念に由来するものだが、ボダンはその主権を、中世的な君主の使命である指揮権と裁判権ではなく、立法権に見ることによって近代的なものに改変した。しかし、主権者の立法権はつねに神の法と自然の法という二つの法に合致していなければならない以上、主権は絶対的ではない。主権者によって制定される制定法は、主権者の恣意を制限する一定の正しさの規準に服しているのだ。それに対して、ホッブズは、神の法や自然の法といった超越的な法と制定法との区別をなくし、制定法のみを法とした。これは制定法を立法する者の主権を絶対化するものに見えるが、そうではない。ホッブズは、思想の自由と生の維持を、主権の及ばない個人の基本的権利として認めたのである。ロックはさらに主権を制限し基本的権利を拡張する形で両者を結び付け、その構想は一八世紀のアメリカ独立宣言に結実する。しかし、決定的なのは、フランス人権宣言に結実したルソーの構想である。

人間は、自然状態において享受していた自由を、市民状態に入ることによって失う、とルソーは考えた。人間が市民として自由を享受することができるとすれば、それは、制定法の創り手であると同時に受け手であることによるしかない。市民が自ら主権者として立法すると同時に、そうして制定された法に束縛されるという論理構成をとることによって、自然状態における自由は、市民状態において部分的に回復されるのである。しかし、市民の立法が正統性をもち、「一般意志」であるためには、立法する市民の平等と独立が保障されていなければならない、とルソーは考えた。ここに、人民主権と基本的人権は相互に前提しあうことになる。繰り返しになるが、市民は、自ら主権者として立法することによって自由を享受するが、正統的に立法するためには個々の市民の平等と独立が保障されていなければならない、ということである。しかし、民主的な正当な手続きによって制定された法が正統性をもつには、さらにもうひとつの条件が満たされなければならない、とブルンクホルストは考える。それは、市民が制定法を修正することができるということ、言いかえれば、主権者が思考錯誤を通じて学習する主体として立法に参加することである。このような可謬主義的な立場は、ルソーの立論において示唆されてはいるが明示的には述べられておらず、それはカントに至っても同じである。

以上の議論によって、ブルンクホルストは、人民主権ないし民主制と基本的人権が相互に前提しあうことを、説得力をもって示していると思う。しかし、それは、アーレントの「人権のアポリア」に解法を与えたことになるのだろうか。ブルンクホルストは、人民主権の主体があくまで個人であり、国家形成以前の民族などの集団ではなく、民族の自決権と混同されてはならないと指摘している。これには同意できる。しかし、ここでも前提になっているのは、基本的人権を持つことと国家市民であることが等根源的であるということである。国家市民以前の人間としての権利は、誰がどのように保障するのか、という問いには答えられていない。というよりも、実は、人民主権ないし民主制と基本的人権が相互に前提しあっているからこそ、「人権のアポリア」が生じるのではないか。

さて、最後に訳語について一点だけ説明しておく。原文では日本語の「法」に当る言葉として„Recht"と„Gesetz"が使われている。簡略に言えば、„Recht"は抽象的な法の原理および日本語の「権利」を指し、„Gesetz"は具体的な法の規定および「自然法則」などという場合の「法則」を指す。その違いを表すために、前者を「法」後者を「法律」とすることも考えたが、„Gesetz"の「定められたもの」という原意を生かして、前者を「法」、後者を「制定法」とした。ただし、„Gesetzgeburg"およびその関連語は、一般的な訳語に従って「立法する」「立法」「立法者」「法制定者」とした。

一八世紀は近代的な憲法革命の世紀だった。その革命のなかで人権と市民権が宣言され、法が民主制に結び付けられた。それは、アメリカのいくつかの州で始まり、それらの州が統一された後も続いたが、憲法革命をもとに戻ることのできない事実にした真に劇的な出来事は、一七八九年のフランス革命だった。憲法制定を求める声は一九世紀を支配し、民主制と人権を保障するという憲法の約束の履行を求める声は二〇世紀を支配した。その動きは一七八九年から一九八九年まで絶え間なく続き、その後も終わる見通しはなく、それに代わるものも見当たらない。グローバル化の冷たい風に吹かれても、民主制と人権に向かうユートピア的な希望は色褪せなかった。

ハンナ・アーレントがその全体主義論で書いているように、一八世紀には「人民主権と人権という二つのものが、相互に制約しあい、相互に保証しあうことは、ほとんど自明のことであった(2)。」遅くともバンジャマン・コンスタンの古代人の自由と近代人の自由に関する影響力のある研究以来、繰り返し主張されてきたのは、そのような相互的な保証はもう失効しているということである。ハンナ・アーレントは、人権と民主制がひとつの憲法秩序に統合されたときに明らかになる、人権のパラドックスについてすら語っている。私は以下でこの見解に異論を唱え、人権と人民主権は相互に制約しあい相互に保証しあうことを、示したい(3)。

すでに絶対主義的な主権概念からこの連関を認識することができる。主権は、princeps〔元首〕・majestas〔主権〕・auctoritas〔権威〕・potestas〔権力〕・imperium〔支配〕などのローマ法の概念の根本的な再解釈ないし新解釈に基づく近代的な概念である。王は神の法をただ適用するにすぎないが、その神の法は、政治的主権者を法の源泉とする法学的な主権の理念にとって代わられる(4)。ボダンは主権の概念を一貫して実定法に結び付け、主権の核心を立法権限として規定する(5)。それは新しいものである。というのも、それまでは支配者の最も重要な権限は、軍の指揮官の権限とならんで、裁判官の権限、つまり世俗の最終審級の権限だったからである(6)。いまや支配者は唯一の立法者であり、立法が彼の最も重要な課題であり、法は、専門家に依存しなければならない実定的な、つまり可変的な諸規程の体系であって、つねに新しい状況に適合しなければならない(7)。言うまでもなく主権者は正当な法を生み出さなければならず、ボダンの見解によれば、主権者にそれができるのは神の法則そして自然の法則を遵守する場合だけである。それらの法則に主権者は拘束されており、主権者は最後の審判の前に立つときそれに対する責任を問われることになる。ここでもなお、ボダンは、よき支配者という古いヨーロッパ的な教説に従っている。制定法（lex）〔法則〕ではなく法（jus）に主権者は縛られ、そのさい法と正当なこと〔justum〕はまだひとつのものと見なされている。憲法の必要性はない。なぜなら、古い法則の上下関係がまだ健在であり、正統化要求は、有限な世俗の主権がキリスト教の神の無限の主権に結び付け直されることによって、満たされるからである。

　とすれば、ウルピアヌスの命題「元首は制定法〔法則〕に拘束されない〔princeps legimus solutus est〕」が現実に妥当するのは、ホッブズが初めてだということになる。[8] ホッブズは、実定法と、超実定法、神の法、自然の法との区別をなくした。つまり「正当でない制定法はない。[9]」しかし、ポイントはここでもまた、主権者はそれによって自分の主要な仕事である実定法の制定と改訂に関して自由になるというところにある。[10] ホッブズ的な国家においてはすべてが偶然的である。政治が行われるに先だって、高次の権力による指図が秩序を与えることはなく、社会の上や外に立つ神や自然の審級は、何が正しく何が誤りであるか、何が正当であり何が正当でないか、何がよい生であり何がよくない生か、を確定することができない。社会契約によって自然状態から抜け出した社会は、まったく自分自身に依拠しており、市民ないし市民の委託を受けた主権者が欲することが、あらゆる制定法の唯一の源泉なのである。

　しかし、ボダンはいまだにローマ法との関連で、制定法ということで主権者のあらゆる任意の指図を理解していたが、ホッブズは違う。たしかに、質料〔内容〕の面では、ホッブズ的な主権者の法的法則はさらに上位の法によって制限されないが、その働きを限定する特定の形式に縛られる。制定法は思想、意識と願望、意図と心術の内面的領域から厳格に分離されている。制定法の内容は主権者にとって自由であるが、形式はそうではない。制定法はただ外的な行為にのみ関係し、主権者はただ制定法のみを通じて支配する。さらに制定法は禁止から成る。それは道徳的義務を含まない[11]。すでにそこから一連の非明示的な権利が生じる。制定法はただ公的な信仰告白を、たとえばパンは〔イエスの〕肉、ワインは〔イエスの〕血という公的信仰告白を強制することができるだけであって、それに対する信心を強制することはできない。いまや人はよき市民でありながら、内心では国家全体とその形而上学を軽蔑することができるのである。意識の自由空間のなかで、人は無神論者だろうと無政府主義者だろうと何だろうと、好きなもの、正しいと思うものであってよい。思想は自由なのだ[12]。これがホッブズの第一の基本権である。それゆえ、カール・シュミットは一九三〇年代に、ヨーロッパ的国家の内的退廃の罪をホッブズに着せたのである。それは権威主義的な国家思考の悲劇だとシュミットは解釈したが、それは悲劇ではなく、ホッブズの自由主義のひとつの帰結なのである[13]。ボダンがなおも熱狂的に異端審問を正当化しているのに対し、ホッブズにあってはこのような手段は締め出されている[14]。リヴァイアサンの第二の基本権も、制定法による支配および法と道徳の厳格な分離という原理から導かれる。制定法が禁止しないことは許容される[15]。これもまた新しいものであり、制定法がなくても市民的徳を法的拘束力のある義務とした古いヨーロッパの伝統から断絶している。要するに、そこには人格の自由という主観的権利が含まれているのであり、ホッブズはこの自由権の市民的、所有個人主義的な風貌をくっきりと際立たせたのである[16]。

つまるところ、ホッブズによれば、主権者の権力が及ばないひとつの自然的人権があるのだ。それは生への権利である。社会契約の唯一の目的は、あらゆる個々の市民の生を保護することだからである。法的に保障されるべき生の保護ということでホッブズが理解しているのは、古代の哲学者の「よき生」よりはるかに小さいが、しかし同時にただの生よりもはるかに大きなこと、つまり、政治とは関係のない「快適な」生であり、それには、「適法的な努力によって獲得された財」が属している[17]。そのような生を主権者がもはや保障することができなくなれば、契約を履行する義務は消滅し人間は自然状態に戻る。契約は拘束する〔Pacta sunt servanda〕。なによりもまず市民に制定法を遵守することを強要するのは——しばしば当然視されているのとは違って——恐怖ではなく理性である。

つまり、自身の熟慮による自身の決定である。個々の市民はつねに別様に決定して、遵守を拒むことができ、そうすれば（自身の選択によって）犯罪者や反逆者として（あらゆる自然権をもったまま）自然状態に戻ることになる。もちろん、そのときその市民は、自分に優越する敵対者に、つまりリヴァイアサンに直面していることがわかる。しかし、これは反逆者にとっては社会的な、実定的な法的権力ではもはやなく、多くの自然的威力のひとつにすぎない(18)。

臣民の生への権利を他のあらゆる自然的権利と交換するこの信約は、主権者に、その権利を強制力のある、〔違反があれば〕訴えることができる制定法によって保護することを要求する。主権者が私に死刑の判決を下すならば、社会契約は解消し、私はあらゆる手段を用いて自分自身を守る自然的権利をもつ。主権者は私の隣人の斬首に協力するよう私を強制することはできるが、私自身の斬首に協力するよう強制することはできない、とホッブズは言う(19)。私は逃亡する権利をもっている。同じことは戦争において死ぬ危険にさらされる場合にも当てはまる。ホッブズ的な国家は平和的な市民のために創られた国家であって、軍事的な英雄のために創られた国家ではない。自由意志に基づいて制定法を自分自身に執行するソクラテスのような行動は、もはや政治的徳の極みではなく自己を見失った愚かな行為と見なされる。自己利益は共同体の利益と同様に重要であり、トマス・ホッブズの理想国家においては、前者は後者と一致さえするのである。ホッブズにおいては、諸権利、実定法、主権は統一体を形成する。もちろん、それに加えて憲法秩序は必要ない。というのも、人が諸権利をもつのは、社会の境界を自然状態へと踏み越えたところにおいてでしかないからである。つまり、

（a）戦争状態において、

（b）自身の頭のなかで（あるいは、すでにホッブズが社会から分離したものであるが――今日風に言えば――「心理的システム」において(20)）、

（c）社会の内部において制定法の介入が終わるところ、つまり、制定法が市民に利益を任せ、国家によって囲

われた自由空間において。これを後にヘーゲルは古いヨーロッパの「市民的ないし政治的国家 civitas civile sive politice」と区別して「市民社会」と呼んだ[21]。

ボダンがなおも自然法を社会と社会の主権者に先行し優越するものとして秩序づけたのに対して、ホッブズにおける社会契約の機微は、契約によって自然法と実定法がひとつになるところにある[22]。法〔jus〕と制定法〔lex〕の差異は制定法の単独支配によって消滅する。権利ないし権利の原型は、ホッブズの場合、実定法を媒介とする社会の自己組織化から生じる。それらは主権的制定法支配に含意されているものである。主権は絶対的な「抵抗できない権力」（カント）である。しかし、主権は制定法に妥当性を与えることしかできない。ホッブズによれば、制定法に反する主権は存在しえない。理想的なホッブズ的国家は純粋な法治国家である。その国家の鋭い牙の働きは合法的に制定され、公共的に告知された制定法によって縛られている[23]。自然状態においては制定法がないので個人は他の個人と互いに牙を剥きあうが、国家は自らの牙をそのようには使用することができない。このような制定法支配の国家的形態が及ぶ範囲は、外的に観察可能な社会的コミュニケーションに限定されている。その限界は、社会の内部における固有の複雑性にある。というのも、制定法の支配はつねに高度に選択的であるからだ。実定法のこの選択性は不可避であり、実定法の可能性の社会的制約である。古代のアテナイやローマの市民の政治的「エートス」が彼らの生全体に関係していたのに対して、リヴァイアサンにおける制定法の介入は市民の生のごく一部に限定されている。そのうえ、主権者の法的支配は外部に対して限界がある。制定法の支配の限界は、社会を自然、生命、意識、心術から分かつ境界である。市民の心術はホッブズ的国家にとっては世界の反対側の小国と同様に無関係なものなのである。

今日ではハーバーマスとルーマンが、主観的権利ないし古典的自由権はすでに実定法ないし「法のコード」の形式に属しているというテーゼを異なった形で主張している[24]。法のコードに服する（ないしそのなかに生まれた）市民は、それによってあらかじめ、思想の自由、移動の自由などへの平等な権利を相互に認めあっている。厳密に言えば、この思想はすでにホッブズの『リヴァイアサン』に見られる。それは偶然ではなく、ハーバーマスとルーマンのテーゼを早い時期に検証するものとして読むことができる。（ホッブズやその同時代人たちのように）法の完全な実定化がかなり進んでいる社会にいるならば、そして実定法の概念をあらゆる重要な帰結について説明することができるならば（ホッブズは同時代人たちのなかでもそれができる数少ない人の一人であり、スピノザがもう一人である）、主観的権利に出会うのである。そうして、実定法の支配は、二つの準構成的前提が満たされる場合にのみ機能するということを認識するが、これは『リヴァイアサン』の本来の認識である。つまり、法を拘束力のあるしかたで変更したり新しく制定したりする主権の審級、およびそれなくしては（道徳から分離されている、公共的に告知されている、高度に選択的である、平等な扱いを保証する、などの特徴をもつ）実定法が存在しないであろう、核心的な主観的権利という前提である。

　ボダンが構想し、ホッブズが、古い自然法的な上部構造がなくなったがゆえにいっそう先鋭に構想した、主権と自由権の連関は、ロックとルソーを範例として国民主権の理論のうちに、そしてイングランド、アメリカ、フランスの革命の環境のなかで、非常に明確に姿を現した。ジョン・ロックの種子はアメリカの、ルソーの種子はフランスの革命のなかで開花するだろう。

　ロックは即座に――イングランドの革命的議会主権の精神に従って――人民を主権者の地位につける。[25] 人民は国家のうちで最高の権力、つまり、古代ローマの populous〔人民〕の »summa potestas〔最高権力〕« を持つが、自らの上にローマの元老院のような法を超える、法の外部にある審級をもたない。古代ローマでは、元老院は権力をもたず、»potestas〔権力〕« をもたなかったが、あらゆる »auctoritas〔権威〕« を持ち、市民的徳と結び付けられた権威はどの制定法よりも強力だった。元老院における裕福な徳のある達人たちの高次の権威づけがなければ、人民集会における正統的な決定は完全なものになりえなかった。善意に満ち考え抜かれた長老の勧告、つまり »senatus consultum〔元老院最終勧告〕« に誰もあえて異議を唱えようとはしなかった。遅くともホッブズ以降、国家法において人民は別物になる。(26) 国家法は権威と権力を同一化し、そうすることによってあらゆる権威を立法の手続きに結び付け、その概念を有徳な卓越性から切り離す。正統性と合法性は同じ源泉から湧き出る。それが有名な命題「真理ではなく権威が制定法をつくる〔Auctoritas non veritas facit legem〕」(27) の意味である。ここからロックは自身の人民主権という考えを継承したが、そこではさしあたり財産〔所有物〕をもつ人々だけが人民に含まれる。「裕福な生活を送る人だけが選挙を許される。(28)」ボダンやホッブズと同じように、制定法の権限が主権の核心であり続けるが、すべてを規定する最高の権力は二つの主要な機関に分解される。立法権と執行権が分けられるのである。モンテスキューは、それに、主権の第三の機関、つまり独立した司法を補うことになるだろう。(29) ホッブズの場合と違うのは、ロックにとっては市民がたんなる人間の自然状態から市民的な法の共同体に移行することによって救い出すことができるものは、生だけでなくもっと多くのものだということだ。法的な安全状態において、市民たちには生以外にも自由や所有などの大切なものが残る。しかし、ロックの自然権は、成文化された憲法の一部として構想されているのではない。虚構の社会契約が——ホッブズの場合と同じように——その唯一の基盤である。個別的な法益はあるが、それは「法的に差異化され、定式化され、目録化された」諸権利とは遠く隔たっている。(30) しかし、国家や社会にあらかじめ与えられ、それゆえあらゆる正統的な国家設立の根底になければならない普遍的人権がある。

一八世紀になって初めて、ルソーおよびアメリカとフランスの革命において、人権と人民主権の緊密な、内的な連関が明るみに出たが、ハンナ・アーレントは、冒頭に引いた一節のなかでそれに言及している。ロックからルソーへの移行は、ボダンからホッブズへの移行に似ている。ただ、今回は君主主権ではなく人民主権が問題である。

主権概念をそれに優越する自然法や理性法から分離することのポイントは、次のことにある。市民および人間の権利がいまや完全に制定法の支配という概念と立法の手続きから導出されねばならない、ということである。ある個人がもつ主権がすべての人々の名においてあるいは代理で支配するのではもはやなく、すべての市民の様々な利害、意図、熟慮が立法的な一般意志において調整され両立可能にされなければならないのだから、立法の入力ページにおける規範的要求は高まる。それは統制的理念の性質を持つようになる。あらゆる人々の平等な自由はいまやはじめから保証されなければならず、しかも平等を保障する手続き規範 pouvoir constituent（憲法制定権力）ならびに――それに基づいて――通常の制定法（pouvoir constitué 制定された権力）を共同で生み出すために、保証されなければならない。その円環は自己言及的に閉じており、せいぜい弁証法的な螺旋をモデルとして思い浮かべられるだけである[31]。まず（実験的な）手続きの提案（憲法）が行われ、それに基づいて憲法規範が確定され、それによって通常の立法において（肯定的または否定的な）経験がなされ、それを契機としてふたたび手続き規範が修正される。このような理念の兆しはすでにルソーの人民主権の手続き化に見られ、その最初の実験は――ジョン・エルスターの興味深い分析が示すように――一七七六年フィラデルフィアおよび一七八九年パリの憲法制定全国集会である[32]。ルソーのポイントは、自由権と人民主権が相互に含意しあい支持しあうというところにある。それは個別的にはどのような権利か、その権利は内容的にどのようなものか、人民とは誰かは、時の経過にのみ、つまり歴史的な学習過程にのみ、依拠している。契約論においては、あらゆる任意の共和国の基礎である、人民とその権利の普遍的概念が問題である。

　人間は自由なものとして生まれるが、あらゆるところで鎖につながれている、とルソーは言った[33]。鎖が人間を市民にする。というのも、その鎖は、人間の自然的自由を制限する制定法だからである。自然的自由は人間の権利であり、制定法による拘束は市民の日常である。そして『社会契約論』が答えなければならない問いは、鎖が人間の権利、つまり人間の自然的自由と両立し続けるためには、鎖をどのように鍛造すればいいか、である。それがうまくいくのは――とルソーは答える――人間が、自分を拘束する制定法を、市民として自分自身に与えるときだけである。合法性を通じて正統性に到達することができるのはどのようにしてか、という新しい国家法の謎は、すでにホッブズに生じていたものであり、ホッブズはそれを、一方的に正統性を犠牲にして解決したが、ルソーは、市民的法人格を創り手と受け手の役割に分解することによって、解決する。同一の人格がひとつの役割においては制定法の創り手であり、また別の役割においては制定法の受け手であることによって、正統性は合法性を通じて到達可能である。(34) このような理論構成がもつ人権にかかわるポイントは、一七八九年の宣言によって明確に表現された。制定法の創り手として、人間は市民状態〔status civilis〕において、自然的自由の一部を自ら保障するのである。他ならぬこのことを、一七八九年に初めて遂行された人権と市民権の厳格な分離は表現したのである。『社会契約論』でルソーはすでに次のように説明していた。人間は人間全体の自然状態を法的自由の状態において回復することはできないが、立法する創り手の立場によって自然的自由を部分的に取り返すことができ、そのような人間の自由が市民状態のなかでどの程度まで実効的であるかは、もっぱら市民自身に、つまり市民の参加、意志、運・不運にかかっている。(35) このような理論構成によって、市民状態における人間と市民の差異がふたたび、今度は制定法の創り手（citoyen）と受け手（subjet/bourgeois）として導入される。最近のシステム論の言葉「リエントリー〔re-entry〕」はそのような意味である。選挙権を持たない（Autor ではない）からといって、権利を持たない（Adressat ではない）わけではない。それは、市民状態が持っている人権にまつわる核心的含意であり、市民社会には、ことのはじめから、排除された人々や法の保護を受けない人々のために「扉を開くもの」としての人権の包摂的機能が認められるのである。(36)

人間は変えられない、変えることができるのは制定法だけである。これもまたルソーの命題である。(37) ルソーは政治的思考および共和的思考の古典的伝統を逆転させる。アリストテレス、キケロー、そしてトマス・アクィナスも、人間を改善し教育し制定法をできるだけ変えないことが重要だという見解だった。人間を古く正しい法、古く正しい道徳に従って教育する公共体が最善だというのである。ルソーは、文化批評者としてはこの立場にロマン主義的な共感を寄せるが、国家理論家としてはホッブズと同じように、制定法はもっぱら実定法であり、したがって変更可能であるということから出発する。制定法を人間の自由と一致可能にするためには、制定法に服するもの自身が制定法を変えなければならない。制定法の内容ではなく、誰がどのようにそれを成立させるかが問題である。もはや君主ではなく人民が主権者であり、つまり制定法の独立した創り手であるとすれば、必然的にあらかじめ次のことが確定していなければならない。すべての個々の国家市民は立法する際に平等な権利をもち、誰か他の人の意志から独立に出番を与えられるということである。

人民主権の基礎は、具体的な政治社会がまずあってそこから生じる集合意志ではなく、すべての個人の意志である。法の共同体は個人を集合体による圧倒から保護しなければならない。すべての人々を平等に拘束する制定法を決定するためには、個人はできるだけ相互に独立していなければならない。それはルソーにとってはすべてを決定する重要な点である。ルソーはこの思想を根本的に個人主義的に理解していた。ルソーは書いている。「市民相互の間にいかなる束縛もないとすれば、人民が十分な情報を与えられたうえで決定するかぎり、多数の些細な相違から一般意志が生じ、決定はつねによいものであろう。[38]」「いかなる束縛もない」――もちろんここにはルソーの自由の理想、つまり一七五五年の『不平等起源論』の孤独な自然状態が容易に見てとられる。しかし、それは民主制理論上のポイントではない。民主制理論上のポイントは、むしろ、決定のプロセスにおいて市民ができるだけ他の市民の意見や意志から独立に決定すべきであり、さらにすべての市民が重要な情報にアクセスできなければならないということを確保する規則にある。それを「各人がただ各人自身の意見のみを代表し」それに基づいて決定することを保証する憲法規範として理解することができる。[39]そうすれば人は次のことを根拠に基づいて希望することができる。結果が、圧力、操作、脅迫、恐喝の下で、つまり他律的な条件の下で達成されるものよりもよいこと、つまり、ルソーが接続法で表現する「決定はつねによいものであろう」ということである。その接続法は人民主権の可謬主義的な理解に道を開くが、それはルソー（とカント）にはまだ馴染みのないものだった。各々の事実的な決定は誤りである可能性があり、それゆえ修正のきっかけになる可能性があるのである。

立法の手続きは、各人の平等な独立性が確実に保障されるようにしなければならない。制定法は、立法の手続きがそのような独立性を実現する度合いに正確に応じて、それ自身一般意志〔volonté générale〕としての正統性をもつ。各人自身の熟慮に基づいて各人自身の決定を下す平等な自由は、社会契約〔contract social〕の唯一の基本権である。その平等な自由はいまやもう——ホッブズの場合のように（上述参照）——社会から出て自然状態に戻ることはない。むしろそれは、社会契約によって政治的、法的に制度化された自由と同じ自由であり、〔制定法の〕個々に独立した創り手であることの自由なのである。それゆえ、ルソーは、有徳な共和主義者に投票を公開し秘密選挙を拒否することを求めたキケローに対して反論する。それは、古代の、ポリス的な、今日で言えば共同体主義的な自由理解の精神であった。それに対してルソーは秘密選挙を主張する。なぜなら、ルソーは基本的に異なる、根本的に個人主義的な自由理解をもっているからだ。[40] 人間の自然的自由を市民的制定法の鎖と両立可能にするのは、ひとえに国家市民の権利を行使する権限である。個人化された国家人民が自身に与えた制定法は「自由の現実存在」（ヘーゲル）である。この意味で、そしてこの意味でのみ、よく誤解されるルソーの命題は言われている。人間を「自由であるべく強制し」なければならない。制定法に服するあらゆる人々が立法に参加すること——それは古典的な共和主義的な要素である——は自由によって保障されるが、その自由は古代人の自由ではなく、近代人の自由である、つまり個人の自由である。[41] バンジャマン・コンスタンはそれを誤解したので、人民主権は近代の自由権とは両立しないと説明した。[42] 同じ誤りは後のハンナ・アーレントにも、しかしまたカール・シュミットにも見られるが、二人とも民主主義と自由主義を両立不可能だと見なしている。

　ルソーは「全体の全体に対する関係」ないし「主権者の国家に対する関係」を支配する「国家法〔Gesetz 制定法〕」ないし「基本権」を、他のあらゆる制定法つまり「市民法」から区別している。（そして後者をさらに——つねに道徳と法を厳格に区別しつつ——〔違反があるときに〕法的に訴え強制することのできない「心の掟〔法則〕」から区別している。）[43] そこにひとつの憲法秩序への兆しを見ることができる。しかし、憲法秩序の真の歴史は一七八九年にようやく始まる。〔それ以前にも〕北アメリカのいくつかの州の先駆的事例はある。しかし、フランス革命の国民国家ほど個人の基本権を尊重する考え方が範例的な「先鋭性と根本性」に達したところは、他にはない[44]。大西洋の向こうの先駆者たちに学んだとはいえ、二つのフランス〔人権〕宣言の平等主義と個人主義は、アメリカの〔人権〕宣言の平等主義と個人主義よりもはるかに鮮明である。最初は法的拘束力のないたんなる宣言にすぎなかったものが、公衆によって言質をとられ、それからひとたび制定法のテキストとして成立すると、最初は民主制国家の内部で、それから第二次世界大戦後にはさらにリージョナルな規模およびグローバルな規模で、国家間レベルおよび超国家レベルで、次々と〔違反があるときは〕訴えることのできる実定的な法へと変貌したのである。それゆえ、国内的には、実定的な市民権と人権は民主的主権者が形成されている度合いを示す尺度である。人権と民主主義が相互に正統化しあう円環的プロセスは、事実としては、日常的な、時として非日常的なこともある、憲法を制定する仕事になったのである。正統性を合法性に結び付けるものは、民主的な手続きの公正さが制定法の正統性として現れるという、反論可能で修正へと開かれた推測である。そして、そこで現れることは、公共性の光に照らされて、そして討論の前進によって現れる。その討論がうまくいき、十分公開的にそして公共的に遂行されれば、誤りが認識されよりよい問題解決を生むだろう。人民は、ただ学習する主権者としてのみ、自らに与える制定法の正統性を保障する。それは、学習過程の失敗、学習の頓挫、教条主義化、逆の学習過程つまり退行や回り道を排除せず、包含する[45]。そうするとルソーの命題から可謬主義的な立場が生じる。つまり、人民が自らに痛みを与えることを欲すれば、誰もそれを妨げる権利はない。しかし、逆に、人民が自身に加える苦痛から学ぶこと、そして時とともに自分に責任がある未成年状態から自らを解放することは妨げられるべきではない。

　近代の憲法はたいてい基本権を規定する部分と組織を規定する部分に区分される。カール・シュミットの一九三二年の反論に抗して強調しておかなければならないのは、民主制法治国家においてはこれら二つの部分の間には上下関係があってはならない、ということである[46]。

　上下関係があるとすれば、（権利を優先して）民主制がないか（「人民」を優先して）権利がないかのいずれかである。基本権を規定する部分がその中心において主観的権利を定義するのに対して、組織を規定する部分は社会が民主的に自己組織化するための制度的な原理と規範を含む[47]。基本権もまた実定的な、より高次の正統化をもたない法的に明文化された権利である。それはただ次の点で他の権利から区別される。それがよく守られ、多くの個々の部分ではつねに変更され、新たに解釈され、急速に変化する社会の新しい情勢に適応させられなければならないとしても、基本的には、これまで批判の炎に耐え抜いてきたという点である。しかし、基本権もまた実定法であり、より高次の正統性ではなくもっぱら合法性を与える。憲法制定権力は、場合によっては、憲法革命という究極の手段〔*ultima ratio*〕に訴え、レトリック的に「永遠の価値」として保証されているものを、時間性の内に戻すことができる。それはよりよい結果に至ることもあるが、より悪い結果に至ることもある。というのも、「人民」もまた歴史上の重要人物にすぎないからだ。われわれをルソーとカントから、それどころかヘーゲルとマルクスからも分かつのは、とりわけこのような可謬主義的で歴史的な洞察である。

もちろん、それは、人民は自分の好きなことを、たとえそれが多数派の好きなことであったとしても、何でもすることができる、ということではない。ルソー（そして続いてカント）がホッブズの教説との関連で論じるのは、民主的な主権者は法の形式に拘束されるということだ。その主権者はただ制定法だけを与えることができ、実定法のきわめて要求度の高い形式に適合するのは制定法だけである[48]。すでに見たように、この原則から、すでにホッブズに見られる実定法と主権の内的な結合によって、市民的自由権の核心部分が明確になる。こうして見れば、ハーバーマスも、次のようなテーゼを主張する際に、一六世紀の政治哲学にまで遡るひとつの理念を明らかにしているにすぎないことになる。実定法を手段として自分たちの関係を正統的に規定しようと欲する市民は、特定の「基本権」を相互に「認めざるをえない」[49]というテーゼである。しかし、そのような規定は、コミュニケーションを通じて再生産される社会においては、ただ民主的である場合にのみ正統的でありうる。制定法が該当する人は誰も、参加から、つまり制定法を変更する可能性から、排除されるべきではない。このように制定法、権利、民主主義の円環は閉じている。市民が自分たち自身を制定法によって相互に拘束しようと欲すれば、平等な自由という基本的権利を相互に認めあう場合にのみ、各々の制定法が該当するあらゆる人々にとって受容可能なしかたで、そうすることができる。しかし、それを、あたかも実質的な超実定的規準があって、それが歴史的に変遷する実定法の解釈と発展のなかで十分満たされることもあれば満たされないこともある、という風に思い描いてはならない。(50)むしろ、どこまでも道徳的－批判的機能（たとえば閉じられた社会を開くという、つまり型にはまった「支配的憶見」を解明し改訂するという機能）があって、それに照らしてつねに内容的に等価な新しい機能が実現される、ということが念頭に置かれるべきである。(51)この機能の実現がなければ、複雑な社会における社会的統合という問題の解決に実質的に貢献するという近代的な法の力は、枯渇する。しかし、平等な自由権の機能をその都度実現するものは、つねに同じ法の別の解釈ばかりではなく、つねに新しい法でもある。(52)それを生み出すことは、民主的な主権者の、継続的な、「譲渡することのできない」、「分割することのできない」権利である。(53)その課題は「法的に制度化された法の自由な空間」（I・マウス）、「合法性を通じた正統性」（J・ハーバーマス）を生み出すことなのである。

西洋の国民国家においては、ある程度納得のいく形で民主制と基本権が組み合わせられたが、今日の国家間の法や超国家的な法には明らかに権利の優位が見られる。国連ならびに世界人権体制の特徴を成す民主主義的な正統性の明白な欠如を、グローバルなレベルでは、一九九六年の国連人権規約以来、次のような手段によって改めようとしてきた。一九六六年一二月一九日の規約において、非常に問題のある人民の自決権とともかく同一視された民主制を、（いわゆる第一世代の人権である自由権、第二世代の人権である社会権に続いて）第三世代の人権に高めるという手段である。(54)しかし、民主制は、基本権としてではなく、ただ平等な人々の間で意志形成する制度化された手続きとしてのみ、あらゆる実定的な制定法、さらに基本権と人権の正統的な源泉になる。それゆえ、民主制は、〔ドイツ〕基本法の第二十条において、つまり組織を規定する部分の始めにおいて、初めて登場するのであって、人権と市民権を含む基本権を規定する部分においてではない。民主制を人権として説明したとしても、あまり得るところはない。というのも、そうしたとしてもなお、人権を監督し、保護し、調整し、解釈し、修正し、変化する状況に適応させる組織された民主的主権が欠けているからである。ただ民主制のなかで人権は実現される。民主制によるもの以外のものはすべて、結局のところ、パターナリズムと恣意性の混合物になるだろう。民主制がなければ、人権はそれが書かれている紙ほどの価値しかないも同然である。今日すでに「よく秩序づけられたヒエラルキー社会」に見られる事実的で非常に部分的な人権保護は、非民主的な体制に深く影響を与える政治的で公共的な圧力に基づく。その影響は、もっぱら既存の民主的で平等な西洋の社会から出来し、経済と法のグローバルな機能システムのますます緊密になりつつあるネットワークによるものである。事実、日本、ヨーロッパ、アメリカから中国に旅行する人々が享受する人権保護は、自国に留まっている場合より劣悪だということはほとんどない。このことは、なるほど中国本国の市民には当てはまらないが、中国の市民が全面的に権利を奪われているわけでもない。中国の市民が政治的難民として国を後にしたとすれば、人権保護システムの恩恵を受ける可能性は今日では歴史上のどの時代よりも高い。この意味でもまた、人権は「閉じられた社会の扉を開くもの(55)」である。それは——果てしなく続く難民の波を映し出す日常的なテレビ映像を目の当たりにすれば——たしかにたいしたことはないが、ないよりははるかにましなのである。

人権を享受することができるために国家市民である必要がなくなってすでに久しい(56)。人権が国民国家のなかでそして超国家的に広い範囲で実定化されて以来、国家市民でない法的人格が存在する。なるほどその地位は西洋の民主制国家の国家市民よりも劣悪だが、その人がもはやまったく法の外部にある状態ではなくなってすでに久しい。民主制は国家市民という制度によるだけでなく、とりわけ民主制のグローバルなネットワークと影響力によって、人権が実定法として妥当するための最も重要な、唯一真剣に考慮されるべき保証人なのである。

民主制を断念することができる、または断念せざるをえないと信じている人権政治よりもよくないのは、人民主権という法的概念と国家形成以前の人民の自決権の混同である。一九六六年の「市民的および政治的権利に関する国際規約」は「あらゆる人民は自決への権利をもつ」というたいへん曖昧な命題を政治的人権に昇格させている(57)。ここで「人民」と言われているのは、国家形成以前の、自然的な、民族的に同質な統一体という虚構のことである。この読み方は、少なくとも排除されていないし、国際法上の重みを増している。この人民の概念は、ホッブズからルソーにまで及び、すべての西洋の憲法に個人主義の刻印を与えている法学的な主権概念から、深い溝によって隔てられているが、この人民の概念には、ハンナ・アーレントの、「人間」を「人民」と混同することに対する異議がすべて当てはまる。民族的に同質的な公共体においては、人民は最終的に自らが「制定法の代わりに」なるために人権を呑み込む(58)。しかし、国家形成以前の人民、つまり、文化的、宗教的、または民族的な統一体は、主権をもつ国家人民ではない。それに対して、あらゆる国家権力は人民に由来するとする〔ドイツ〕基本法の定式は、ルソーとカントが言うように、「国家」と「人民」が等しく根源的であることから生じる。人民は、ひとり憲法制定権力〔pouvoir constituant〕を通じてのみ主権者になり、ただ自律的な憲法制定を通じてのみ、国家としての人民が国際法の枠組みのなかで法の主体にもなる。そもそも国家形成以前の権利があるとすれば、その主体はつねに個人であり、けっして「民族〔Völkerschaften〕」ではないのである(59)。

注

（1）インゲボルク・マウスの批判に感謝する。

（2）Hannah Arendt, *Elemente und Ursprung des Totalitarismus*, München 1986, S. 454.〔ハンナ・アーレント、大久保和郎、大島かおり訳『全体主義の起原1～3』、みすず書房、一九七二年～一七七四年〕。

（3）国民国家が人権の実現の外的な制限だという問題にここで立ち入ることはできないので、二つの拙論を参照のためにあげておく。Hauke Brunkhorst, »Sind Menschenrechte eine Aporie?――Kritische Bemerkungen zu einer These Hannah Arendts«, in: *Kritische Justiz* 1996; Hauke Brunkhorst, »Paradigmenwechsel im Völkerrecht? ――Lehren aus Bosnien«, in: Matthias Lutz-Bachmann/ James Bohman (Hg.), *Frieden durch Recht*, Frankfurt am Main 1996.

（4） Franz Neumann, *Die Herrschaft des Gesetzes*, Frankfurt am Main 1980, S. 113.
（5） Jean Bodin, *Sechs Bücher über die Republik*, 1576, I, VIII.
（6） 以下も参照せよ。Helmut Quaritsch, *Souveränität. Entstehung und Entwicklung des Begriffs in Frankreich und Deutschland vom 13. Jahrhundert bis 1806*, Berlin 1988, S. 20.
（7） 専門家への依存に関しては、以下も参照せよ。Niklas Luhmann, *Das Recht der Gesellschaft*, Frankfurt am Main 1993, Harold Berman, *Recht und Revolution*, Frankfurt am Main 1991.
（8） Ulp. D. I. 3. 31.
（9） Thomas Hobbes, *Leviathan* (ed. MacPherson), London 1968, Chap. 30, S. 388.〔トマス・ホッブズ、永井道夫、上田邦義訳『リヴァイアサン』、中央公論新社、二〇〇九年〕。
（10） Thomas Hobbes, *Leviathan*, 1651, zit. u. d. dt. Übersetzung (Euchner), Frankfurt 1984.
（11） 以下を参照せよ。Thomas Hobbes, *De Cive*, 3. 28/29. Kapitel, 9, 14. Kapitel 3, 14, 19. Kapitel zit. u. d. dt. Übers., Hamburg 1959.〔トマス・ホッブズ、本田裕志訳『市民論』、京都大学学術出版会、二〇〇八年〕。
（12） Thomas Hobbes, *Leviathan*, 37. Kapitel.
（13） Carl Schmitt, *Der Leviathan in der Staatslehre des Thomas Hobbes* (1938), Köln 1982.〔カール・シュミット、長尾龍一訳『リヴァイアサン——近代国家の生成と挫折』、福村出版、一九七二年〕。
（14） 以下を参照せよ。Jean Bodin, *De la démonomanie des sorcières*, 1580.
（15） Thomas Hobbes, *Leviathan*, 15. und 21. Kapitel.
（16） 以下を参照せよ。Crawford B. MacPherson, *Die politische Theorie des Besitzindividualismus*, Frankfurt am Main 1973.
（17） Thomas Hobbes, *Leviathan* (ed. Fetscher), 30. Kapitel S. 255, 以下も参照せよ。15. Kapitel S. 118 sowie (ed. MacPherson), S. 212.
（18） 以下も参照せよ。Allen Ryan, »Hobbes and Individualism«, in: G. A. J. Rogers (ed.), *Perspectives on Thomas Hobbes*, Oxford 1988, S. 81 ff.

(19) Thomas Hobbes, *Leviathan*, 28. Kapitel.

(20) 思想ないし意識は（法的な社会契約によれば）もはや社会に属するものではなく、社会の介入からまったく免れている。このことは、まず事実的に妥当するが、規範的な含意を持つ。すなわち、思想と心術を支配する制定法（たとえば異端審問の制定法）は制定法ではなく、従って実定法ではない。

(21) Thomas Hobbes, *Leviathan*, 37. Kapitel, 21. Kapitel (ed. Fetscher, S. 255, 218).

(22) 以下を参照せよ。Uwe Wesel, *Geschichte des Rechts*, München 1997, S. 368.

(23) Thomas Hobbes, *Leviathan*, 26., 27. Kapitel.

(24) Jürgen Habermas, *Faktizität und Geltung*, Frankfurt am Main 1992, S. 151ff.〔ユルゲン・ハーバーマス、川上倫逸、耳野健二訳『事実性と妥当性』、未來社、二〇〇二年〜二〇〇三年〕、Niklas Luhmann, »Subjektives Recht: Zum Umbau des Rechtsbewußtseins in der modernen Gesellschaft«, in: Niklas Luhmann, *Gesellschaftsstruktur und Semantik*, Bd. 2, Frankfurt am Main 1981, S. 45-104.〔ニクラス・ルーマン、徳安彰訳『社会構造とゼマンティク』、法政大学出版局、二〇一一年〕。

(25) John Locke, *Über die Regierung*, 1690, zit. n. d. dt. Ausgabe, Frankfurt 1995, II § 22, 89.〔ジョン・ロック、宮川透訳『統治論』、中央公論新社、二〇〇七年〕。

(26) それは実はすでに一一および一二世紀の教皇派の法革命によって始まっている。Harold Berman, *Recht und Revolution*, Frankfurt am Main 1991; 以下を参照せよ。Hauke Brunkhorst, »Die Verrechtlichung des Sakralen«, in: *Leviathan* 2/1997, S. 241-250.

(27) Hobbes, *Leviathan*, lat. Ausgabe, 26. Kapitel. その有名な命題は、制定法は真ではありえないと言うのではなく、ただそれに実定的な妥当性を生み出すのは政治的権力である、と言うのである。それによって、もちろんホッブズは立法から一切の妥当性要求の負担を取り除いたことになる。

(28) Uwe Wesel, *Geschichte des Rechts*, München 1997, S. 403.

(29) Montesquieu, *Vom Geist der Gesetze*, 1748, II/6.〔モンテスキュー、根岸国孝訳『法の精神』、河出書房新社、二〇〇五年〕。

(30) Hasso Hoffmann, »*Zur Herkunft der Menschenrechtserklärungen*«, in *JuS* 1988, Heft 11, S. 844.

(31) 以下を参照せよ。Paul Lorenzen, »Scientismus versus Dialektik«, in: R. Bubner u.a. (Hg.), *Hermeneutik und Dialektik*, Tübingen 1970, S. 57-72, ders., *Normative Logic and Ethics*, Mannheim 1969.

(32) その始まりについては以下を参照せよ。Ingeborg Maus, *Zur Aufklärung der Demokratietheorie*, Frankfurt 1993〔インゲボルク・マウス、小野原雅夫ほか訳『啓蒙の民主制理論』、法政大学出版局、一九九九年〕。その経験に関しては John Elster, *Arguing and Bargaining*, Starr Lectures, Yale Law School 1998.

(33) J. J. Rousseau, *Gesellschaftsvertrag* I, I, zit. n. d. dt. Übers., Stuttgart 1977.〔ジャン＝ジャック・ルソー、小林善彦、井上幸治訳『人間不平等起源論、社会契約論』、中央公論新社、二〇〇五年〕。

(34) 「合法性を通じた正統性」という定式については以下を参照せよ。J. Habermas, »Legitimität durch Legalität«, in: *Kritische Justiz* I/1989.

(35) J. -J. Rousseau, *Gesellschaftsvertrag* II, 7. マルクスはこの点を論文「ユダヤ人問題に寄せて」で、しかし今度は高次の類的主体というパースペクティヴから、ルソーの部分的な人間の個人主義を市民の疎外として批判すべく、鮮やかに解明している。

(36) 扉を開ける機能については以下を参照せよ。Lutz Wingert, »Unpathetisches Ideal«, in: Hauke Brunkhorst (Hg.), *Demokratischer Experimentalismus. Politik in der komplexen Gesellschaft*, Frankfurt am Main 1998, S. 35 f.

(37) J. -J. Rousseau, *Gesellschaftsvertrag* I, Einleitung.

(38) Jean-Jacques Rousseau, *Gesellschaftsvertrag* II, 3.

(39) A. a. O.

(40) J.-J. Rousseau, *Gesellschaftsvertrag* II, 3; IV, 8, 5. Anmerkung.

(41) 以下も参照せよ。H. Hoffmann, a.a. O., S. 847.

(42) 以下を参照せよ。Benjamin Constant, »Die Freiheit der Alten und die Freiheit der Modernen«, in: Constant, *Werke*, Bd.4, Berlin 1972, S. 363-396.

(43) Jean-Jacques Rousseau, *Gesellschaftsvertrag* II, 12.

(44) H. Hoffmann, a.a.O., S. 848.

(45) 以下を参照せよ。H. Brunkhorst, *Demokratie und Differenz*, Frankfurt 1994, S. 199ff.

(46) Carl Schmitt, *Legalität und Legitimität*, Berlin 1968〔カール・シュミット、田中浩、原田武雄訳『合法性と正当性』、未來社、一九八三年〕。以下も参照せよ。*Verfassungslehre*, Berlin, 1989〔阿部照哉、村上義弘訳『憲法論』、みすず書房、一九七四年〕。繰り返しになるが、それに抗して Ingeborg Maus, a.a.O.

(47) Ingeborg Maus, a.a.O.

(48) 以下を参照せよ。Jean-Jacques Rousseau, *Gesellschaftsvertrag* II, 4, 6, 7; また以下も参照せよ。Jürgen Habermas, *Theorie und Praxis*, Frankfurt am Main 1971, S. 104〔ユルゲン・ハーバーマス、細谷貞雄訳『理論と実践』、未來社、一九七五年〕。「市民の自由と平等、そしてその結果として生、安全、幸福も、自然法であれ、素朴な社会的交流の制定法であれ、私法的に保障された機構に基づくのではない。むしろ、それは一般意志〔volonté générale〕の構造に基礎をもつのである。その構造とは、一般意志は自由と平等という原理に反することはできない、たとえ恣意的な制定法を与え、課すことが主権者としての一般意志にとって自由であるとしても、それはもっぱら制定法〔法則〕でなければならない、というものである。」(S. 104)

(49) Jürgen Habermas, *Faktizität und Geltung*, a.a.O., S. 151（テキストの強調は私による）。

(50) Jürgen Habermas, a.a.O., S. 159.

(51) 以下を参照せよ。Lutz Wingert, Unpathetisches Ideal. Über den Begriff eines bürgerlichen Wir, in: Hauke Brunkhorst, *Demokratischer Experimentalismus. Politik in der komplexen Gesellschaft*, Frankfurt am Main 1998, S. 35.

(52) 以下も参照せよ。Thomas Kupka, »Demokratie ohne Naturrecht«, in: Hauke Brunkhorst, *Demokratischer Experimentalismus*, a.a.O., S. 257 ff.

(53) Jean-Jacques Rousseau, *Gesellschaftsvertrag* II, I, 2.

(54) 以下を参照せよ。Eibe Riedel, »Menschenrechte in der dritten Dimension«, in: *Europäische Grundrechte Zeitschrift*, 10/1989, S. 9-21.

(55) Lutz Wingert in: Brunkhorst (Hg.), *Demokratischer Experimentalismus*, Frankfurt am Main 1998.

(56) このことをハンナ・アーレントは、人権のアポリアに対する有名な反論のなかでまだ考慮に入れることができていない。*Elemente und Urspriünge*, a.a.O., S. 452 ff.

(57) 以下を参照せよ。*Menschenrechte*, Müünchen1992, Beck-Texte.

(58) H. Arendt, a.a.O., S. 370.

(59) この意味でカントは「民族」と法的主体としての「人民」を区別している。*MdS*; 以下も参照せよ。I. Maus »Volkssouveränität und das Prinzip der Nichtintervention in der Friedensphilosophie Immanuel Kants«, in: Hauke Brunkhorst (Hg.), *Einmischung erwünscht? Menschenrechte und bewaffnete Intervention*, Frankfurt am Main 1998, S. 88-116.

第3部　国民国家とグローバルな憲法体制とのあいだ

伝統的〈国民国家〉終焉後の〈世界国家的枠組み〉と人権

マティアス・ルッツ＝バッハマン
（石田京子訳）

【ルッツ＝バッハマン論文への助走】

訳出した論考は、「選挙民によって正当化された民主主義的法治国家という理念が、いかにして、グローバル化された経済から生じる政治への挑戦と折り合うか」を主題としている。

現代のグローバル化の状況は、近代の国民国家に相反する面をもっている。近代では、国家はある程度自足的な存在と見なされてきた。同時に、国家は一定の領土をもち、その内部で無制約的に妥当する主権を有すると考えられてきた。だが、国家はすでにそのような主権を失っている、と現代の多くの論者は診断する。実際に、国家の決定はしばしば、民主的手続きではなく経済活動に規定され、地球温暖化や戦争などに対処する際にも、国家はグローバルな協働を強いられている。

問題なのは、近代の国民国家の終焉とともに、民主主義の理念も終焉を迎えるのではないか、ということである。近代において、国家の支配は、「支配される者の同意」によって正当化される（人民主権の原理）。国家のもっていた権力が解体されると同時に、この正当性原理も失効するのであれば、〈民主主義の終焉〉はまさに現実となる。

この問題に関し、ルッツ＝バッハマンは、国家に関する近代政治哲学の前提の一部を放棄しなければならないと考えている。自足的かつ閉鎖的な存在であること、自国に関する事柄についての自己決定として理解されるかぎりでの排他的かつ絶対的主権をもつこと、これらを国家の定義から切り離さなければならない。だが、人民主権の原理だけは維持することができる。ルッツ＝バッハマンは、カントの政治哲学に依拠してそう主張する。

ただし、この人民主権原理を維持するためには、国家法と国際法という現行の国家中心的な公法秩序では不十分である。そこで「世界法（das Weltrecht）」という第三のカテゴリーが新たに考案される。「世界法」は、その起草者ないし主体が国家ではなく、個別の法的人格であることによって、国際法から区別される。そして、この「世界法」の執行を司るのが、「世界（グローバルな）国家的枠組み（die Weltstaatlichkeit, die globale Staatlichkeit）」である。世界国家的枠組みの役割は、平和の貫徹と、万人への基本的人権の保障である。この「世界法」は、カントの世界市民法を想起させる。カントは、世界市民法を、歓待の権利として、すべての人に地表のいずれかの場所にとどまる生得的権利を保障するものとしていた。ただし、ルッツ＝バッハマンは「世界法」を、近代的な国際法に代わるものと位置づけている。

ルッツ＝バッハマンによれば、「世界国家的枠組み」は「世界国家（der Weltstaat）」ではない。というのも、世界国家的枠組みの持つ主権は、近代国家のような中央集権的ではなく、多層的だからだと彼は説明する。この枠組みに関するルッツ＝バッハマンの説明は、「カントの平和理念と世界共和国の法哲学的構想」（舟場保之訳、本論文注21に挙げた訳本に収録）に詳しい。同時に、「暴力と新軍事力の脅威：国際公法を挑発するもの」（浜野喬士訳、大阪大学大学院文学研究科哲学講座『メタフュシカ』三九、二〇〇八年に収録）も参照されたい。前者の論考では、本論の「世界国家的枠組み」にあたるであろう「諸国家統一国家」が、諸国家からなる連邦制をとり、立法権・行政権・司法権を備えた機構として構想されている。一連の議論でルッツ＝バッハマンの念頭にはおそらく、ＥＵがあったと思われる。ただし、本書の出版が一九九九年であり、本論も二一世紀以降に起きたＥＵをめぐる様々な政治的・経済的出来事を踏まえた議論ではないことは、十分に考慮する必要がある。

国家と国家的枠組みという言葉の使い分けについて、ルッツ＝バッハマンは本論で特に説明していない。しかし、本論の趣旨からしてきわめて重大な問題を含んでいるように思われるため、以下ではこの使い分けについて、若干の考察を示したい。

この国家的枠組みを、国家と区別される〈国家ならざるもの〉と捉えるのでは、ルッツ=バッハマンの構想を理解することは困難になるように訳者には思われる。補完性の原理や連邦制度によって支持される、地域分権や行為者の権限拡大は、中央集権という思想とは対立するが、一元的な主権とは両立する。たとえば、ドイツ連邦共和国やアメリカ合衆国は、州の自治がかなりの程度認められていることで知られているが、両国とも純然たる国家であり、国家的枠組みには当たらない。ルッツ=バッハマンの議論によれば、平和の貫徹と基本的人権の保障という限定された課題についてとはいえ、個人であろうと、企業や国家といった組織であろうと、すべての行為主体は、世界国家的枠組みの制定する同一の法制度に服従する義務を課せられるはずである。その意味で、ルッツ=バッハマンが提案しているのは、グローバルな拡がりをもつ一国家内での補完性原理の徹底化であり、世界国家的枠組みはやはり世界国家である。

では、世界国家的枠組みが世界国家ではないとするルッツ=バッハマン自身の言明は、いかなる意味をもっているのだろうか。近代の国民国家は、自国内の経済活動の促進のために政策を作成・実行する機関であり、国民の統合のために構築された文化や歴史の担い手であり、国民としてのアイデンティティの源泉であった。ルッツ=バッハマンは、現代の国家からこのような多様な意味づけがはぎ取られてしまったことを認める。そのうえで、カントの人民主権論から、民主的な手続きを通じた法の正当化とその法の貫徹という、国家の機能を取り出し、それを世界国家的枠組みに転用したのであった。世界国家的枠組みがもつ機能は、カント法哲学にみられる国家の機能に制限される。それゆえ、ここでいうStaatlichkeit（国家的枠組み）は、〈Staat（国家）をStaatたらしめるもの〉という言葉本来の意味で使用されていると考えられる。国家と国家的枠組みという区別は、本質的には、〈近代の国民国家〉と〈カントの国家〉との差異に由来する。

本論が示しているのは、あくまで〈近代の国民国家〉を中心とする政治哲学的構想の代替案であって、国家の存在を前提しないような代替案ではない。そして世界国家的枠組みと世界法の限定的な役割、そして階層化された主権といった主張から察するに、個別国家も依然としてきわめて重要な役割を担うように思われる。それは、よりローカルなレベルにおける民主的プロセスの実現である。世界法や世界国家的枠組みは、国家に対するグローバルな社会的・経済的リスクの圧力を緩和させ、結果として、個別国家の民主的プロセスを回復させるであろう。この予測は、ＥＵの政策決定が官僚主義的であり民意を反映していないとする、いわゆる〈民主主義の赤字〉の対極にある。グローバル化が進行するなかで「民主主義的法治国家」が実現するとすれば、それは世界国家的枠組みの実現を待つほかなく、もはや近代の〈国家法―国際法〉の枠組みに戻ることはできないのである。

第1節　グローバル化をめぐる現在の論争において、国民国家の終焉が意味する二つのこと

一

多くの注目を集めた論考、『民主主義の終わり』(1)のなかで、フランスの政治学者であるジャン＝マリー・ゲーノは、グローバル化の過程を、より大きな歴史的・政治的連関のうちに組み込んでいる。これに先立ってゲーノは、国内政治が今日至るところで巻き込まれることとなった現実の構造転換を論じている。そこでゲーノは、政治的公共体がある一定の領土に根づいていたのが解消されることによって、ヨーロッパの強国同士の対立のなかで生まれた「ネーション」という理念から土地〔という要素〕が分離するだけでなく、同時に政治の基盤もまた徹底的なかたちで変化することになる、という見解を主張している。この展開をひきおこした要因は、ゲーノからすると、経済的な構造変化と技術的な構造変化との相互作用のうちに求められなければならない。この二つの構造変化は、戦後という一時代の終結のような実際の政治的な出来事や自由な国際取引の諸条件にもともと基礎づけられたものではないが、そういった出来事や諸条件によって促進されてきたとは言える。そしてゲーノは、市場の開放と規制撤廃のための政治的決定がなされてはじめて、財の生産がなされる地理的位置の重要性が減少したのではなく、より根本的には、「経済生活」一般「に占める農業とまた工業の割合」が構造上縮小したことによって、そのような減少がもたらされたのだと断言する。ゲーノは次のように言う。「長い間、定住する人間たちにとっての最高の政治的目的は、必要な食物を確保するために耕作可能な土地を支配することであった。工業化によって、原材料の管理と、数百人の人間に鉱山に集結するように強制することは、経済生活をある空間的な構造と結び付けることに、そ

れぞれ寄与してきた。工業は、場所を占拠する材料を加工することと、多くの人間が一か所にいることとを必要とした。それゆえ、空間は重要だった。二〇世紀前半の象徴的な工業製品である自動車の場合、原材料費は製品価格の三、四〇パーセントに相当する――それに対して、新時代の象徴的な製品である電子部品の場合、たったの一パーセントである！」(2)

この例でゲーノは、経済行為と特定の地理的な場所や特定の団体とのつながりが一層弱まっているという、政治的に重大な帰結をもたらす社会学上の考察だけでなく、工業社会から情報社会へという一国家の内部で起こる転換をも具体的に説明する。同時にゲーノは、この変化のなかで、製品の物質的側面ではなく「非物質的」、より適切に言えば「知的」側面が価値を創造するようになると述べているが、これは経済学的に正鵠を射ている。二つの出来事――社会学的変化と経済学的変化――は、ゲーノによれば、次のような政治的帰結を有する。すなわち、第一にこの政治的帰結は、税制に対して浮かび上がる疑問において現れる。税制は、近代民主主義国家ではこれまで「商品または会社、個人のいずれに課税するかにかかわらず、領土という基盤を（有してきた）。」主権国家の課税政策が含意する「この論理は今日、三重に疑問視されているように見える。なぜなら、第一に、人々は裕福な場合は税金を逃れるために、特別な才能を持っている場合はその能力を高く売りつけるために、また貧しい場合は仕事を見つけるために移動するが、それがますます容易になっているからである。加えて、資本も同時に移転可能であり、貴重だからである。外国の資本を自国に呼び寄せようとする願望は、国民の資産の管理を困難にする。そして最後に、同一製品の様々な生産工程を複数の国に分配するという意味で産業が多国籍化した事業となる時代において、付加価値が一地域に偏って創造されるということが一層疑わしいものになっているからである。(3)」現代における技術的・経済的革新によって、地理的ないし社会史的に固定されていた場所が商品の生産と分配に対して有していた意義を失うだけではない。この革新によって、領土を介して確定される国家そのものが、伝統的な領土原理と結び付いているかぎりで、その主権の一部を失うのである。ゲーノが書いているように、たしかに国家はいまだ

「不動産と、そこにある工場で雇われている従業員とに対し課税する全権力をもっている。だが、国民国家が富を生み出す新たな形態に課税しようとする現状において、国民国家はグローバルな競争に参戦しており、資本や才能の獲得競争でライバルと目される国々よりも高い税金を課そうとすれば不利にならずにはいられないのである。(4)」自立して単独で自らの経済的安定を持続的に確保することは、そして、かつては国内の資本市場が抱えていた資源をもとに、国家のグローバルな競争力を向上させるために国家経済にとって必要な大事業に投資を行うことは、個別国家には不可能である。それとともに、国家主権に課せられた先のような制約は、「国家が規定する政策をはっきりと無効にするだけでなく、同時に、個人の役割と個人の利害とがもつ価値を引き上げることによって、政治」一般を「解体するに至るのである。」

ゲーノは「政治」を、個に対する普遍の優位として理解する。このことがはじめてゲーノの結論を跡づけることを可能にする。個に対する普遍のこの優位は、「共通の運命の意識」によって支えられる。この共通の運命が集団的記憶となってはじめて、個人は政治的行為に及ぶに際して、「共通の未来を注視する」(5)能力を備えることとなる。というのも、ゲーノが言うように、「政治は、たんに私的な諸利害から導かれる最終的な結果なのではなく、あらゆる個々の契約に先行し、またさらにそれらすべてに及ぶ社会契約を前提とする」からである。「もしこの要請を断念して、さらに政治をたんに個別の利害の価値が交渉によって決定される市場の機能としてのみ理解するのであれば、ただちに政治的空間は解体する危険に陥ることになる。なぜなら」、ゲーノが書いているように、「国家の利害を確定し、連帯のための空間を成立させるような市場など存在しないからである。」けれども――現代の政治的変化に関するゲーノの分析によれば――、政治についてのこの理念は、西洋の民主主義国家それ自体のシステムの内部で経済の命法と技術の発展を通じて多くの変化が生じる過程で、実践的重要性を一層失うことになる。そしてゲーノによると、現代において、皆に共有される象徴によって可能になる集団的記憶の場所としての政治、共同行為の根源的な法的根拠としての政治、そして秩序を作り出す権力としての政治は、総じて解体される。だが、政治システムとともに共和主義的な民主主義の理念もまた、以前有していた意義を失うこととなる。というのも、ゲーノ曰く、「国家の共同性がもはやあらかじめ与えられているのではなく、選択の余地があるものだとすれば、自らの利害の理解に基づいた行為を統制するような、全国民にとって一様の基準によって、この選択を根拠づける手段を、誰ももたない」からである。「経済の法則は、ネーションの領土的・歴史的明証性を埋め合わせることはできない。」(6)

I―2

ゲーノが国民国家の消滅による政治と西洋の民主主義の終焉として分析しつつ同時に嘆くものを、ヘルムート・ヴィルケはシステム論の観点から、近代末期という条件下での「国家の脱魔術化」(7)という喜ぶべきプロセスであると解釈する。ヴィルケもまた、「知識社会の構成」が進行するなかで、「グローバル化とデジタル化、ネットワーク化」が進む過程の帰結として、国家を中心に制度化されてきた政治の機能が近代末期において変化することを、国家の行為の歴史的役割を再構築することによって解明しようとする。だが、政治学者のジャン＝マリー・ゲーノとは異なり、ヴィルケは、法社会学的観点から、国家の機能として税制に注目する。すなわち、ヴィルケによれば、一五世紀から一九世紀までに北西ヨーロッパで起こった国民国家の成立は、「力に基づくレジーム」という構造によって規定されている。このレジームの中心的課題は、「国の内外を問わず自分以外からの支配要求に抗して、国家として確定された社会の政治的主権」を貫徹し、維持することにあった。だが、主権に組み込まれた「力に基づくレジーム」は、一九・二〇世紀にはすでに、社会国家によってもたらされた「保障のためのレジーム」に置き換えられたという。ごく最近出現した現代の技術的なリスクシステムによって、国民の「保障」のために整備された政治システムは、「リスクのためのレジーム」に席を譲る。このレジームの課題はすなわち、経済的・技術的発展そのものから生じる将来的な危険の防止である。このような防止は、リベラルな立場からなされてきた公法と私法の分離を廃棄する方向へと進むことと、国家が社会の成員や集団と協働することとそれ自体によってのみ、実現が可能である。[8] それゆえ、ヴィルケによれば、「リスクのためのレジーム」は、今日までその中核部分を国民国家によって定義されてきた政治のうち、内政に関する部分で、リベラルな立憲国家という古典的構築モデルを廃棄するだけではない。たとえば環境政策や、巨大技術を利用する事業を計画・実現するといった将来を見込んだ政策のような、緊急性の高い問題は同時に、グローバルな協働と政治的な行為主体の自己抑制とを強いる。このことは、国家の対外的行為に関する主権の大幅な廃棄と同義である。

ヴィルケは、「脱資本主義的かつ脱領土的な知識社会において、社会のシステム間の調停と仲介という課題[9]」を引き受ける監督者の役割が国家に割り当てられることが、近い将来必要になるとみている。だが、効率性が阻害されたり、社会のなかで高度に分化した機能システムどうしが互いに衝突したりすることなく、国家がこの課題を引き受けることができるのは、次の場合に限られる。それは、国家の行為が政治における優位性を請求することを断念する場合であり、そして政治的ヒエラルキー構造を撤去し、通常はヒエラルキーを伴っている中央集権的な決定メカニズムにかえて、個々の機能システムのなかで重要視される識者たちとの新たな形態の協働をすえる場合である。政治は、ヴィルケからすると、すでに国家の古典的な活動領域で、だがとりわけ新たな知識社会の中心分野において、過剰な負荷を強いられている――彼は次のように詳細に記している。研究や技術の発展戦略において、学問や専門教育において、グローバルな金融・経済活動において、基幹産業への投資の決定において、そして環境保護において、政治は過剰な負荷を強いられている。「このことは、政治がこれらの領域にかかわらないだろうと言おうとしているのではない」、とヴィルケは書いている。だが政治は、自分以外の関連する諸システムからなお重大な事柄として認められるために、自らの課題と仕事を定義しなおさなければならない。政治は、自らの機能が、知識社会というコンテクストにおいてもはや課税と統制というところにあるのではなく、監督によってコンテクストを方向づけ、分化した自己組織化プロセスのあいだを調整するところにあるということを把握しなければならない。ヴィルケの総括によれば、「自己組織化は、他のなにものにもまして、複雑に入り組んだ諸システムの統制という問題の解決策である。[10]」この課題は、古い国民国家を超えて「ヘテラルキー〔ヒエラルキーの反意語、水平的・拡散的秩序を意味する〕」という意味で新たな構造をもつ政治を要求し、したがって、「(力ではなく) 情報が権威を構成する」という「潜在的命令の諸原理[11]」に従うことを義務づけられる新たな構造の統治形式を要求する。「純化された政治[12]」の課題規定がこのように変化していることを念頭に、ヴィルケは――若干の皮肉を込めて――、「脱英雄的な国家」を語る。すなわち、国家はすでに「ローカル・ヒーロー〔地域限定の英雄〕」にすぎず、またそうであるのもあとわずかな時間にすぎない。「だがまた、国家がグローバル化と自己組織化のはざまに陥った時から、この名称に対してすらなお異議が唱えられている。……境界が定められ、政治を通じて統合されていた社会の時代が終わったことをあらゆる当事者が理解できるようになる前の移行期において、国家は、ヒエラルキー構造の社会をもつ輝かしい英雄たちのための台座から追い落とされ、〈ローカル・ヒーロー〉という残念賞を授与される。[13]」

第2節　グローバル化と国民国家

さて、私は、システム論に基づいて国家の行為の機能を規定する考察の際にとってきた観点を離れようと思う。ヴィルケは、多くの点で明らかにニクラス・ルーマン[14]によって刺激されてこのような考察を提案している。グンター・トイブナーは、オートポイエーシスという形態で理解されるグローバルな私法の先触れとしての「トランスナショナルな法多元主義」という、この機能規定に関する体系上の帰結を導いている。[15]ゲーノとヴィルケの論考から、私たちの主題に関して、いかなる認識を読み取ることができるだろうか。方法論や理論的観点、規範に関する直観が、たとえ両者のあいだでどれほど異なっていようとも、ゲーノとヴィルケは、現代と将来の「国民国家」に対し分析的に帰属させることのできる機能的役割を評価するという観点において、ある実質的な一致に達することとなる。しかし、たとえ両者をそれぞれの未来予測へと導く根拠が部分的に、政治経済学と政治学でのグローバル化に関する論争においてみられる多くの洞察と一致しようとも、両者によってとられている観点は、実際には政治的行為に特有の構制にふさわしいものとはならない。したがって、国家を中心に制度化されていた政治の役割と構造の分析もまた、両者のあいだでまったく差異がなくなる。そしてヴィルケは――自らの出発点とするシステム論に従って――、社会の様々な部分システムに帰属するとともに、様々な課題を承認することによって自らのアイデンティティを確保する行為主体としての個人の実在を、はじめから自らの分析にまったく入れていない。それでも第一に、いかにしてこのような個人の相互作用から、法ないし政治のシステムが構成されるのか――少なくともグンター・トイブナーは、体系的にこれを論じている。第二に、この方法でいかにして政治的普遍性のための空間が構築され、生きながらえるのか。規範として使用される法・政治的行為理論にとって中心的なこれらの問題を、ヴィルケは見ていない。したがってヴィルケは、事実として効力をもって機能するシステムとしての法の考察と、法に対する規範面での予期とのあいだの法哲学上の差異を認めることができない。このことは、次の事実についてもあてはまる。すなわち、ヴィルケは法の反事実的妥当性という考えを完全に排除するわけではない。だが彼はルーマンとともに、この考えを、法の実践における知と無知との差異に還元する。ここで言う法の実践は、「急激で時間的に一定ではない変化」のなかで、社会的な学習プロセスを、「システム間の衝突を緩和するという」目的に適うよう調整することにだけ役立つにすぎない。政治についてのヴィルケの見方は、このように切りつめられており、問題の多いこのような切りつめに基づいて、ヴィルケは自らの分析のなかで、政治のシステムを、機能の命令のために整えられたマネージメントに還元する。――彼は、自らが否定するものを、この方法で不可避的に確証することになる。つまり、政治空間において行為者は、正統性が原理に照らして要求される決定を見出さなくてはならない。だが、正統性の根拠を示すのは、ヴィルケの言うような(16)、社会の自律的な部分システムそのものではなく、社会的課題を引き受け自らの利益を主張しつつ行為する人間である。この人間は、無記名のシステム合理性に基づく命令という基準ではなく、自分自身の実践的洞察や理性に従って自分の行為の根拠を示し、政治的に対立しあうこれらの根拠を、公的空間でなされる社会の他の成員の議論にさらす。根本的にはカントの政治哲学に関する考察に基づくまさにこの議論によって、私はゲーノの考えにも反対する。ゲーノによれば、人間の社会的行為が本当に「政治的」と呼ばれうるのは、その行為が次のようなかたちで実現されるときだけにすぎない。すなわち、主権を反映した法や厳密に確定された領土、そして集団的記憶に依拠した、固有の内実や象徴によって規定される文化についてのシステムが歴史的に形成され、予示されており、そのシステムに基づいて、そしてそのシステムの枠組みのなかで、行為が実現されるときだけにすぎない。それゆえ、私はまた、いくつかの点でオスヴァルト・シュペングラーを思い起こさせる診断、すなわちゲーノが国民国家の行為の機能が喪失するとともに生じたと見る、政治と民主主義の「終わり」という十把ひとからげの診断には与しない。国民国家という形態の可能性が喪失することを、ゲーノは十分に現実的な事柄と見なす。だがゲーノは、自らの国家理論にみられる「ヘーゲル主義」に基づいて、この問題を誇張する。そして彼は、国民国家を超えたところではまた、まさに現代における経済的、社会的、そして技術的なプロセスのグローバル化とネットワーク化といった条件のもとで、実際に新たな形態の国家的枠組み(Staatlichkeit)が観察されるのを見過ごす。この新たな形態の国家的枠組みは、規範的観点においても同時に十分な根拠がある(あるいは少なくとも十分に根拠づけ可能である)ことが証明される。

私の以降の考察では、グローバル化という概念の明確化が必須である。だがここで哲学は、すでに経済や国際法、社会学の議論において、そして「カルチュラル・スタディーズ」という枠組みにおいて作り上げられてきた洞察に頼らざるをえない。だが、これらの洞察は、予測される通り、まさに相対立する発言要求のうちにおかれている。それゆえ、私はいくつかのわずかな、しかし私たちの主題にとっては同時に中心的であり、ある程度の意見の一致がみられる観点に、自分の論証のよりどころを求めることにする。グローバル化のプロセスの原因分析と体系的描写が、個々にはどれほど多様であろうとも、議論のなかでは少なくとも、経済と技術、パワーポリティクスと文化交流といった行為システムのあいだで相互に干渉しあう多数の変化を通じて、あるプロセスが動き始めるということに関し、意見の一致があるように思われる。そのプロセスとは、その帰結として、「伝統的国民国家とその主権が、トランスナショナルな行為主体によって、力を発揮する機会や志向、アイデンティティ、ネットワークを失い、交互に結び付けられる(17)」ようになるようなプロセスのことである。ウルリッヒ・ベックは次のように書いている。「グローバルな文化は、静的にではなく、偶然的で弁証法的な（そしてまさに経済学的に言って、表面上一義的な資本の論理に還元することができない）プロセスとしてのみ理解することができる――その際に使用される〈グローカル化〉のモデルに従って、矛盾した諸要素が統一的に理解され、解読される。(18)」この所見が強調するのは、グローバル化の概念が、それを通じて国民国家という境界に妨げられずに行為主体どうしが直接世界中で結合するマクロ構造の絶え間ない増大を意味する、ということだけではない。地球全体に広まった前述の新たな結合の結果として、グローバル化の概念を「細部において具体的に、〔特定の〕場所や個人の生、文化的象徴のうちに見てとることができる」ことを、この所見は同時に強調する。グローバル化の議論において広く共有されるこのような考察によって、ベックは、普遍化の傾向と特殊化の傾向とが、つまり、統一的基準の広まりや新たな中央権力の形成といった傾向と、地域的特殊性の強調や脱統合、あるいはさらに周縁化といった傾向とが同時に生じることに、焦点を合わせる。グローバルなものとローカルなものは、グローバル化の進行のなかで、新たな形態の調整を引き受けることになる。その調整の具体的な形態が、伝統的な国民国家のもっていた調停のための法的権能や、集団のなかで共有される文化的なナショナル・アイデンティティを通じて規定されることは、一層少なくなってきている。ここから帰結するのは、グローバルなものをローカルのものの一側面として理解することができ、またその逆もしかりということである。ベックはこの傾向を、「グローカル化(19)」という技巧的な概念によって表現しようとしている。

これらの考察から、私の追究する問題設定に対して、何が導かれるのか。さしあたり言えるのは、このような展開のなかで、近代政治哲学を構成する一連の諸前提が変化している、ということである。これらの諸前提は、国家の政治的行為を根拠づけかつ正統化するための近代政治哲学の機能に関係している。私は第一に、国家の範囲をその領土と同一視する原理、すなわち、閉じた領土と国家の法的空間の範囲とが一致するという原理を挙げる。この原理は、中世の「人的結合国家」から移行する際に形成されたものである。第二に、ジャン・ボダン以来政治哲学および伝統的国際法論によって共有されてきた、国家の無制約的な主権に関する公理を挙げる。ここで注意すべきは、ボダンによって形成された主権原理の新しさ、したがって「近代性」が、主権の分割不可能性に存するという点である。マキャベリと違い、ボダンはたしかに、主権者を個別の法（lex）に拘束するという思想には固執しない。しかし彼は、近代国家がそれを通じてはじめて自らの支配要求を貫徹することが可能になる法的システム一般（jus）に主権者を拘束するという思想には固執する。このことは第三に、被支配者の同意による国家支配の正統化という考えが展開されることにつながってゆく。民主主義的な立憲国家を擁護する人民主権の原理は、この考えからの帰結である。明らかに、近代の立憲国家に関するこれらの原理は実質的に、互いを参照しあう関係にある。この関係は——そしてこれが私の主題なのだが——、現代のグローバル化の傾向からの影響を被っている。というのも、国家が自らの規制機能を向けるべき社会の行為連関の限界が、領土として定められている国家の法的空間の限界〔＝国境〕と一致することはますます少なくなっているが、この状況はグローバル化の過程からもたらされるからである。これらのことは、傾向として世界のどこでも見られる政治への挑戦を裏づけるだけではない。この挑戦は、エコロジーの問題や、市場で経済行為を営むすべての人がとらわれているグローバルなつながり、あるいは、公開性と政治権力の規制の構造を明瞭に変換することになる新たなテレ・コミュニケーションシステムを通じて起こされる。また、伝統的な国民国家を中心に制度化されてきた「外交」や国際政治を担う組織ですら、現代において従っている変換プロセスは、これらの変化の圧力を明確に物語っている。そして、国家横断的に活動する行為主体や会議、組織に対してそもそもは個別国家に根づいていた主権を譲渡することによって、グローバルな政治のシステムは、すでに多くの領域において新たな状況に反応を示している。アンソニー・ギデンズが適切に書いたように、グローバル化の過程のなかで、「グローバルな社会的関係が集約」[20]されるようになる。この集約化によって、はじめは地域的な意義しかもっていなかった出来事が、突然世界的な重要性をもつようになることがある。このことは、国際政治が新たなレジームを導入することにつながった。そのレジームは一部ではすでに、古い形態の古典的外交に大きく取って代わっている。はじめは一地域に限定される行為空間と地域のなかでの意義しかもたなかった行為主体ですら、今日世界の大部分で、他の行為主体とますますグローバルかつ直接的に交流するようになっている。その際、これまでの国民国家の法や、「外交」を担ってきた古典的組織を通じた行為の調整は、その交流に介入したり干渉したりはしない。民主主義的な正統性という考えを放棄すべきでないとしても、この事実は、ある程度の必然性を伴って、国家の政治的行為に対する主権概念に変化を強いることになる。

第3節 〈世界国家的枠組み〉と人権

ここで投げかけられた問題を解決するため、私はカントの法哲学におけるひとつの論証を引き合いに出したい。この論証のなかにはすでに、選挙民によって正統化された民主主義的法治国家という理念がいかにして、グローバル化された経済から生じる政治への挑戦と折り合うかについての概念上の可能性が形成されている。周知のとおり、カントは、正統な国家についての理論を、アプリオリに要求されうる法的関係の理念から展開しようとしている。その際カントは、自らの論証において、法的人格とも呼ばれる個々の行為主体どうしの不可避的な相互作用から出発する。たしかにカントは、その法哲学のなかで、複数の個別主権国家の国境をまたがるひとつの国家法という理念を自らが拒否するに至ることになった理由、したがっていわゆる〈世界共和国〉を拒絶することになった理由を披露する。だが、この理由は説得力がなく、しかもいくつもの根拠によってそうである。この理由に説得力がないるのは、第一に、カントがこの拒否において矛盾に陥っているからであり、第二に、カントはここで、それを踏まえるのがカントにはまだ許されていても部分的に今日ではもはや通用しない前提を使用しているからである。私は、古典的な政治哲学がまだ出発点にすることができた前述の領土原理と主権公理とを、この前提のなかに数えいれる。国家への挑戦を克服することに対して国境が有していた意義は現代では流動化し、国家の対内的ないし対外的な行為についての以前は絶対的なものと考えられてきた主権は解消される。それらのこととともに同時に、グローバル化とローカル化との相互補完的なプロセスが、一八世紀以来人民主権の原理というかたちで表現されてきた近代国家の民主主義原理を脅かす。[21]

私は自分の論証のために、二つの原理を引き合いに出す。この二つの原理を、カントは『人倫の形而上学』「法論」で、いわゆる「自然状態」(status naturalis) から「市民状態」(status civilis) への移行を、理性によって要求されるものとして示すために導入している。その原理とは、「自然状態からの脱却」と「許容法則」である。第一の原理は周知のとおり、人間が互いに衝突しあう権利要求を抱えながら出会うことになる状態を離れなければならない、という思想を形成する。自然状態においては、全員共同で作成されてすでに共有されている公法の行使によって、そのような衝突しあう権利要求が平和裏に折り合うということは可能ではない。第二の原理は、法のうえでの自然状態を離れて、そして原則として共同で制定された公法が効力をもつ領域にともに入ることを、ある状況下で他の人にも強制することへの許容を形成する。この二つの原理の妥当性から、カントは、民主主義的な立憲国家の理性法上の正統性および必然性を推論する。ここで民主主義的な立憲国家を特徴づけているのは、権力分立という内的原理と、この原理が人民主権原理のうちに根拠を持っていることである。

グローバル化の過程によって規定される今日のグローバル社会において、私たちは、カントによって概略された「法のうえでの自然状態」に似た状況を見出す。カントによれば、各人は「もしあらゆる法概念を放棄しようとするのではないなら」、この「法のうえでの自然状態」を離れるよう義務づけられる。このような状況において、各人は、「他のすべての人とともに（この人々と相互に影響を与えあう状態に陥ることを避けられないのであれば）、公的法律に基づく外的強制に服従するように統合されなければならない。したがって、その人のものと承認されるべきものが、各人に法律によって規定される状態へと入らなければならない。[22]」だが、このようにカントによって要求される法治国家には、立法権がただ国民の「統合された意志」に帰属すべきだということが当然適用される。カントはこの統合された意志に、「各人がすべての人について、そしてすべての人が各人についてまさに同一のことを決定する、つまりただ普遍的に統合された人民の意志が立法する」ことが許される「かぎりでの、合意形成のためのすべての人の統合された意志[23]」という、より詳細な規定を与える。

グローバル化によって変化を被る、政治的行為の空間は、そこでは人々が直接的そして間接的に交流して法に関連する行為をし、古典的な国際法が仮定しているように国家や国家の代表だけがそうしているのではないという点で、まさにカントの概略した「法のうえでの自然状態」に対応している。法に関連する行為をするとはいえ、ここで人々は、自分たちの「統合された意志」から生じた法原理や法律規定に従っているのではない。もし人々が自らの行為をそもそも、私的な契約と取り決めによって更新され、さらなる発展を遂げている私法の領域で遂行しないなら、人々は行為に際し、公法の様々なシステムに服することになる。だが、いずれの場合でも、カントによって要請された公法、すなわちすべての人に共通の民主主義的な意思形成プロセスを通じて生じた公法の領域に服してはいない。しかしまさにこのことが、今日の状況を、カントの観点から考察して法体系のうえで欠陥があるように見せるのである。グローバル化の進行において成立するグローバルな国際私法が、もはやいかなる「共同意志」にも民主主義的な主権者にも基づいていないということは、よからぬ状況である。この状況は、国家が内政と外交についての自らの行為における主権を放棄するのを余儀なくされることによって、さらに悪化することになる。だがこの展開は、失敗した政治の結果ではなく、構造転換からの帰結である。その構造転換のもとでは、国家の政治的行為がグローバル化とローカル化の入り組んだプロセスを通じて立てられた課題を片づけるのは、主権の放棄というこの仕方でしかありえない。一八世紀の社会的制約のもとでカントによって、民主主義国家の基礎づけについての理念が形成された。今日の状況においてこの理念からは、次のような思想を積極的に取り出すことが可能である。すなわち、国際法の起草者は国家であり、そして主権を有する国家の外交上の代表を委任される国家機関である。それゆえに、またそのかぎりで、トランスナショナルな、つまりグローバルな妥当性をもった公法のシステムが要求されなければならないが、その公法は、法の体系上、国際法を超えるものでなくてはならない。また、私の要求する「世界法」の起草者ないし主体は――カントにおける論証に従って――、グローバル化を通じて互いに直接的に〔交流して〕法に関連する行為をなす法的人格（個人と法人）でなくてはならないだろう。この法的人格は、その人格の従う法が「合意形成のためのすべての人の統合された意志」から生じる場合にのみ、物理的力や制度上の権力の行使や脅威、あるいは別の形態の力の行使によらずに、自らの個人的つまり特殊な利益を適法的に実現することができる。

世界市民の「統合された意志」から生じるグローバルに妥当する世界法は、カントによって要求された、法のうえでの自然状態から共和制国家への移行とは異なり、民主的に正統化された法が存在する領域、つまり法治国家がすでに存在するという事実を、計算に入れなければならない。そのような法治国家は、グローバルな法によっていわば包摂されるべきである。それゆえ、世界法を担う体制は、法の体系上、秩序のための機能に制限されなければならないが、そのような機能は、前述の理由から、伝統的な国家法や国際法によって――いまだ、そしてもはやこれからも――可能になるものではない。射程と権限に関して異なった妥当要求をもつ公法は、このように果たすべき役割を異にする。国家による政治的行為がなされる空間において、領土原理と主権原理にまでその影響が及ぶ前述の変化に、このような区分は対応する。階層化した主権というここで形成された原理によれば、グローバルな法はまた、一八世紀の中央集権的なモデルに従ってすべての権力と法的権能をわがものとする〈世界国家〉のための基盤を作り出すべきではない。むしろ重要なのは、公法をつかさどる機構がまた、伝統的な国家法と国際法を超えて、世界規模で設立されることである。その機構は、個別国家や国家連盟、大陸別の国家連合のグローバルな政治的行為にとってだけでなく、地域連合や国家以外の行為主体によるグローバルな政治的行為にとっての法的な枠組みをも形成する。世界法の基本的権能には同時に、ある限定的な権限が結び付くだろう。だが、その権限は、一定の最低基準やもっとも基本的な法的財の確保を全世界的に保障するという、根本的な課題のためのものでなくてはならない。とりわけ、世界法は次のような課題を背負うことになるだろう。その課題とは、人権として形成される基本的権利を全世界的に確保し、目下国連で永続的な国際司法裁判所の設置に関して議論されているような、法的保護を与える効果的な手続きを設定するというものである。世界法と世界のすべての人々の合意とを通じて正統化される機関の課題として私が特に挙げるのは、第一に、平和の確保という課題、したがって行政機関を通じて戦争の禁止を貫徹するという課題である。この貫徹には、拘束力のある全世界的な軍備縮小政策が先行しなければならない。第二の課題として挙げるのは、身体と生命の不可侵性や、各人の自由と保障、そして各人が法的人格として承認されることを確保することである。また、これらの権利が侵害されたときのためにすべての世界市民に開かれている、系統だった申し立て手続きを確保することである。第三に、良心ならびに宗教、言論、情報の自由の確保である。これを権利として保障することは、教育システムやメディア・システムの法的枠組みを形成することにもつながる。第四に、自然環境保護やヒトゲノムの保護のための基本的条件の形成である。第五に、物理的生存を可能にする財によって、人々に最低限の扶助を保証する法的処置である。ここで言う財には、配分的正義の要求の観点から、最低限の日用品や水、健康保険が含まれている。

グローバルな公法が持つ、基本的人権の保障と貫徹を果たすための機能は、それゆえ、ある程度のグローバルな国家的枠組みを必要とする。この枠組みは、一定の領土に結び付いた伝統的な国民国家の限界を超えるものである。このような形態のグローバルな国家的枠組みは、人権を道徳的権利あるいは共和国の基本権のどちらととらえるかという、従来の議論のなかで生まれたアンビヴァレンスを除去するという利点をもっている。(24) 同時に、もし網の目状に結合されたグローバルな行為のプロセスが、私的な経済活動の主体やその有力なロビイストたちだけに委ねられるべきでないならば、したがって、民主主義の理念――今やグローバルな――が廃棄されるべきでなく、諸個人の政治的自律という「古きヨーロッパ」の原理が破棄されるべきでないならば、前述の形態を有する世界国家的枠組みはまた、法政策的には必然的なものである。だが、グローバル化という挑戦に対する法哲学からの回答として私が示した形態をとるグローバルな国家的枠組みは、今日までのヨーロッパ近代国家のあらゆる属性を備えた「巨大国家」と理解されてはならない。むしろ、グローバルな国家的枠組みの内部で多層化される一種の主権が考えられなくてはならない。このような主権は、複数のレベルの権限や権能、政策を内部で区分し、並置し、互いに従属させることを許す。そのような形態をとるグローバルな国家的枠組みは、補完性（サブシディアリティ）の原理や連邦制の原理によって規定されなくてはならないだろう。これらの原理は、理性法から同じく導出することが可能なものである。この国家的枠組みは、次の二つの課題の解決を保障しなくてはならないだろう。第一に、懸案の政治的問題を解決するための権限は、主に、直接その問題にかかわる人々の手に残されるべきである。第二に、地方自治体や地域、連邦国家、国民国家、そしてまた大陸別の国家連合といった政治上重要なあらゆるレベルを統合することが、大国の覇権や不調和を避けるために、法政策の観点において確保されなくてはならない。

注

（１）Jean-Marie Guéhenno, *La fin de la démocratie*, Paris 1993.〔ジャンマリ・ゲーノ、舛添要一訳、『民主主義の終わり』、講談社、一九九四年〕。私の以降の引用はドイツ語版（*Das Ende der Demokratie*, München 1994）によっている。

（２）Ebd., S. 25.

（３）Ebd., S. 28.

（４）Ebd., S. 29.

（５）Ebd., S. 45.

（6）Ebd., S. 44f.

（7）Helmut Willke, *Entzauberung des Staates. Überlegungen zu einer sozietalen Steuerungstheorie*, Königstein 1983. また、以下も参照せよ。Ders., *Ironie des Staates. Grundlinien einer Theorie des Staates polyzentrischer Gesellschaft*, Frankfurt am Main 1992.

（8）これについては以下も参照せよ。Dieter Grimm (Hg.), *Staatsaufgaben*, Frankfurt am Main 1996.

（9）Helmut Willke, *Die Supervision des Staates*, Frankfurt am Main 1997, S. 280.

（10）Ebd., S. 318.

（11）Ebd. S. 345. ヴィルケはここでハインツ・フォン・フォースターの定式化を利用している。

（12）Ebd.

（13）Ebd., S. 348.

（14）特に以下を参照せよ。Niklas Luhmann, *Das Recht der Gesellschaft*, Frankfurt am Main 1993;〔ニクラス・ルーマン、馬場靖雄、上村隆広、江口厚仁訳『社会の法』、法政大学出版局、二〇〇三年〕、ders., *Gesellschaftsstruktur und Semantik*, Bd. 4 *Studien zur Wissenssoziologie der modernen Gesellschaft*, Frankfurt am Main 1995.

（15）以下を参照せよ。Gunther Teubner, *Recht als autopoietisches System*, Frankfurt am Main 1989;〔グンター・トイブナー、土方透、野崎和義訳『オートポイエーシス・システムとしての法』、未來社、一九九四年〕、ders., »Globale Bukowina. Zur Emergenz eines transnationalen Rechtspluralismus«, in: *Rechtshistorisches Journal* 15 (1996), S. 255-290.

（16）以下を参照せよ。Helmut Willke, ebd., S. 338.

（17）U. Beck, *Was ist Globalisierung? Irrtümer des Globalismus – Antworten auf Globalisierung*, Frankfurt am Main 1997, S. 29.〔ウルリッヒ・ベック、木前利秋、中村健吾監訳『グローバル化の社会学：グローバリズムの誤謬――グローバル化への応答』、国文社、二〇〇五年〕。

（18）Ebd., S. 91.

（19）Ebd.

（20）以下を参照せよ。A. Giddens, *Konsequenzen der Moderne*, Frankfurt am Main 1996, S. 85.〔アンソニー・ギデンズ、

松尾精文、小幡正敏訳『近代とはいかなる時代か？——モダニティの帰結』、而立書房、一九九三年〕。

(21) このことについては、たとえば私の次の論文を参照せよ。»Souveränitätsprinzip und Demokratie. Überlegungen zur Transformation der Staatenwelt im Anschluß an Kant«, in: H. Brunkhorst (Hg.), *Demokratischer Experimentalismus. Politik in der komplexen Gesellschaft*, Frankfurt am Main 1998, S. 361-392. »Kants Friedensidee und das rechtsphilosophische Konzept einer Weltrepublik«, in: M. Lutz-Bachmann/J. Bohman (Hg.), *Frieden durch Recht. Kants Friedensidee und das Problem einer neuen Weltordnung*, Frankfurt am Main 1996, S. 25-44.〔ジェームズ・ボーマン、マティアス・ルッツ＝バッハマン編、紺野茂樹、田辺俊明、舟場保之訳『カントと永遠平和——世界市民という理念について』、未來社、二〇〇六年〕。

(22) I. Kant, *Metaphysik der Sitten*, Werke in zehn Bänden, Bd. 7, Hg. W. Weischedel, Darmstadt 1968, § 44 A 163/ B 193.〔イマヌエル・カント、樽井正義、池尾恭一訳『カント全集11・人倫の形而上学』、岩波書店、二〇〇二年〕。

(23) Ebd., § 46, A 165f./ B 196, S. 432.

(24) これについては以下を参照せよ。S. Gosepath/G. Lohmann (Hgg.), *Philosophie der Menschenrechte*, Frankfurt am Main 1998.

人権についての異文化横断的ディスクルス

ユルゲン・ハーバーマス
（米田恵訳）

【ハーバーマス論文への助走】

私たちが生きる現代社会では、経済的、社会的、政治的なあらゆる領域で、多様な背景をもつ人々が交流し共存することが不可避的に求められるようになっている。こうしたなか、国際的な諸問題はもちろんのこと、自国内に生活する人々の問題を取り扱う際にも、個別国家が自らの絶対的な主権を堅持したままふるまうということはもはやできなくなりつつある。それゆえ、国際法において主権を担う主体が個別国家であると明確に定義することもまた困難となっている。しかしその一方で、国連などの超国家的な機関が持つ権限は国際的な権力関係によって規定されてしまっているのが実情でもある。つまり、国際政治において国家主権の純粋な独立性を正統なものとして明確に主張することはもはやできないにもかかわらず、国家を超える視座においてあるべき普遍的正統性を担うためのシステムはいまだ機能していない。本論でハーバーマスは、こうした状況において国際社会の政治的な正統性の根拠となりうるのはただ人権の概念のみであり、このことはすでにグローバルに了解ずみであるという前提から出発している。とはいえ、その概念のもとに政治的な決定の正統性を確保しうる「人権」とはどのような含意をもつのかという点については、いまだ争点が残されている。そして、国際社会において正統とみなされる行為は、この人権概念の解釈の仕方によって異なるものとなりうるのである。

ハーバーマス自身は、あくまで人権を「法的規範」として提示する立場をとる。確かに、人権は人間全般にかかわる道徳的な内容を指示するものであるが、その実現が確保されるのは、法的共同体への所属を前提する市民権という形式においてである。まず、このように人権を法的なものと考えるなら、たとえば「共同体に対する義務」といったものがこのように解された人権に対して優先されることはない。というのは、共同体の秩序として法的規範の枠組みを導入するにあたって、すでに各人の自由は正当な仕方で相互に制限されており、この場合、人権について問題となるのは共同体の義務ではなく各人の主観的な権利のみだからである。それゆえ、本論では、こうした主観的な権利をもつ個人を基礎とする法的な人権概念に向けられる異論を想定し、ハーバーマス自身がそれに対抗する論拠をあげる形で、人権の法的理解を擁護する議論がなされる。

議論の詳細については本論に委ねるとして、ここでは、ハーバーマスの論拠が、人権を法的に捉えることをあくまでも「規範的」次元の問題とみなすということに依拠しているという点を押さえておきたい。共存が不可避であるなら、共存のルールについての相互了解の次元が確保されなければならず、人権概念はこうした共存を前提とする次元において規範として働くものと理解されなければならない。それに対して、たとえば文化や宗教、あるいはそこでの社会統合の形態の保存ということが反論の論拠とされる場合には、これら経験的次元の問題と人権が置かれる規範性の次元の問題とが混同されている。ハーバーマスが主張する法的な人権理解においては、避けることのできない共存に向けた規範的な視点を相互に確保するための「共通の基盤」を模索することが目指されているのである。

ところで、こうした議論の成立の根底にある問題として、ここで提示したいのは以下のように問う視点である。ハーバーマスに従って人権を法的なものとして解釈するなら、このとき、国家と人権との関係はどのように捉えられるべきであろうか。先に見たように、ハーバーマスは人権を法的規範として示す際に、人権は人間全般にかかわる「道徳的な内容」を持つものであると認めつつ、その上で人権を法的な権利として提示している。国家はその法的枠組みのなかで自らの主権によって法を制定することができる。このような国家内部における市民権として実現する人権を、国家が内包する「市民」に限らない「人間」全般にかかわる「道徳的」なものとしても理解しうると考える際の、ハーバーマスのロジックとはどのようなものだろうか。このとき、法的な市民権でありながら道徳的な内容を持つ人権とは、国家の外部の人間にどのようにかかわるのだろうか。本論では、「規範的に」みるなら、「私的な自律性を持つ市民」に対してそのリベラルな基本権を確保するのは、「コミュニケーションと参加の権利」であり、またこの権利は同時に「国民の政治的自律」を構成するものでもある、と言われる。つまり、個人の自由を保障する基本的な人権は、各人が政治的共同体の成員として持つ権利によって、その共同体における政治的な基本権と同時に保障される。このように、個人的な基本権と政治的な基本権は等根源的なものとして示されるのだが、しかしこれだけで、人権を国家の枠組みを超えた人間全般にかかわる権利として理解できるわけではない。

もちろん、ここでこうした問いへの回答をハーバーマスの思想の体系全体のうちで整合的に示すことができるわけではない。しかしおそらく、本論での彼の次のような言及のうちにそのヒントが含まれているように思われる。本論の最後でハーバーマスは、自らが想定したような人権に関するディスクルスを省みるなら、「合意をめざすあらゆるディスクルスの暗黙の先行仮定のうちに含まれている規範的内容」に気がつくと述べている。こうした「先行仮定」とはすなわち、ディスクルスの「すべての参加者は、コミュニケーションの参加者のあいだに対称的な関係が成立していないかぎり、納得に基づいた同意は実現しえないということを、文化的な背景に依拠せず直観的によく知っている」ということである。そしてこのことが含む「規範的内容」とは以下のことである。つまり、ディスクルスの参加者たちがそこでの同意が実現するための前提条件であると考えているこの「対称的な関係」は、「相互承認の関係」、「相互の視点を引き受ける関係」等々と表現されるような関係のことであり、それが規範的前提として「あらゆるディスクルス」に先行している。

このような「先行仮定」とその「規範的内容」は、あらゆるディスクルスに先行するとされる以上、法の民主主義的ディスクルスにも先行する。そして、ハーバーマスが個人的基本権と等根源的であると考える政治的基本権は、法的ディスクルスとしての政治への参加の権利であり、ここにも規範的前提は先行するはずである。もしハーバーマスが、個人的基本権と政治的基本権とは等根源的であると言い、かつ同時に、人権は法的規範でありながら「人間」を包括する道徳的内容を持つと言えるためには、政治的基本権に先行する規範的前提が政治的共同体による法の決定に先立って、「人間」一般の「対称的な関係」を規範として前提しているのでなければならない。だがこのことが言えるためには、あらゆる人間がディスクルスの参加者であるという条件が別に与えられていなければならない。というのは、この規範的前提はディスクルスの参加者のあいだで共有されるものだったからである。本論からこの問いに関してこれ以上のことを読み取ることはできそうにないが、ひとつの回答の可能性を挙げることでここでの記述を締めくくる。ハーバーマスが目指すのは共存を前提とした規範の次元を確保することであるという点を考慮するなら、共存すべきはすべての「人間」であるということが、あらゆる人間をディスクルスの参加者とみなすという条件の根拠とされていると言えるかもしれない。

人権は、道徳と法とへ同時に向けられているヤヌスの顔を持っている。人権は、その道徳的な内容にもかかわらず、法的な権利の形式をもつ。人権は道徳的な規範のように、「人間の顔を所持するもの」すべてにかかわり、しかし、法的な規範として、個々の人格を、彼らが一定の法的共同体に属しているかぎりにおいてのみ、保護する——通常こうした人格は国民国家の市民である。人権は、主観的な権利の形で現れ、誰もみずからの行為を公的に正当化する必要のないような、自由の空間を保証する。道徳の場合とは異なり、ここでは、義務が権利に対して優先されない。法的な義務は正当な自由を相互に制限することから初めて生じるのだから、ここで重要なのは、人間の権利であって人間の義務ではない。

人権は、国家の秩序の範囲内でのみ請求できる市民権として「実現」されうるのだから、政治的な立法者の意志に依拠している。しかし同時に人権は、民主的な公共体をまずもって根拠づけるのであって、主権を有する立法者は、この根本規範を任意に扱うことはできない。そこに、私たちは法治国家と民主主義の内的なつながりを認めるのだが、このつながりが、リベラルな基本的権利と政治的な基本的権利との不可分性を説明する。核と殻というイメージでとらえると混乱を招くのであって、規範的に見れば、私的な自律性をもつ社会の市民にとって平等な自由権は、コミュニケーションの権利と参加の権利なしにはありえず、この権利が同時に国民の政治的自律性をも構成する。

グローバル化の傾向

「規範的に見れば……」と、つい言ってしまうのだが、まさに、人権の普遍的な意味と、その実現のローカルな制約との間には、独特の緊張関係がある。というのは、人権はすべての人間に垣根なく通用するべきである。ところで、いまや私たちは、既存のすべての国家が民主的な法治国家へと変わる一方で、同時に、あらゆる個人に国籍についての選択の権利が認められるというような、人権のグローバルな拡張を思い浮かべることができる。あるいは、誰もが直接に、すなわち世界市民として、人権を享受できるようになるといったことが考えられるかもしれない。たとえば、国連世界人権宣言の第二十八条は、「この宣言が定める権利及び自由が完全に実現される」ようなグローバルな秩序を指示している。しかし妥当性をもつように世界市民法を制度化するというこうした目標も、実現されているわけではない。

国民国家の秩序からコスモポリタンの秩序への移行において、危険なのは次のどちらだろうか。主権をもった国際法の主体たちからなる世界が消失しつつあることだろうか。もっともこうした主体の潔白さはとっくに失われてしまっている。あるいは、国家を超える機関と会議が不透明な形で混在していることだろうか。こうした機関や会議が与えうる正統性は疑わしいものであり、これらの機関や会議は相変わらず、権力をもつ国家と連合との善き意志に依存している。このような不安定な状況において、人権は確かに、国際社会の政治にとって、その語義に応じて万人によって承認される正統性のための唯一の根拠を提供する。しかしそうしたなかでも、その語義の正しい解釈をめぐる論争は激化してきた。

西洋が自己自身と行うディスクルス

自身の伝統から距離をとり、制限された視点を拡張することが、西洋の合理主義の利点としてある。人権の解釈と実現の歴史は、私たちのものの見方をそのように脱中心化する歴史である。平等だとされる権利の及ぶ範囲は、抑圧され周縁化され排除された集団へと、ようやく次第次第に拡張されてきた。粘り強い政治的闘争をへてようやく、労働者や女性、ユダヤ人、ジプシー、同性愛者、難民（Asylant）も、完全に平等な取扱いを要求できる「人間」として承認されている。解放を求める個々のグループによって、人権がそれまで果たしてきたイデオロギー的な機能が、事後的に認識されることにもなる。普遍的な妥当と受容という平等を目指す要求は、そのつど、沈黙のうちに排除されている人々が実際に不平等に扱われているということを覆い隠すためにも役立ってきた。このことは、人権がこの機能に終始するのではないかという疑いを呼び起こした。人権は、想像上の人類という、その背後で帝国主義的な西洋がみずからの特殊性と自分自身の利害関心を隠すことができた誤った普遍性を守る盾として、つねに用いられてきたのではないか。

私たちは、ハイデガーとカール・シュミットにならって、理性批判と権力批判という仕方で、このような嫌疑を読み解こう。前者の観点によれば、人権の理念はプラトン主義に根ざした西洋特有の理性の表現である。この理念は、「抽象的な誤った推論」でもって、その成立のコンテクストという境界を無視し、それによって、普遍的と思い込まれたその尺度が単にローカルに妥当しているにすぎないということを無視する。すべての伝統や世界像、文化には、それぞれ独自で、しかも、真偽についての共約不可能な尺度が書き込まれているはずである。啓蒙のディスクルスを特徴づける独特の自己関係性は、こうした均一的な理性批判をもちろん免れる。人権のディスクルスもまた、その狙いはあらゆる意見に耳を傾けることに置かれている。それゆえ、人権のディスクルスは基準をみずから前もって与えるが、自身の要求に反することが隠された仕方で存在しているとすれば、それはこの基準の光のもとでなお発見され修正されうる。(ルッツ・ヴィンガートは、このことを人権のディスクルスの持つ「探偵のような特徴」と呼んでいる（(FR v.6.8.96) *Frankfurter Rundschau*, 一九九六年八月六日)。）他者の受容を要求する人権は、同時に、その名のもとでなされている排除に対するセンサーとしても機能する。

権力批判の場合は、もう少し素朴である。これもまた、隠された特殊性が優先的に生起することを示唆し、普遍的な妥当というものへのあらゆる要求を否認する。しかしここにあるのは、還元主義的な手法にすぎない。政治的な自己主張が事実として行う権力要求のほかには何も、権利という規範的な言語に反映されるものはないとされる。それゆえ、普遍的な権利要求の背後には、いつも、一定の集団が押し通そうとする特殊な意志が身を隠しているということになる。しかし、比較的幸運な国民なら、すでに一八世紀に、いかにして権力そのものが正統な法によって飼いならされうるかということを学んでいる。「人類を語る人はうそをついている。」〔訳注1〕ドイツのイデオロギーに関するこのよく知られた一節は、ただ歴史的な経験が欠如しているということを示しているにすぎない。

西洋の知識人たちは、自身のヨーロッパ中心主義的な偏見についての自分たちのディスクルスを、他者が彼らと行う論争と混同してはならない。たしかに、異文化横断的なディスクルスにおいても私たちは、人権の妥当が結局はヨーロッパ的な成立の文脈に根ざしたままであるということを示すために、相手側の論者がヨーロッパの理性批判や権力批判から借用してきた論拠に出くわす。しかし、自己意識を自身の伝統から引出し、そのように西洋を批判する人々も、決して人権を一括して退けたりはしない。というのは、今日、他の文化や他の世界宗教は、人権や民主的な立憲国家をともかく発明したかつてのヨーロッパと同様の仕方で、社会的モデルネの挑戦にさらされているからである。

以下において私は、人権に関する異文化横断的ディスクルスへの西洋の参加者の弁護にまわり、その際、先述の基準が、西洋文明の特殊な文化的背景によるものというよりはむしろ、この間グローバルに広まりつつある社会的モデルネの特有の挑戦に答えようとする試みによるものだという仮説から出発するつもりである。このモデルネという出発の条件について、私たちはあれこれ評価するかもしれない。しかし、この条件は今日私たちにとってひとつの事実を示しているのであり、この事実を私たちは拒否することはできず、それゆえこれを懐古的に正当化する必要もなければ、またそうすることもできない。人権の適切な解釈をめぐる論争においては、「モデルネという状況」の望ましさが重要なのではなく、異なる文化の観点からもモデルネの世界が正しく評価されるような、人権の解釈が重要なのだ。論争では、とりわけ個人主義と自律の概念を軸とする人権の世俗的な性格が問題となっている。

他者が私たちと行うディスクルス 「アジア的価値」

シンガポール政府の「国民共有価値」(一九九一年)の公表と、シンガポール、マレーシア、台湾、中国が共同で表明したバンコク宣言(一九九三年)以来、ウィーン人権会議で明らかになったように、ひとつの議論が始まっている。そこでは、政府代表者の戦略的な発言が、反対派知識人の論考および中立の知識人の論考と一部では結び付き、一部では重なり合っている。異議は、本質的に、人権の持つ個人主義的な側面に向けられている。批判は、孔子の影響を受けた極東の文化固有の「価値」を引き合いに出すもので、三つの方向性をもっている。こうした批判は、(1)義務よりも権利を原理的に優先することを疑問視し、(2)人権について一定の共同体主義的「序列」を持ち出し、(3)公共体の社会的結束に対する個人主義的な法秩序の悪影響を訴えるものである。

(1)議論の核心は、次のようなテーゼである。アジアの古くからの文化は(アフリカの部族文化もそうであるように[1])、個人よりも共同体を優先し、法と倫理について明確な区別を行わない。政治的公共体は、伝統的に、権利ではなく義務を介して統合されてきた。政治的倫理によっては、何ら主観的な権利というものは認められず、権利はただ諸個人に与えられるのみである。共同体に関係づけられ、それぞれの伝統に深く繋留したこのエートスは、諸個人に順応と従属を要求し、それゆえ西洋の個人主義的な法理解とは両立しないのだ、ということである[2]。

文化的な相違にこのように関連させる議論は、方向を誤っているように思われる。確かに、近代法の形式からその機能は導かれる。主観的な権利は、個々人の私的な生活の営みをある意味で保護するものだが、それは二重の観点においてである。この権利は、倫理的な人生設計を良心に従って追求するとともに、道徳的な顧慮から自由にそれぞれ自分自身の選好に定位することを可能にする。この法の形式は、多数の独立したアクターが下す脱中心化された決定に依拠する経済社会の機能的要求に適している。しかし、アジアの社会も、グローバル化された経済交流の枠組みにおいて、実定法を制御媒体として導入している。こうしたことが行われるのは、かつてヨーロッパでこの法の形式が、先行する共同の形式をもつ社会化に抗して貫徹されたときと同様の、機能的な理由による。法の保障は、たとえば、計算可能性や帰責可能性、信用の保護といったことに依拠する交流のための不可欠な条件である。それゆえ、決定的な二者択一は文化的な次元になどあるのではなくて、社会経済的な次元にある。アジアの社会は、個人主義的法秩序の成果を利用することなしに、資本主義的な近代化に関与することはできない。一方を欲して、もう一方を受け入れないということはできない。アジアの国々の観点からは、個人主義的な法秩序の一部である人権が、自身の文化的な伝承と合致するかどうかということが問題なのではない。政治的社会的統合のための伝承された諸形式が、全面的に肯定された経済的な近代化による拒否しがたい命令に適合させられなければならないか、あるいはこの命令に反対して維持されうるかどうかということが問題なのだ。

（２）さて、ヨーロッパの個人主義に対するこうした留保は、しばしば、規範的な意図においてなどではなく、戦略的な意図において表明される。この戦略的な意図は、個人主義に対するこうした留保の論拠が、開発独裁という多少とも「緩やかな」権威主義を政治的に正当化することと関連している点に認められる。このような関連はとりわけ、人権の序列についての論争に顕著に見出される。シンガポール、マレーシア、台湾、中国の政府による基本的な裁判権や政治的市民権への侵害は西洋の側から非難されるが、これら政府は、こうした侵害を社会的‐文化的な基本権の「優先」によって正当化するというのが常である。これらの政府は、――明らかに集団が持つ権利として理解された――「経済発展への権利」によって、住民の物質的な基本的必需品を一様に満足させられるような、経済的な発展状態に国が達するまでは、自由主義的な自由権と参政権の実現を「延期すること」が自分たちには認められていると考えている。貧困状態にある住民にとって、権利の平等と意見表明の自由は、より良い生活状況を見通せることほどには重要ではないということである。

機能的論拠を規範的論拠であると強弁するのは、それほどたやすいことではない。確かに、人権を長期的に貫徹するためには、ほかの状況よりも好都合な状況というものはある。しかしそのことは、各人の自由がパターナリスティックに理解され定められた「共同体の幸せ」の下位に置かれているような、権威主義的な発展モデルを正当化するものではない。実際、これらの政府が維持するのは、個人の権利などではなく、パターナリスティックな保護であり、こうした保護によって、西洋では古典的なものと見なされる、生命および身体的不可侵性への権利、個人的権利を包括的に保護され平等に取り扱われる権利、そして信仰の自由、結社の自由、言論の自由への権利に、制限を加えることを可能にしようとする。規範的に見れば、社会的‐文化的基本権を「優先的に」顧慮することは、以下の理由によってすでに不合理である。それは、この社会的‐文化的基本権が、「公正な価値」(ロールズ)、すなわち、自由主義的で政治的な基本権を機会均等に利用するための事実的な前提を保障するためにのみ役立つものだということである。[3]

(3) 上であげられた二つの論拠には、個人主義的な法秩序の影響であると誤って考えられた事柄に対する批判が、しばしば結び付いているが、こうした法秩序は、家族や隣人関係や政治といった自然のままの生活秩序がもつ統合性を危険にさらすように思われるのである。請求することができる主観的権利というものを諸個人に与える法秩序とは争いのためにつくられたものであり、それゆえ、合意に定位したその土地の文化には似つかわしくないというのである。この批判については、その原理的な解釈と政治的な解釈とを区別するほうがよい。

この批判を原理的に解釈すると、こうした留保の背後にはロック的な伝統に根ざした主観的権利の理解に対する正当な批判があると言える。このような主観的権利の理解は、今日支配的なネオリベラリズムによって改めて形成されてきたものである。こうした所有的個人主義は、請求することができる個人の権利要求が、ひとつの法的共同体の、権利要求に先行し、しかも相互主観的に認められているような規範からのみ導き出されうるということを見誤っている。確かに、主観的権利は個々の法的人格に備わるものである。しかし、この主観的権利の担い手としての法的人格の地位は、自由な意志によってアソシエーションを形成する構成員の相互承認に基づく法的共同体というコンテクストにおいてのみ生じる。それゆえ、人権の理解は、あたかも生得的な権利をもって生まれてくるような、あらゆる社会化に先立つ所与の個人というものを想定する形而上学的な重荷から解放されなければならない。だが、この「西洋の」テーゼとともに、法的共同体の要求が個人的な権利要求に優先されてしかるべきであるとする「東洋の」アンチテーゼも不要なものとなる。私たちが、個人化の過程と社会化の過程という逆方向のものを、法の根本概念において統一するなら、「個人主義者」か「集団主義者」かという二者択一は根拠のないものとなる。法的人格もまた、社会化という方法でのみ個人化されるので、個々の人格の統合性は、諸人格がそこでみずからの自己同一性を保持することができるような人格間の関係および文化的伝承を手にできることによってはじめて維持されうるのである。「共同体主義」からもたらされるこうした要素がなければ、個人主義を適切に理解することはできない。

批判を政治的に解釈するときには、それを原理的に解釈する場合とは反対に、近代法が統合を阻害する影響をもつという異論には根拠が乏しいことがわかる。これらアジア諸国において、性急かつ暴力的になされる経済的、社会的近代化の過程において、行政の権力は根扱ぎし、搾取し、濫用されるのだが、こうした近代化の過程と法的形式とが混同されてはならない。この開発独裁の実際的な抑圧に対抗するには、ただ、政治の法制化のみが有効である。高度複合社会のすべてが克服しなければならない統合の問題が近代法という手段によって解決できるのは、もちろん正統な法により抽象的な形式をした国民の連帯というものが生み出されるときだけであり、この抽象的な形式をした国民の連帯は基本権の実現に依拠しているのである。(4)

原理主義の挑戦

人権が個人主義的であることへの攻撃は、人権の基礎をなしている自律の概念というアスペクト、すなわち、国家機構と第三者に対して私人としての市民に保証される自由に向けられている。しかし、市民は自分で自分の法則を与えるときにはじめて、政治的意味において自律的である。憲法制定集会のモデルによって、基本権は構成主義的に理解されるようになる。カントは自律を、公共的な理性使用によって導かれる規範的な洞察に自分自身の意志を結び付けるための能力としてとらえる。この自己立法の理念は、民主的な意志形成の手続きにも影響を与えるが、この手続きをもって政治的支配は、世界観に関して中立的であるような正統性の基盤の上に築くことができるようになる。この基盤によって、人権を宗教的にあるいは形而上学的に根拠づける必要はなくなる。そうであるかぎり、政治の世俗化とは、市民の政治的自律に必然的に伴う事柄以外のなにごとでもない。

ヨーロッパの人権の構想は、異文化の論者たちに、一方では自律の見地——主観的権利のもつ個人主義的な側面——に関して、他方で別の見地——宗教的 - 宇宙論的世界像から切り離された政治的支配の世俗化——に関して攻撃される。原理主義的に理解されたイスラム教、キリスト教、ユダヤ教の観点からすれば、自身の真理性要求は、必要であれば政治的権力という手段によって貫徹されてしかるべきであるという意味においても、絶対的なものである。彼らのこうした見解は、公共体がもつ排他的な性格を支持するような帰結を導く。宗教や世界観によるこの種の正統化は、異なる信仰をもつ者や世界観を異にする者を同等の権利をもつ者として受容することとは相容れないのである。

けれども、人権による世俗化された正統化、つまり政治を神の権威から切り離すことが挑発的な挑戦を意味するのは、原理主義者たちにとってだけではない。たとえばアシス・ナンディのようなインドの知識人たちも、「反世俗主義宣言」を行っている(5)。彼らは、イスラム教とヒンズー教の信仰文化が互いに許容し受容しあうことを期待しているが、それは国家が世界観に関して中立的であることによってではなく、二つの宗教の考え方が交差し合うことによって可能になると考えている。彼らは、宗教がもつ公的な意味を無力化することに他ならないような、断固とした政治的中立性というものに対して懐疑的である。そうした考えは、明らかに、公正な政治的共存のための共通の基盤はいかにして見つけられうるかという規範的な問いと経験的な問いとを混同している。宗教的領域が国家から切り離されることで、私的なものとされた信仰のもつ影響力は事実上弱められるかもしれない。しかし、寛容の原理そのものは、宗教的信条および生活形式のもつ真正性と真理性要求に対して向けられるものではなく、ただ、同一の政治的公共体のなかで、こうした信条や生活形式が同等の権利をもって共存することを可能にするべきものとして妥当性を持つにすぎないのである。

論争の核心を、様々な文化がそれぞれの宗教に承認する重要性についての衝突として描くことはできない。人権の構想は、かつてヨーロッパが、信仰の分裂による政治的結末を克服しなければならなかった際に直面した問題に対する回答であったのだが、今日、異なる諸文化がかつてのヨーロッパと同様の仕方でこの問題に直面している。諸文化の対立そのものは、いずれにせよ国際社会の枠内で起きており、そのなかで集団的アクターは、それぞれ文化的伝統を異にするにもかかわらず、否応なく共生のための規範に関して一致しなければならない。というのは、外部からの影響を遮断して自足するという手は、今日の世界情勢においてはもはや選択しえないからである。しかも、世界観の多元主義は、強固な伝統にいまだ規定されている上述のような共同体の内部においても始まっているのである。

排他的な要求を伴って現れる支配的でドグマティックな伝承が反省を経て変容することが、文化的に比較的均質な社会においてさえ、ますます不可避となっている。(6) それぞれの宗教的「真理」が、公的に認められている世俗的知識とは一致しなければならず、そして異なる宗教の真理性要求に対しては同一のディスクルス空間のうちで擁護されなければならないという意識が、さしあたり知識人の階層に強まってきている。キリスト教が信仰の分裂以降そうだったように、近代的な生の状況一般が反省を迫ることにより、伝統的な世界像は「リーズナブルな包括的教義」へと変貌する。ロールズは、反省を伴う倫理的な世界理解および自己理解をこう呼ぶのだが、こうした倫理的な世界理解および自己理解は、異なる宗教的信念と理性的な仕方で合意には至らない可能性を残している。しかし、このような異なる宗教的信念と、同等の権利をもって共存するためのルールについては了解に至ることが可能である[7]。

私の思考は、今日ではもはや西洋の文明社会だけがさらされているわけではなく、いたるところでなされている挑戦への回答として、西洋型の正統化を弁護するものである。だからと言ってもちろん、西洋が見つけ出した回答が唯一のものであるということではないし、最良のものだということでもない。そうであるかぎり、目下の論争は私たちにとって、自らの見えていない欠点について教えられるチャンスである。様々な文化的出自をもつ参加者のあいだで行われる人権のディスクルスが、どのような状況を出発点としているかについて解釈学的に反省するだけですでに、合意をめざすあらゆるディスクルスの暗黙の先行仮定のうちに含まれている規範的内容というものに、私たちは気づかされる。すなわち、すべての参加者は、コミュニケーションの参加者のあいだに対称的な関係が成立していないかぎり、納得に基づいた同意は実現しえないということを、文化的な背景に依拠せず直観的によく知っているのである。なおこの関係とは、相互承認の関係のことであり、相互の視点を引き受ける関係のことであり、自身の伝統を他者のまなざしでも眺め、互いに学ぶ用意があることをともに前提しあう関係のことなどなどである。こうした基盤の上で批判されうるのは、人権に関する選択的な見解、偏った解釈、偏狭な使用だけではない。個別的な利害関心を普遍主義の名の下に覆い隠すための恥知らずな人権の道具化もまた批判されうる。こうした人権の道具化は、人権の意義はその濫用に尽きるというような誤った想定を招くことになる。

注

（1）ナイジェリアの政治学者、クラウド・エイクの同様の見解を参照せよ。»The African Context of Human Rights« *Africa Today* 34, 1987, S. 5:「人権という観念、あるいは法的な権利一般は、アトム化された個人主義の社会、衝突のはびこる社会を前提としている。それは、自分たちが個別に存在していることと、自分たちの個々の利益を意識し、それを実現することを切望している人々の社会を前提している…。私たちは、個人を強調するよりも集団を強調し、個人が社会の要求に優先するような要求をもつことを認めない。私たちは調和を想定するのであり、利益の不一致や競争や衝突を想定しない。私たちは、社会の他のメンバーに対する要求よりも、彼らへの責務を考える傾向にある。」

（2）Yash Ghai, »Human Rights and Governance: The Asia Debate«, *Center for Asian Pacific Affairs*, Nov.1994 S. 1-19.

（3）私の、ギュンター・フランケンベルクとの議論を参照せよ。Habermas, *Die Normalität einer Berliner Republik. Kleine Politische Schriften VIII*, Suhrkamp, 1995, S. 382ff.

（4）Ghai (1994), 10:「諸政府は、発展もしくは国家の安定の名のもとに、多くのコミュニティを破壊してきた。これら政府のほとんどが、その住民のなかにみずからの文化、経済、信仰を維持する権利をもつ原住民たちがいるということを認めるのを一貫して拒否しているが、このことは、まさに、実在するコミュニティへの彼らのコミットメントの欠如を証明している。コミュニティの活力は、団結し、集会を開き、討論し、異議申し立てをする権利の行使から生じるのだが、これらの権利は政府によって〈リベラルな〉権利として退けられている。」

（5）Partha Chatterjee, »Secularism and Toleration«, *Economic and Political Weekly*, July 9, 1994, S. 1768-1776; Rajeev Bhargava, »Giving Secularism its Due«, *Economic and Political Weekly*, July 9, 1994, S. 1984-1991.

（6）H. Hoibraaten, »Secular Society«, in: T. Lindholm, K. Vogt (Eds.), *Islamic Law Reform and Human Rights*, Oslo, 1993, S. 231-257.

（7）J. Rawls, *Political Liberalism* , N.Y. 1993.

訳注Ⅰ　プルードンの言葉をもじったシュミットの正確な言葉は、次のとおりである。「人類を語る人は、欺こうとする人である。」Carl Schmitt, *Der Begriff des Politischen*, Duncker & Humblot, 1963, S. 55. カール・シュミット、田中浩、原田武雄訳『政治的なものの概念』、未來社、一九七〇年。

人権の国際化と国家主権の限界

ペーター・コラー
（小谷英生訳）

【コラー論文への助走】

ペーター・コラー（一九四七〜）はオーストリア出身の法哲学者で、二〇一三年現在グラーツ大学（Karl-Franzens-Universität Graz）の教授職にある。単著に関して言えばコラーはまったくの寡作であり、その名は日本ではほとんど知られていない。しかし論文に関しては年四〜六本をコンスタントに発表しており、英独語圏では影響力のある研究者だと言って差しつかえないだろう。

本論文でも示されている通り、コラーが一貫して関心を寄せているのはグローバル・ジャスティスの問題である。さしあたりここではそれが、主権国家ないし国民国家との関係において思考されている。ここで本論文の構成を簡単に整理しておこう。

第一節でまず確認されるのは、人権は道徳的要求である以上、普遍妥当性を有するべきだという点である。この点で人権は、ある階層・集団に特有の利益に基づく権利とは区別されねばならない（ただしコラーは、論文中でも注意されているように、なぜ人権が道徳的要求であるのか、道徳的要求としての人権なるものが本当にあるのかという点については考察していない。あくまでそのような性格を持った人権なるものを前提として議論を進めている）。

次に、人権保障は各々の主権国家に一任された課題である、という古典的な見解に疑問符がつけられる。その理由として挙げられているのは全体主義の経験と、グローバリゼーションによる新たな国際関係の出現である。一方で二〇世紀の前半に現れた全体主義は、主権国家が自国民の人権をあからさまに蹂躙する危険性を痛感させた。他方で冷戦の崩壊後に誰の目にも明らかになったグローバリゼーションは、人権が世界規模で保護されなければ意味がないこと、したがって保護の是非が各々の主権国家に任されてよい問題ではないことを実感させる経験であったと言える。ただしコラーは、このように述べたからといって、個別国家を廃棄することには反対の立場を採る。人権保護を個別国家に一任するのではなく、それを個別国家に強制するより上位の、それも単一の世界国家ないし世界政府に回収されることのない上位の国際秩序に任せるべきだと考えるからである。

続く第二節では、古典的な主権国家理論とそれに基づく国際法論が批判される。具体的な内容については本文をみていただくとして、ここでは批判の要点について整理したい。すなわち、主権概念が国家の独立とその支配領域内部における権力の排他的独占を含意するため、主権に基づく国際法論も他国への／からの不介入を原則として承認してしまう。この不介入の原則は実質的に国民に対する国家の圧政を許容するものとなってしまい、不介入の原則を維持する限り、人権保護を個別国家に強制できるような国際法論は生じえない。この点を再確認するためにコラーが召喚するのがカントである。カントは真の平和はすべての国家が共和制的であり、人権を保護する場合にのみ訪れることを理解していた。にもかかわらず不介入の原則を固持してしまった点で、また各々の国家に人権保護と平和維持を強制する国際秩序を必要としながらも、主権国家の絶対的独立性を保持してしまった点で、古典的議論の限界を露わにしてしまったのである。けっきょく古典的議論には①国家の道徳的自律、②超国家的な権威の否定、③社会の個別国家への分離可能性といった前提が潜んでおり、第二節では以下、それぞれがより詳細に吟味・批判されることになる。

ところでコラーは、一方ではグローバリゼーションを中立的かつ理念的なシステム、すなわち「政治的、経済的、エコロジー的な観点において、諸国家を互いに密に結び付け、依存させるシステム」として描き出している。しかし他方では、本文中では展開されていないものの、現行のグローバリゼーションがむき出しの資本主義的な――つまり搾取と階級を含む

――国際秩序の呈をなしており、したがって国家間に格差を生み出すものであることを理解していたように思われる。それはわずかに第二節末尾から読み取ることができる。それだから正義に適った国際秩序のための原理として、〈国際協力・相互依存関係から生じる諸々の利点と負担が、システムに参加するすべての国の人々に受諾可能な方法で配分されるように〉という命法が提示されるわけである。

最後に第三節では、コラー自身の新しい（そして然るべき）国際的秩序構想が素描される。あくまでもスケッチであり、また本文で注意されるように、ロールズの言う「理想理論」のみの展開であるため、ひょっとしたら読者は肩透かしを食うかもしれない。訳者の見解を交えながら、いくつかの論点について整理してみたい。

まず、コラーは四つの公準を採用する。第一に、もしも自分が別の社会に所属していたらどうであろうか、という思考実験を道徳的パースペクティヴとして使用する。これによって彼はカントとロールズから離れるとしているが、実質的にはカントの「反省的判断力」（とくに「共通感覚」、他人の立場に身をおくこと）とロールズの「無知のヴェール」の拡張である。ひとつの社会内部に限定されていたそれらの概念使用を、コラーは国際秩序のためにいわば再定式化しているからである。第二にコラーは、社会的正義の諸要請に適っている場合には、国家それ自体には固有の道徳的価値があると断ずる。この宣言の意味は、国家の複数存在を事実性の次元ではなく規範性の次元で正当化することである。この点についてもう少し説明が欲しいが、残念ながら本論文にそれを求めることはできない。第三に、然るべき国際秩序は純粋道徳論的に、ないしはアプリオリに導出されるべきではなく、現実を踏まえながら構築されねばならない。最後に、現実の道徳的不完全性（すなわち大半の人々が理想状態から導出された規範に従わないこと）を考慮し、「理想理論」と「非理想理論」を区別すべきである。最後の二つに関しては方法論的な公準であり、「である」と「すべき」に関する長い哲学的論争を思い出させるものである。以上四つの公準からコラーが描き出した（やや簡潔にすぎる）将来構想のアウトラインについては、本文を読んでいただきたい。

さて、国家の複数性を維持しつつも、人権保障のためのより上位の国際秩序を構想する、というコラーの方向性については——実現可能性はともかくとして、規範理論的には——納得のいくところではある。しかしながら資本主義に基づいて展開するグローバリゼーションがいわば国際的な人権の搾取の上に成り立っているとすれば、正義に適う国際秩序はこのようなグローバリゼーションを制御し抑制し、場合によっては廃棄しなければならないのではないか。すでに述べた通り、この点に関しては本論文ではわずかな示唆が与えられているにすぎず、コラーの見解を十全に理解するためにはその他の論文を参照する必要があるだろう。しかし少なくとも現行のグローバリゼーションの中で人権保護の体制を構想することは困難で、ひょっとしたら欺瞞的でさえある営みかもしれないこと、重要なのは資本主義の行き過ぎを是正しうる規範理論であることは、論点として提示しておきたい。

最後に、訳語について補足しておきたい。コラーが国際秩序の構成要素として考えているのは、厳密に言えば「国家Staat」ではなく「社会Gesellschaft」である。国家体制を整えた社会は「国家社会staatliche Gesellschaft」と呼ばれるが、これは「国民国家Nationalstaat」と同義であると理解できるだろう。ただしNationおよびその派生語については、場合によって「国民」「国家」と使い分けた。また、Volkは文脈に応じて「人々」「民族」「国民」と訳し分けざるを得なかった。

第1節　人権の国際化

人権という理念はその概念自身のうちにすでに普遍妥当要求を含んでいる。というのも、本性上、道徳的権利なるものは偶然的状況に依存せずにすべての人間に帰せられることになるが、人権はふつうこのような道徳的権利として理解されているからである。したがってこうした道徳的権利が実際にあるとすれば、それは世界中すべての人々に対して拘束力を有するものでなければならない。つまり、たとえ人々がいかなる文化的および社会的な伝統を持っていようとも、そして法権利と善についてのいかなる特別の表象を持っていようとも、人権は普遍的に拘束するという性格を含んでいなければならないのである。[1] してみれば、人権の普遍性要求——それはグローバルな拘束力を含んでいる——は、すでに人権についての言説の中に概念的に含意されていることになる。もっとも、人権という想像物の基礎づけや実現が困難である理由がこの普遍性要求にあるのも事実ではあるが。

さて明らかに、道徳的諸要求一般であれ、道徳的権利という特殊な要求の基礎であれ、要求内容の具体化や適用範囲の拡大に応じてその基礎づけは困難になる。それだから少なからぬ思想家たちはできるだけ少ない要素を人権に数え、安全と自由というごく基本的な要求に制限することに賛同している。そうした方が、人権に対するより広範囲な同意を獲得できるからである。[2] 本稿ではしかし、この件についてはこれ以上立ち入らない。[3] むしろここでは、こうした思想家たちの見解に逆らい、国連の人権関連文書が示すような人権概念に即して話を始めたい。すなわち、〈人権は生命、身体の不可侵性、自由といった基本的でリベラルな権利のみならず、政治的・社会的な諸権利も包含する〉と考えたいのである。[4] リベラルな権利が諸他の権利よりも広い適用領域を持つことを否定するつもりはもちろんない。諸他の具体的な権利にしばしば特別な重きをおき、その順守を義務づけられる人々の範囲をみれば、それは明らかだからである。いずれにせよ本稿では、国連が提示した人権概念を出発点とした上で、主として人権の実現に関する問いに焦点を当てるつもりである。たとえ実現に関する問いが、基礎づけに関する問いから完全に独立しているわけではないとしても、片方のみを論じることに意味がないとは言えないはずである。

さて、第二次世界大戦まで支配的であった人権についての見解は、人権は個別国家が実現すべき課題にすぎないというものであった。この見解は、たとえまだ完全に無くなったわけではないとしても、現在では消滅しつつある。人権の実現を個別国家のみに課するこの見解は、個別国家のみが主権によって普遍的に正当化され、自国領土内での人権保障を実現できるということを根拠としていた。(5) ところが、国家の進展の中で生じた二つの事態によって、こうした議論はかなり疑問視されるようになってきた。第一に私たちは、なにより国家社会主義〔＝ナチズム〕やスターリニズムの形をとって現れた、途方もない規模での国家犯罪に直面した。そして第二に、個々の国民は協力と相互依存の世界システム、いわゆるグローバリゼーションにますます組み込まれてきている。(6) こうした事態の進展は人権の国際化を必要たらしめている。この人権の国際化は、二つの方向で進められていかなければならない。

第一の方向性として、個別の諸国家に対し、それらの領土内部で人権を尊重し保護するよう義務づけるような国際秩序が要請される。こうした秩序はもちろん、人権侵害が生じた国家に対する適切な干渉と制裁が可能である場合にのみ、効果を発揮する。たとえまだ不十分な歩みだとしても、今述べたような国際秩序構築への第一歩を踏み出したのが、諸々の国連人権規約であった。しかしこの規約は個別国家による自由な参加を必要とし、また個別国家の主権を制限することもほとんどなかった。それよりもはるかに効果的なのは、超国家的な司法裁判所を備えた欧州人権条約である。しかしながらこの条約は、かろうじてEU加盟国に対して十分な効力を持つに留まっている。(7)

第二の方向性として、人権の妥当性を複数の国民国家間の関係というレヴェルで確立することも必要であろう。この場合とくに困難な課題が課せられている。まずなによりも重要なのは、軍事上の衝突を防止することである。そしてそれが不可能な場合には、最低でも戦争の中で生じる捕虜と市民に対する犯罪行為を阻止しなければならない。次に、地球全体の富をバランスよく配分することが重要である。バランスのとれた富の配分によって、国民国家は自国民の生存および人間の尊厳に値する生活を保障するための条件を整えることができるようになる。最後に、エコロジーにとって破滅的な要因を排除することである。多くの社会の生活習慣がこうした要因を他の社会に押しつけ、その生活基盤を脅かしている。(8) 以上の諸課題はしかしながら、現存する国際秩序——それは本質的に、競合する主権国家の自由意志に基づく協力体制から成立している——の類によって解決されることはまずありえないだろう。

こうした事態を考慮すると、全世界規模で人権に効力を与えうるような国際秩序はどのようなものであるのかについて、新たに考えることが必要となる。そのために本稿ではまず、人権および国家主権の古典的な発想について踏み込んで検討する。人権および国家主権の古典的な発想は、それに対する批判の声が高まっているにもかかわらず、国際法理論においても国際関係論においても依然として大きな影響を持っているからである。ところが、こうした古典的理論を許容することはもはやできない。本稿ではその最大の理由を明らかにしようと試みるであろう。以上のような認識に立った上で、次に、人権に重きをおく国際秩序の構想を提示することが課題となる。その際には、世界の統治にふさわしいかたちで諸国家が併存することを正当化する議論を否定することなく、この秩序を提示することが肝心である。

第2節　古典的な観点からみた人権と主権

人権と国家主権の関係は歴史の中で大きく変化してきたが、しかし依然として緊密なものである。この関係は成立した当初は完全に調和的であったため、近代の政治思想家は国家主権と人権を相互に切り離せないものとして結び付けた。それというのも、彼らは主権——すなわち国内における権力の完成と国外に対する独立性——を、各々の社会内部での平和で公正な秩序の基礎的条件としてのみならず、諸国家間の平和の必然的前提とみなしたからである。

長きにわたって主権概念は、政治関係を記述し説明するためではなく、主として政治的関係を正当化ないし批判するための概念として用いられてきた。(9) 主権概念の根源的な役割とはなによりもまず、国内課題を解決するために、強力で集権的な国家権力――それは最初絶対君主制の形態において形成された――を正当化することであった。中心的なテーゼは次のようなものである。すなわち、強力で集権的な国家権力は、平和で公正な社会的共生のための不可欠の前提を成す。なぜならば主権的な国家権力のみが永続的な不和を、すなわち政治的ヘゲモニーをめぐる闘争および宗教的内戦を、終わらせることができるからである。

とりわけボダンやホッブズを代表とする古典的思想家の中には、〔絶対君主制を批判したにもかかわらず〕論理的な帰結として、〈主権的な国家権力は主権を有する一人の絶対的支配者において、再び個人化されねばならない〉という意見を支持した者たちもいた。なぜなら支配者が一人の場合にのみ、社会的な平和を永続的に確立できると考えたからである。(10) しかし多くの思想家たちはこのような意見には当初から否定的であったし、また立憲国家の発展を通じて、時間が経つにつれはっきりと反対の意を唱えるようになった。というのも、立憲国家の発展が示しているのは、〔第一に〕先進社会の社会秩序を担保するためには国家主権が必要だとしても、それをたったひとつの国家機関が独占する必要はないこと、〔第二に〕国家主権は単一の国家機関に独占された場合と同等かそれ以上に適切な仕方で、相互に管理し合いバランスをとる複数の国家機関から成る分権型システムへと移行可能であること、だったからである。(11) しかしこうした議論の修正も、主権に関する古典的学説が少なくとも次の点においては首尾一貫していることを、いささかも否定しない。すなわち、〈平和で公平な社会秩序が可能になるためには、多種多様な社会を貫いて広範囲にわたる規制と強制の権限を備えた、ひとつの主権的な国家権力が要求されている〉という点である。

近代初期に複数の主権国家が生まれた結果、国内の平和は徐々に保障されうるようになった。しかし主権国家はつねに相互に戦争状態にあり、諸国家間の平和秩序というひとつの新しい問題が前面に現れるようになった。この問題を解決するために国際法という考えが発展したが、国際法の中でまたしても、諸国家の主権性が決定的な役割を演じることになった[12]。古典的な国際法論の基本的な教義とはすなわち、〈諸国家間の平和状態が実現可能であるのはすべての国家が、敬意を払う構えがある場合だけである〉というものである。ここから、すべての国家に、つまりはすべての国家の主権と独立に、他国の国内問題への武力介入を厳格に禁ずる不干渉の原理が導出される。しかしながら、そこからの帰結が示すように、この原理は逆説的なものである。というのも、不干渉の原理によって諸国民の安全と自由は保証されたことになるが、これは表面的なものにすぎず、実質的には支配圏域においては外国からの干渉に煩わされずに任意に政治を行ってもよい、という唯一無二の権利を各国政府にもたらしただけだったからである[13]。

普遍的に受諾可能な平和体制が国家主権の相互承認から導出されるのは、平和秩序を引き受け可能な国内体制〔ないし憲法 Verfassung〕を各国家が有している場合に限られる。このことをすでに洞察していた者が、古典的思想家の中にいなかったわけではない。しかしほとんどの思想家たちは、このような洞察の帰結をひき出すことに躊躇していた。カントはその好例であろう。真の平和が存在しうるのは、あらゆる国家が共和制、すなわち法治国家であり人権を保障する体制であるような場合のみであることをカントは喝破した。しかしながら、〈機会に乗じて他国に武力介入することは、いかなる国家にも禁じられていなければならない〉という点については、いささかも変更を加えなかったのである。たしかにカントは国際関係を制御するためには諸国家連合の創設が必要だと考えていた。ところが、彼は同時にこうも考えていた。諸国家連合は、脱中心的で、自由意志に基づき、いつでも解消可能な協力体制においてのみ存在しうるのだ、と。このような条件づけの目的は、不可侵の国家主権を制限しないようにすること以外のものではなかった[14]。

以上、古典的な国際関係論を簡単に描き出したが、今日の目からみれば深刻な危惧を抱かざるをえない。ここには、現代世界という諸条件の下ではもはや受け入れることのできない種々の前提が潜んでいる。その一部は経験的性格のものであり、一部は規範的性格のものである。とりわけそうした前提に該当するのは、〔一〕国家の道徳的自律という前提、〔二〕超国家的ないかなる権威もありえないという前提、そして〔三〕社会を個別の国家に分離することができるといった前提である。これら三つの前提について、もう少し詳しくみていこう(15)。

〔一〕これについてもっとも雄弁に語ったのはやはりカントであったが、古典的な国際法論に通底するような考え方は、諸国家の道徳的自律という想定であった。諸国家の道徳的自律が意味しているのは、諸国家は諸個人のように独立した人格とみなされることができ、それゆえ諸国家は諸国家相互の関係を制御し、すべての国家の自由と安全を等しく保護するための〔国際〕法秩序に自ら従うよう義務づけられているということである(16)。これに該当する国際秩序は、全ての国家にとって（実質的にはすべての国家の政府にとって）受諾可能な性格のものでなければならない。ところが、そのような国際秩序と並んで、諸国家には諸個人の自律に匹敵する道徳的自律が認められる。この道徳的自律によって、そのつど様々な政治体制を持った政府は（たとえそれがいかなる体制であったとしても）無条件に尊敬され、その不可侵性を無制限に認められることになるが、これは権利として保証されることになる。そしてこの意味における国家の道徳的自律の結果として、国家間関係の次元において諸個人の権利が――諸個人の安全こそが諸国家の重要な機能なのは明らかであるにもかかわらず――無に帰してしまうのである。このような論理的帰結は、私の見たところ、過去二世紀の歴史的経験によって全く耐え難いものになってしまった。

かくして、現代的状況にふさわしい道徳的な構想は、国際秩序を正当化するための別の規範的基準を要求している。規範的という理由は、どんな社会に帰属するにせよ、すべての人がそうした国際秩序に納得できなければならないからである。さらに言えば、そうした正当性の基準は次のようなものでなければならない。すなわち、〈国際秩序が道徳的に正当であるのは、それをすべての人格が世界の偶然的な諸条件の下で、そしてあらゆる関連する状況を慎重に吟味することを通じて、彼らの帰属する社会に関係なく受諾可能な場合に限られる〉というものである(17)。この基準は組織的な政治的〔中間〕団体の存在の下でも適用可能である。たしかに、こうした団体に参加している諸個人は、しばしば自分の意志に逆らってでもその集団的な意思形成に従わなければならない。しかしだからといってこのことは、〈理性的な人々は、国家による支配形態が人々の諸権利を尊重し保護するか、それとも土足で踏みにじるのかを度外視して、国家のいかなる支配形態にも従うはずである〉などという意見を是認することには決してならないからである。

〔二〕古典的な国際法論が超国家的な権威の存在不可能性を前提としていることについては、ほとんどの思想家が明言している通りである。彼らの見解に従えば、国家を超えたいかなる権威によっても制限されない主権国家が複数存在している状態は、とにもかくにも変更しえない事実である。おまけに彼らは、果たしてこの状態を克服することはできるのかどうか、もしできるとすればそれが望ましいのかどうなのか、といった問いを提起することもなかったのである。少数の例外の一人がカントである。望ましさに関する問いこそ扱っていないものの、カントはひとつの世界国家が実現されうるのかどうかを問い、周知のようにこれを否定した。それどころか基本的にカントは、独立国家の複数存在の方がつねに、単一のグローバルな国家へと「溶解すること」よりもましだ、という議論を展開した。その理由は、もし仮にひとつの世界国家なるものが実現したとしても、それはすぐに専制に陥り、最後には無政府状態に転じてしまいかねないからである。[18] カントの診断はたしかに、世界国家に関していえば正しいといえるかもしれない。ところがここには誤った二者択一が潜んでいる。というのも、完全な主権的地域国家の複数存在か、あるいはグローバルな中央国家の単一存在か、この二つだけが議論の俎上に載せられているからである。この二者択一は、二つの理由から的外れである。まず第一に、現に存在する諸国家が、ひとつの世界国家へと統合されることなく国家よりも大きな政治的統一体へと統合されることは、不可能ではないかもしれない。そして第二に、単一の中央集権的な世界国家と完全に独立した複数の地域国家との間には、両者の長所を備えたヴァリエーションが考えられうるからである。これに該当するものとしてまっさきに、諸国家共同体が考えられる。限定的な立法権と強制力を有する超国家的な機関を備えており、分離しつつ連邦的に統合され、あくまで補完的にではあるが、序列も含んでいるような諸国家共同体である(19)。

しかしたとえ世界国家の類が実現可能だとしても、そのような国家が果たして望ましいのかどうか、それどころか要求されているのかどうかという点については、まだ明らかになっていない。これに答えるためにはしかし、そもそも諸国家の道徳的重要性はどこにあるのかという問題に取り組むことが必要である。カントは、諸他の古典的政治思想家と同様に、国家の唯一の目的は人間の基礎的な道徳的権利、とりわけ人間が平等に持っている自由を実際に保護することだという見解に立っていた。ところが、仮にこの見解が真実だとすると、国家それ自体はいかなる道徳的価値も持っていないことになってしまいかねない。そうなると国家が扱うにふさわしいものとしては、純粋にプラグマティックな問題しか残らないことになるだろう。こうしたプラグマティックな問題に対しては、どのぐらいの規模であれば諸国家はもっとも適切に人権を守ることができるのか、といった観点のみが唯一重要となるはずである。この見解からすれば、世界国家が機能する見込みがわずかしかないのであれば、諸国家の複数存在の方がより確実に人権を保障しうるといえる。反対に万が一世界国家なるものが可能となり、しかも与えられた状況の中でもっとも確実に人権を保障しうるということになれば、これこそが世界国家の実現が要求されているのだと考えるための十分な理由となるに違いない。とはいえもちろん、いささかの疑念もなしにこの論理的帰結を受け入れることはできないように思われる。

世界国家の類が望ましいか否かという問題について論じることは、いまはこれ以上しないでおこう。ここではただ次のことだけを指摘しておきたい。すなわち、私の見るところ、相対的に独立し境界づけられた政治的共同体の複数存在に賛成するためには、プラグマティックな理由だけでなく、とりわけ二つの重要な道徳的理由が必要だということである。第一に、全ての人間がその尊厳に適った生活を送ることは社会的連帯によって保証されるが、こうした連帯を実際に機能させるためには独立し境界を持った政治的共同体が必要である。そして第二に、人々が自らの居場所を感じることのできるような様々な文化的生活形態が発達するためには、やはりそうした政治的共同体の複数存在が必要である。[20]

〔三〕 さて、以上みてきた二つの前提に加えて、古典的な政治理論家たちは、そして現代の政治理論家たちの一部ではなおも（たとえばロールズ）、国家社会の分離独立性を前提としている。彼らはみな、この世界が国家社会の複数存在から成立しているという事実を出発点としているからである。各々の国家社会は互いに十分に独立して存在し、かつその存立と繁栄のために求められるあれこれを大体のところ自ら調達することができる。こうした事実はもちろん、国家社会の間に成立しうる多種多様な交易関係や連繋を排除するものではないが、個々の社会を相互依存的な関係におくような国際的規模での分業体制を想定したものではない。国家の分離独立性という前提は、実際には失われて久しい。それどころかそれは、二一世紀の経験を通じて完全に幻想となってしまった。世界における地域国家の複数存在は、もうとっくの昔に相互的な協力と国家間依存というひとつのグローバルなシステムへと成長してしまった。それは政治的、経済的、エコロジー的な観点において、諸国家を互いに密に結び付け、依存させるシステムに他ならない。[21]

グローバルなシステムという現実は、道徳的観点からみればひとつの重要な帰結へと至る。すなわち、国際的な協力・相互依存関係におかれているかぎり、種々の国家社会はもはや〔国家の道徳的自律を筆頭とする〕普遍的なヒューマニズムの戒律だけに服しているわけではない。それはまた配分的正義の諸要求にも従っている。個別具体的にどのようなことが要求されようとも、いつでも決まって要求されているのは、〈国際協力・相互依存関係から生じる諸々の利点と負担が、システムに参加するすべての国の人々に受諾可能な方法で配分されるように〉ということである。次にこのような観点から出発して、国際的な正義という一般的な問題と、人権の国際的な保障という問題について、若干の一般的考察を行ってみたい。

第3節　相互依存的な世界における人権

さて、〔すべての国民が〕受諾可能な社会的正義の表象に基づかなければ、市民法の構想は適切なものとはいえないだろう。同様に普遍的人権の構想は、〔すべての人々が〕受諾可能な国際正義の表象を前提とする。それだから私は、国際的な人権保障をめぐる以下の考察を、国際正義に関する一般理論の中で行いたい。そのために、ここではより詳細に基礎づけることはできないが、一連の規範的前提をあらかじめ示しておきたい。

（1）私のみたところ、国際秩序の道徳的妥当性をはかる規範的な基準は、この国際秩序が個々の人格すべてによってグローバルな道徳的観点から普遍的に受諾可能なことである。このような観点において各々の人格は、〈世界には多くの個別社会があるが、もしも自分があの社会やこの社会に所属しているとしたら……〉と想像しなければならない。この基準を採用することで、古典的な国際関係論（とりわけカントの議論）から、さらにはロールズのそれから、本質的に離れることになる。(22)

（2）必然的に主権的な政治的共同体であるかどうかはさておき、相対的に独立していると考えられている個別国家は、社会的正義の諸要請にいくらかでも適っているときには固有の道徳的価値を有する。個別国家は人間の生活を豊かにするために必要な社会的連帯を活性化させ、また多様な文化的生活形態を発達させる機能を担っているが、この道徳的価値はそうした機能から生じる。それゆえ個別国家を巨大国家や単一の世界国家で置き換えることは、簡単にはできない。個別国家の自立性は、その道徳的価値ゆえに、ある程度確保されるべきなのである。ここでも私はまた、カントやその他の古典的思想家と袂を分かつことになる。私の議論とは異なり、彼らは諸国家の数多存在をたんに偶然的な事実とみなしていたからである。

（3）公正な国際秩序のための諸原則は、本質的に、世界の事実的な性質に依存している。そうした性質としてなによりもまず考えられるのは、多種多様な社会の間に結ばれた諸関係である。ここから次のことが帰結する。すなわち、第一に国際正義の諸原則は、抽象的に想定された規範のみから単純かつアプリオリに導出されうるのものではないこと、第二にこれら諸原則を基礎づけるためには、経験的な現実という名の何らかの事実を考慮しなければならないことである。この点で私の方法は、ロールズの構成主義的アプローチと同じである。

以上が規範的な三つの前提であり、国際正義の理論はここから出発するべきだと私は考えている。私なりの国際正義論——といっても、まだまだ未熟なものであることを認めなければならないが——を展開する前に、もうひとつだけ、理論構成にかかわる注意を加えなければならない。すなわち、私の議論の出発点においてさらに想定されているのは、〈理想的な社会的世界において十分に基礎づけられた道徳的規範は、現実の社会が提示する諸条件の下では直接的に拘束力を発揮するわけではない〉ということである。理想的な社会的世界とは、すべての、ないし少なくともほとんどの行為者が規範を守る世界である。現実の社会にあってはしかし、成員の多くが恒常的にこの規範に違反してしまうのである。このような状況を私は道徳的不完全性と呼んでいるが、こうした状況の下で理想的世界に妥当する規範がどこまで効力を発揮するのかは、関係当事者たちにどの程度まで規範の遵守を要求できるのかに依存する。そしてこの程度に関しては、ふたたび中立的な道徳的観点から決定されねばならないのである。(23)

そうだとすれば必要なのは、道徳の包括的な構想を——ロールズとアーペルの提案に従って——二つの連続的な段階において展開することである。これらの段階には、理想理論と非理想理論がそれぞれ対応する。(24) さしあたり理想理論が〈社会的行為に関する十分に根拠づけられた規範はきちんと遵守されるはずだ〉という理想化された、それどころかしばしば虚構的な前提から出発するのに対し、非理想理論はこうした前提には関与しない。その理由は、道徳的に不完全な世界という条件下でも果たして、そしてどこまで理想的な規範が妥当性を持つのかを考察するためである。私見では、この非理想理論はとくに国際正義の理論にとって重要である。それというのも、まさに超国家的権威を欠いた国際関係の領域にあっては、参加当事者（とりわけ国家）が追求に値する国際秩序の諸原則に自発的に従うことは、起こりそうもないからである。

とはいえ紙面の都合上、ここでは国際正義の理想的構想をスケッチすることだけに集中したい。人権をめぐる国際的な転換の観点から要求する事柄については、必要なかぎりで叙述する。たしかに、私たちが目撃する現実世界の不完全性を顧慮したとき、こうした要求は確実に棄却されてしまうだろう。しかしそれでもそれは、長期的には私たちが向かっていくべき公正な世界体制に関するパースペクティヴを提供してくれる、そう私は考えている。

すでに述べたように公正な国際秩序のための諸原則は、多様な諸国家間の事実的な関係に本質的に依存している。しかしこの関係は、国際正義の一般理論の枠組みの中で詳細に探究されうるものではない。そこで、三つの理想型的世界モデルを区別することを提案したい。それらは諸国家のありうべき関係のヴァリエーションであり、ここでは単純化されたモデルとして区別されている。すなわち、〔1〕分離された複数の社会から成る世界モデル、〔2〕単一の包括的な社会から成る世界モデル、〔3〕そして最後に、相互依存的な複数の国民国家社会から成る世界モデルである。

〔1〕分離された複数の社会から成る世界モデル。この世界モデルは本質的に、古典的理論の根底にある世界像に合致している。このモデルが想定しているのは、世界は相互に独立し自足的な国家社会の複数存在から成り立っており、それらの社会は緊密な相互関係によって結合されていない、といったものである。このモデルはずいぶん前から現実にそぐわなくなっているが、〈もしもこの想定が正しいとすれば、国際秩序のいかなる原則が、グローバルな道徳的観点からみて普遍的に受諾可能であるか〉を問うことは、なおも示唆に富んでいる。総合的にみて、少なくとも理想理論の枠組みの中では、そのような国際秩序の原則を樹立したのがカントを含めた古典的政治哲学に他ならないと考えられる。古典的政治哲学に従えば、各々の個別国家の唯一の課題は、その領域内で実際に人権を保障することである。すべての国家は何によっても制限されない主権を所有しており、この主権が自己決定と内政への不干渉の権利を国家に与える。国民国家間には自国を超えて広がるようないかなる義務も存在しない。ここ

から言えることは、少なくとも自国の繁栄を他国と分かち合う義務などというものは絶対にないし、外国人の滞在を許可する義務も間違いなく存在しない、ということである。したがって、何らかの超国家的権力の必要性が主張されることもないのである。

〔2〕単一の包括的な社会から成る世界モデル。このモデルは第一のモデルに真っ向から対立する。この第二のモデルの想定によれば、多種多様な政治的、経済的、エコロジー的な相互依存からみて個別の社会は互いに強固に融合しており、その結果として個別国家は国際分業と相互依存の単一かつ唯一の社会システムを形成している。そしてこうした社会システムは、現存する諸国家によって、たんにまだ人工的なしかたで複数の政治的統合体に分離しているにすぎない。この第二のモデルもしかし、すでに言及したように、現実にはそぐわないものであるように思われる。[25] しかしここでもまた、公正な世界秩序のための諸原理として、このモデルが何を推奨しているのかを尋ねることは有益である。思想家の中には〈一般に承認された社会的正義への（すなわち個々の社会の中で実現されるべき公正な社会秩序への）要求は、単一の包括的な世界社会においてグローバルな妥当性を有し、それゆえに世界規模で保障されるに違いない〉といった議論を、十分な理由をもって展開した者もいた。[26] ここではこの〈社会的正義への要求〉について立ち入った議論はできないが、この要求には少なくとも人権が、しかもリベラルで政治的な権利のみならず、基本的な社会権をも含んだ人権が含まれていると考えてよいだろう。このような諸権利はすべて、世界中で無条件に保護されなければならない。ところが、諸国家が複数に分裂しているような世界では、世界規模での人権保障は不可能にみえる。したがって諸国家はとっくの昔に存在の正当性を失っていると結論づけなければならない。単一の包括的な世界国家が求めるのは単一の世界国家である。そしてこの世界国家の政府は、グローバルな正義の諸要求一般の妥当性、より具体的には人権の妥当性を世界中で担保するのに十分な権限を握っていなければならないのである。

〔3〕相互依存的な複数の国民国家社会から成る世界モデル。このモデルは私自身が支持したいものであり、第

一と第二のモデルの中間に位置している。この第三のモデルは、世界中の様々な社会が密に関係し合い、相互依存していることを容認する。しかし同時に、個々の社会がある程度まで自己の独立を——実際に維持してきた事実だけでなく——維持すべきであることを主張している。さて、〈はたして国際秩序に関するいかなる原則が、この第三のモデルの下でグローバルな道徳的観点から受諾可能となりうるのか〉という問いが自ずと生じてくる。しかしこの問いには簡単には答えられない。というのは、相互依存的な国民国家社会というモデルはまったくもって未規定であり、このモデルに該当する状況には様々なものがありうるからである。とはいえ、第三のモデルから導出される正義の原則が第一と第二のモデルが提示した原則の間のどこかに位置しなければならないということは、非常に説得力のあることのように思われる。したがって私は、第三のモデルから、人権との関係において以下に述べることが帰結すると考えてみたい。

分離された社会モデルの場合と同じように、一方では各々の個別国家の第一級の課題は、自国民および外国人居住者の人権を保証することである。各人の人権はそれゆえ、自分が所属する社会と国家に対して優先的に保証されることになる。しかし他方では諸国民国家の強固な相互依存の結果、国際的レヴェルでの適切な人権保障が要求されてもいる。相対的に自立した国家が複数存在する状況では、この人権保障には必ず次の三つの構成要素が含まれているはずである。第一に、人権が世界中すべての個別国家で保障されている状況が確立していること。そのためにはすべての国家に人権の尊重と保障を、それも実現しないと制裁が加えられるという威嚇の下で義務づけるような然るべき国際協力制度が必要である。第二に、世界市民法のようなものが必要である。世界市民法はすべての人々に自由な移動の要求を保証するものである。ただしこの自由な移動は、無制限に認められるものではない。自国の安全と安寧という明白かつ強力な利益を理由として、移動の自由を拒むことが国家には許されているからである。第三に、国際協力のメリットとデメリットを、そしてまた世界の環境資源を公正に配分することが必要である。この配分はすべての国民国家に自国民の生存条件を十分に確保できる状況を与えるからである。

以上の要求はいつでも個別国家の中でなされるが、明らかにすべての国民国家が共同して働きかけることによってのみ実現可能である。このような共同の働きかけは諸国家の少なからぬ犠牲と制限を要求する。そのためこの要求が完全なる主権国家のルールなき相互作用という枠組みの中で自然に満足されることはないであろう。ここで提示した諸要求はしたがって、グローバルな秩序の安定を目指す超国家的なシステムを要請している。このシステムは人権概念を転換し、その共同実現に協力するよう個別国家を動かすための十分な統治力および強制力を持った機関を備えるはずである。(27)たしかに、このような超国家的システムのためには国家主権の大幅な制限が必要となる。しかし超国家的システムは、それ自体が完全な主権を持った超国家的な国家を必要とはしない。立憲国家の発展が国家の内的主権性を権力者個人から分離し、相互依存的な複数の国権のネットワークへと移行させることに成功したからには、今日的な課題は次に、国際的共存の新しい形態を実現させることによって、国家の外的主権性を連邦的に分割し、補完的に序列化された諸国家団体へと変形させることに他ならない。このような諸国民の共同体とともに、主権性に基づく〔人権保障の〕構想に別れを告げ、それに代わって国際協力という課題によりよく対処しうる別の構想に置き換えるときがくるかもしれない。

注

(1) 人権という構想については、たとえば以下を参照のこと。D.D. Raphael (Hg), *Political Theory and the Rights of Man*, London-Melbourne-Toronto 1967; Eugene Kamenka/Alice Erh-Soon Tay (Hg), *Human Rights*, London 1978; J. Roland Pennock/John W. Chapman (Hg), *Human Rights*, New York-London 1981: E.F. Paul/J. Paul/F.D. Miller (Hg), *Human Rights*, Oxford 1984; James W. Nickel, *Making Sense of Human Rights*, Berkeley-Los Angeles-London 1987.

(2) これについては、たとえば以下を参照のこと。Maurice Cranston, »Human Rights, Real and Supposed«, in: D.D. Raphael, *ibid.*, S. 43-53; John Rawls, »Das Völkerrecht«, in: *Die Idee der Menschenrechte*, hg. von Stephen Shute und Susan Hurley, Frankfurt am Main 1996, S. 53-103, 特に、80ff.〔スティーヴン・シュート、スーザン・ハーリー編、中島吉

弘、松田まゆみ訳『人権について――オックスフォード・アムネスティ・レクチャーズ』、みすず書房、一九九八年）。（ついでに注意しておけば、ロールズの論文のタイトル〔国際法 Das Völkerrecht〕のドイツ語訳は拙いものである。原タイトルは「万民の法（Law of the peoples）」であって、「国際法（international Law）」に対応するものではないからである。したがって Das Völkerrecht はミスリーディングなドイツ語表現である。ロールズは「万民の法」という造語的なタイトルでもって、国際的な法、すなわち国家間の法を意味したかったわけではなく、諸国民の、そして諸国民間の法を意図したのであった。その意味では、ドイツ語訳は「万民の法（das Recht der Völker）」であるべきだった。）

（3）この問題については、私は別のところで議論しておいた。とりわけ以下の論文を参照のこと。Peter Koller, »Menschen- und Bürgerrechte aus ethischer Perspektive«, in: *Rechtsstaat und Menschenrechte*, hg. von Sharon Byrd, Joachim Hurschka u. Jan C. Joerdan (*Jahrbuch für Recht und Ethik* 3), Berlin 1995, S. 49-68; „Der Geltungsbereich der Menschenrechte", in: *Die Menschenrechte*, hg. von Stefan Gosepath und Georg Lohmann, Frankfurt am Main 1998, S. 96-123.

（4）こうした文書にはとりわけ「世界人権宣言」（一九四八年）、「経済的、社会的及び文化的権利に関する国際規約」「市民的及び文化的権利に関する国際条約」（共に一九六六年）が該当する。これらについては次に収録されている。*Menschenrechte - Ihr Internationaler Schutz*, hg. Bruno Simma und Ulrich Fastenrath, 3.Aufl., München 1992.

（5）これについては、次を参照のこと。Winfried Brugger, »Menschenrechte im modernen Staat« in: *Archiv des öffentlichen Rechts* 114 (1989), S. 537-588.

（6）これについてはたとえば次を参照のこと。Henry Shue, *Basic Rights*, Princeton, N.J. 1980; Ernst Tugendhat, »Die Kontroverse um die Menschenrechte«, in: *Analyse & Kritik* 15 (1993), S. 101-110; Johan Galtung, *Menschenrechte - anders gesehen*, Frankfurt am Main 1994.

（7）次を参照のこと。Felix Ermacora, *Grundriß der Menschenrechte in Österreich*, Wien 1988, S. 313ff.

（8）さらに次を参照のこと。Antonio Cassese, *International Law in a Divided World*, Oxford 1986, S. 253ff.; Frank Braßel/Michael Windfuhr, *Welthandel und Menschenrechte*, Bonn 1995.

（9）主権概念一般と、その個別的な政治的機能については次を参照のこと。F.H. Hinsley, *Sovereignty*, Cambridge 1986;

Martin Kriele, *Einführung in die Staatslehre*, Reinbek bei Hamburg 1975, S. 47ff.

（10）次を参照のこと。Jean Bodin, *Über den Staat* (dt. Auswahl aus: *Six livres de la République*, französ. Erstausgabe 1583), hg. von Gottfried Niedhart, Stuttgart 1976, 8. Kapital, S. 19ff.; Thomas Hobbes, *Leviathan* (engl. Erstausgabe 1651), dt. Ausg. hg. von Iring Fetscher, Frankfurt am Main 1984, S. 129. 加えて、Pipers *Handbuch der politischen Ideen*, hg. von Iring Fetscher und Herfried Münkler, Bd.3, München/Zürich 1985も参照のこと。とりわけ同書収録のボダンについてのU・ベルンバッハの説明（S. 134ff.）と、イングランドの主権論争についてのM・ゴルディーの説明（S. 287ff.）、最後にホッブズについてのW・オイヒナーの説明（S. 353ff.）は注目に値する。

（11）次を参照のこと。Martin Kriele, *ibid.*, S. 104ff.

（12）さらに次を参照のこと。Martin Kriele, *ibid.*, S. 66ff.; Otto Kimminich, »Die Entstehung des neuzeitlichen Völkerrechts«, in: *ibid.*, hg. von Iring Fetscher und Herfried Münkler, Bd. 3, S. 73-100; ders., *Einführung in das Völkerrecht*, 5.Aufl., Tübingen-Basel 1993, S. 70ff.

（13）次を参照のこと。Philip Kunig, *Das völkerrechtliche Nichteinmischungsprinzip*, Baden-Baden 1981.

（14）Immanuel Kant, "Zum ewigen Frieden", in: *Kant, Schriften zur Anthropologie, Geschichtsphilosophie, Politik und Pädagogik* I, Bd.XI der Kant Werkausgabe, hg. von Wilhelm Weischedel, Frankfurt am Main 1968, S. 193-251, 特に、S. 204ff. u. 210ff. カントの平和構想の分析と批判については、以下を参照のこと。Otfried Höffe, *Kategorische Rechtsprinzipien*, Frankfurt am Main 1990, S. 249ff.; Wolfgang Kersting, *Wohlgeordnete Freiheit*, Taschenbuchausgabe, Frankfurt am Main 1993, S. 67ff.;〔ヴォルフガング・ケアスティング、舟場保之、寺田俊郎監訳『自由の秩序 カントの法および国家の哲学』、ミネルヴァ書房、二〇一三年〕、Otfried Höffe (Hg.), *Immanuel Kant. Zum ewigen Frieden*, Berlin 1995; Volker Gerhardt, *Immanuel Kants Entwurf ›Zum ewigen Frieden‹*, Darmstadt 1995; Reinhard Merkel/Roland Wittmann (Hg.), *›Zum ewigen Frieden‹. Grundlagen, Aktualität und Aussichten einer Idee von Immanuel Kant*, Frankfurt am Main 1996; Matthias Lutz-Bachmann/James Bohman (Hg.), *Frieden durch Recht. Kants Friedensidee und das Problem einer neuen Weltordnung*, Frankfurt am Main 1996.〔ジェームズ・ボーマン、マティアス・ルッツ＝バッ

ハマン編、紺野茂樹、田辺俊明、舟場保之訳『カントと永遠平和――世界市民という理念について』、未來社、二〇〇六年)。

(15) 以下の本文に関するより詳細な議論は、以下で展開した。Peter Koller, »Frieden und Gerechtigkeit in einer geteilten Welt«, in: Reinhard Merkel/Roland Wittmann (Hg.), *ibid.*, S. 213-238, 特に、S. 218ff.

(16) Kant, *ibid.*, S. 208ff.

(17) 次も参照のこと。Charles R. Beitz, *Political Theory and International Relations*, Princeton, N.J. 1979, S. 143ff.; Thomas W. Pogge, *Realizing Rawls*, Ithaca-London 1989, S. 245ff.

(18) Kant, *ibid.*, S. 225, 208ff. u. 246f. さらに次も参照のこと。Matthias Lutz-Bachmann, »Kants Friedensidee und das rechtsphilosophische Konzept einer Weltrepublik«, in: Matthias Lutz-Bachmann/James Bohman (Hg.), *ibid.*, S. 25-44, hier 40ff.

(19) さらに次も参照のこと。Wolfgang Kersting, »Weltfriedensordnung und globale Verteilungsgerechtigkeit. Kants Konzeption eines vollständigen Rechtsfriedens und die gegenwärtige politische Philosophie der internationalen Beziehungen«, in: Reinhard Merkel/Roland Wittmann (Hg.), *ibid.*, S. 172-212, hier 182ff.

(20) 私の意見はD・ミラーのそれとかなりの部分一致している。David Miller, *On Nationality*, Oxford 1995を参照のこと。さらに次も見よ。Peter Koller, *ibid.*, S. 227ff.

(21) たとえば次を参照のこと。Robert O. Keohane/Joseph S. Nye, *Power and Interdependence. World Politics in Transition*, Boston 1977; Robert Gilpin, *The Political Economy of International Relations*, Princeton, N.J. 1987; Ernst Ulrich von Weizsäcker, *Erdpolitik*, Darmstadt 1989.

(22) 次を参照のこと。John Rawls, *Eine Theorie der Gerechtigkeit* (amerikan. Originalausg. 1971), Frankfurt am Main 1971, S. 415ff.〔ジョン・ロールズ、川本隆史、福間聡、神島裕子訳『正義論』、紀伊國屋書店、二〇一〇年〕、ders., *Das Völkerrecht*, ibid., S. 77ff. ロールズはそこで、古典的構想に準拠しながら「万民の法」すなわちひとつの公正な国際秩序を、全国家の政治的代表者の視点から基礎づけようという新たな試みを行っている。その際、もちろん彼は古典的構想とは異なり、その内政体制が正義の最低条件に合致するような国家のみを認めている。しかし、ここでは詳しく論じることはできないが、いくつかの理由から彼の試みは失敗していると私は考えている。

(23) これに関してより詳細には、以下を参照のこと。Peter Koller, »Moral Conduct Under Conditions of Moral Imperfection«, in: Herlinde Pauer-Studer (Hg.), *Norms, Values, and Society* (Vienna Circle Institute Yearbook 2), Dordrecht-Boston-London 1994, S. 93-112.

(24) 次を参照のこと。John Rawls, *Eine Theorie der Gerechtigkeit*, S. 276ff., 386ff.; ders., *Das Völkerrecht*, S. 63ff.; Karl-Otto Apel, *Diskurs und Verantwortung*, Frankfurt am Main 1988, S. 267ff.

(25) この第二のモデルに対する批判として、次を参照のこと。Wolfgang Kersting, »Weltfriedensordnung und globale Verteilungsgerechtigkeit«, *ibid.*, S. 191ff.; Christine Chwaszcza, »Ethik der internationalen Beziehungen«, in: Julian Nida-Rümelin (Hg.), *Angewandte Ethik*, Stuttgart 1996, S. 154-198, 172ff.

(26) とくに以下を参照のこと。Charles Beitz, »Justice and International Relations«, in: *Philosophy and Public Affairs* 4 (1975), S. 360-389; ders., *Political Theory and International Relations*, ibid., S. 125ff.

(27) さらに次を参照のこと。Jürgen Habermas, »Kants Idee des ewigen Friedens – aus dem historischen Abstand von zweihundert Jahren«, in: Matthias Lutz-Bachmann/James Bohman (Hg.), *ibid.*, S. 7-24, 28ff.

世界内政、責任の限界、脱国家化
――政治と人権の関係を定めるいくつかの可能性について――

ゲオルク・コーラー
（舟場保之訳）

【コーラー論文への助走】

ゲオルク・コーラーは、国際関係というアスペクトの下で、人権と政治の関係を主題化するにあたり、一九八九年以降の世界を描く三つのシナリオを呈示する。ひとつは、カントの『普遍史の理念』および『永遠平和のために』に依拠した世界市民法のシナリオ、ひとつは、冷戦終結後の世界に旧来の混沌とした状況を見出すエンツェンスベルガーによるシナリオ、ひとつは、ジャン＝マリー・ゲーノに代表される脱国家化のシナリオである。コーラーは、いずれのシナリオも完全に説得力を持つというわけではないが、しかし完全に説得力を持たないというわけでもないと言い、これらのシナリオを手掛かりにして、人権に関する現実主義的な政治を方向づけることのできるいくつかの想定を展開するが、予想されるように、こうして展開される想定の定式化は、ひとつ目のシナリオに大きな影響を受けている。人権を包括的に保護するような法的秩序を実現し維持しようとするなら、そのチャンスをもっとも多く見出すことができるのはひとつ目のシナリオによって描かれる世界であり、三つ目のシナリオによる世界においては、その可能性がもっとも少ないと言われるのである。したがってここでは、あえて二つ目および三つ目のシナリオに含まれる事柄をとりあげ、これらに見るべきところがないかどうか、コーラーの議論をお読みいただく前に言及しておきたい。

脱国家化のシナリオによって描かれるのは、ゲーノの主著の英語訳タイトル『国民国家の終焉』（*The End of the Nation-State*, UMP, 1995）が端的に示すように、国民国家が有効に機能しなくなる世界である。冷戦体制の崩壊によって自由主義経済の陣営に勝利がもたらされると、経済活動のグローバル化はそれ以前とは比較にならないほど、急速に押し進められることになる。そして人や資本の動きが自由になり、国境を超えることが容易になればなるほど、課税制度ひとつをとってみても、もはや個々の国家は他の国家の動向を見定めることなく、独自の判断で税額を設定するわけにはいかなくなる。たとえば、資本が国外へ流出しないように他の国家よりも法人税をさげなければならない、といった具合にである。ゲーノ自身は、より大きな歴史的コンテクストから、経済的要因に加え技術的要因も考え合わせて国民国家の終焉を論じているが、いずれにしても一九八九年以降、この終焉のプロセスが加速されたことを否定することはないだろう。ところで国民国家がこのように力を失う状況は、人権を実現する上で否定的にしか捉えられないだろうか。

自由権や参政権という基本権に加え、社会権や文化権までをも法によって保障しようとすることは、マックス・ヴェーバーであれば法の実質化＝道徳化と呼び、批判するところである。これがなぜ問題かと言えば、法の正統性が法を制定する手続きにではなく、法規範の具体的な内容に求められ、この具体的な内容は国家の恣意に委ねられるため、つまるところ国家によるパターナリズムを招くからである。ただし、国民国家の終焉によって、ことによると自由権や参政権もが保障されない状況が考えられているのかもしれない。実際ゲーノは、政治学者、外交官というキャリアを経て、長年にわたり国連平和維持活動担当事務次長を務めたが、その折に、紛争地域への国連の多岐にわたる積極的な介入を推進した。こうした営為のうちには、紛争地域においてもはや「まともな」政府が存在せず、したがって国民の基本的人権が保障されていない場合に、国連が正統な政府の立て直しに貢献することも含まれている。国民国家が終焉を迎え、十分にその役割を果たすことができないとき、逆に国家の主権という、国家の外からの働きかけを難しくする装置も力を持たないため、国連のような国家を超えた機関による活動も可能になるだろうし、またそれは正当なものでもあるだろう。紛争地域の人々の人権が保障されなければならないという点からすれば、このような状況においては国連の活動こそが、むしろ必要とされるところではないだろうか。脱国家化のシナリオによって描かれる世界においては、国連によって人権の保障が行われるチャンスが大きく広がっているとも言えるかもしれないのである。

他方、主権国家を超えた機関による介入を危惧する声がある。ゲーノが推進する紛争地域への国連の介入によって目指されることには、自由権と参政権という人権の保障だけではなく、経済的基盤の立て直しと安定化も含まれている。このとき、ヴェーバーが批判するパターナリズムの問題が生じる可能性があるだろう。また、そもそも「まともな」政府が存在しているかどうかや基本的人権が保障されているかどうかについて判断することを、個別国家の上位に位置する機関に認めることそれ自体に問題を見出すこともありうる。冷戦状態においては、東西対立はあったものの、文字通り熱い戦争が行われることはなかった。しかし冷戦終結後の世界においては、冷戦時の奇妙なバランスは失われ、ひとつの軍事同盟のみが存続している。国連に代わってこの軍事同盟が、ある地域には「まともな」政府が存在しておらず、そこでは基本的人権が保障されていないと判断し、その地域に圧倒的な武力とともに介入するなら、それは冷戦時であれば「侵略」と表現される事件に他ならないのである。

エンツェンスベルガーは、軍事的均衡による安定が失われた一九八九年以降を先を見通すことのできない混乱した世界として理解する。冷戦時には、個々の国家がどうふるまえばよいかを定める一定の「法」が存在したが、冷戦終結とともに、国家間の関係は自然状態に陥ることになる。ひとつの軍事同盟が意味をもつのは、本来、それに対抗する別の軍事同盟が存在することによるのだから、唯一存続する軍事同盟に加盟する国家同士の関係にも、自然状態は及びうる。しかしこうした状況に、チャンスを見出すことも可能ではないか。軍事力に依拠した安定が崩れたことによって、各国家の関係はリセットされ、主権をもつ個々の国家の自己決定に基づいて、新たな法的秩序を形成する可能性が生じているからである。言うまでもなく、このとき、ある地域が外部からはどれほど破綻した状況に見えるとしても、自己決定が尊重され、介入は控えられなければならない。人権は、まずは個別国家の政治を通じて保障されるものであり、国家間の自然状態が解消され、そこに法的関係が形成されることによって、国際法のレヴェルにおいても保障されることになる。エンツェンスベルガーが喜ばしくない世界として描く状況には、個々の主権国家から出発して国際関係のレヴェルにおいても人権が保障されるような政治を見出す可能性が、十分に含まれていると言えるかもしれないのである。

第Ｉ節

私が対象とするのは、——時代遅れの言い方をすれば——「内政」には属さない行為領域の枠内にある事柄である。とはいえ、まず、内政に関係させて行われる人権と人権のテーマ化に関する考察から始めるつもりである。それはもちろん、端的に言えば、私が関心を寄せている事柄、すなわち国際政治と人権の関係をどのように規定するか、という問題は、「内政」と「外交」は異なるという視点からは、少なくとも消極的にしか捉えられないからである。

やや長めの引用から始めよう。それは、スイスの国家法論者であるペーター・ザラディンの『揺れる基本権』(Peter Saladin, *Grundrechte im Wandel*, 3. Aufl. Stämpfli Verlag, 1982) という著作からの引用である。ザラディンの著作では、人権、国家秩序、政治、これら三者の関係が、徹底的に内政のパースペクティヴから展開される。

基本権は、制度を構成する法的作用をもつため、秩序を可能にする非常に大きな要因である。憲法に合致した諸権利に係留することによって、根本にある諸制度〔の正統性〕は保証される。憲法に合致した「根本原則」として、基本権は憲法のもつ（法的）機能に関与している。この機能は、国家の秩序を規定すること、ならびにそれとともに「国家における生」をいっそう包括的に規定することを根本特徴としている。だが基本権がこのような形態付与機能を満たすことができるのは、基本権が基本権として——その根本理念およびその具体化において——社会学的、経済的、技術的現実と結び付いている場合だけである。基本権は、現在の「環境状況」からも、また内在的な社会学的、経済的そして技術的発展傾向からも到達可能であると思われる目標に合わせて整えられていなければならないし、こうした現在および将来の状況にたえず新たに適合できるように具体化される必要がある。（状況全体に含まれる）様々な（…）所与の事柄と憲法によって承認されている根本理念との間には、必然的にたえず相互作用がなければならない。すなわち、諸理念に照らして諸現実は形作られなければならないが、しかし諸現実がそれ自身の――つまり経済的、社会学的、［文化的］――「法則」に従って展開される限り、諸理念もまた個別にはこうした変容に適合しなければならないのである。もちろん諸理念は、しかしこうした変容に無制限に適合しなければならないわけではない（…）、基本権の理想的な内容は、そのもっとも核となるところにおいては不変だからである。(S. 388)

ザラディンは実現可能な人権あるいは基本権を構想する問題を議論しているが、それは世界市民法の視点からの考察という方法がとられる地平においてではなく、国家の内的な視点からの考察という方法がとられる地平においてである。このことによって、ザラディンはただちに、構造的な確実性という信用できるものを手にすることができる。ザラディンは、基本権のダイナミズムといかに変容する諸現実であろうともそうした諸現実へと基本権がたえず適合しなければならない必然性というその主題を、［国家という］確固とした自明なものを基盤として展開できるのである。この確固とした自明なものは、国家を超えたレヴェルや諸国家間のレヴェルでなされる問題設定の場合には確保できないものである。とはいえ、ザラディンのパースペクティヴには、方法的観点から学ぶべきものがある。なぜなら、人権および基本権とは何であり、それらはどのように機能し、そしてとりわけ、それらの政治（政治的行為）との本質的関係はどのようなものであるのか、といったこと、これらは――少なくとも後で展開される考察を際立たせるものとして――国家の内的な諸連関という単純で信頼できるモデルにおいて、さしあたり明らかにすることができるからである。

ザラディンが私たちに想起させるのは、次のような単純な事実である。それは、人権あるいは基本権の持つ、政治的‐実践的意味も、そのつど法的に重要な内容も、規範的な目論見と歴史的‐社会的所与についての認識との間の絶え間ない相互作用の結果として、理解することができる、という事実である。このことを、私は三つの観点において明らかにしたい。

（1）規範理論的には、人権は法の体系の一部である。すなわち、強制を保証し、実施できる妥当に関して厳密に定められた行為規定の体系の一部である。換言すれば、人権は道徳の諸規則や道徳的カテゴリーの体系に属するわけではない。というのも、人権の意味と内容は、何よりもまず主体的な行為の自由を保護することにあり、内的に働く義務づけを確立することにあるわけではないからである。人権が登場するのは、法すなわち理性的で普遍的な選択意志の自由の秩序が、なぜ、そしてどのように存在すべきなのか、という問いに対する答えとしてである。そして、他者の（そして私自身の）人格を無制約的に尊敬せよという他者の要求を侵害しないために、いかなる原理に従って、私は私自身で私の行為の格率を定めなければならないか、という問いに対する答えとしてではない。

（2）ザラディンが言及するメタレヴェルにおいて、人権と政治との結び付きは相互作用として考察される。さて、〈私たちという集団〉を維持する行為は、関与者たちの利害関心が対立しても私たちという統一の枠内で長期的には協力し合えるために何をなさねばならないか、という根本的な問いの下で行われる行為である。「政治」を非常に一般的に〈私たちという集団〉を維持する行為として規定するなら、人権はまずそのような行為の基本的な条件として姿を現す。もう一歩歩みを進め、さらに次のような行為も、つまりそのような条件の事実的な妥当を——すなわち、暴力を独占し強制を保証する法秩序として、そしてそうした法秩序の枠内で——はじめて生み出すような行為も政治と呼ぶなら、このとき基本権としての人権は政治の第一の目標として姿を現す。このように規定される政治と人権の相互関係（つまり人権は政治の制約かつ目標として理解されうるということ）は、いずれにせよさらに別のアスペクトから展開されうる。ザラディンがとくに視野に収めているアスペクトは、基本権が変容し続けるということである。政治の目標としてであれ、制約としてであれ、基本権および人権は、それらがもつ行為を規定する内容に関して、たえず事実的な状況に媒介されうる。ザラディンがそのつどの「現在の『環境状況』」

と呼ぶものに媒介されうるのである。このような媒介という課題は――少なくとも部分的には、つまりこの課題が法体系の内部で法廷によって果たされない場合には――内政の本質的な課題である。憲法改正と立法は、政治システムがこの件に関して用いることのできる道具である。

（３）人権あるいは基本権をそのつどの「環境状況」に適切に結び付けることができるためには、いずれにしても、どのようなケースが問題となっているのかということについて、受容できるようにある程度一般性を備えた仕方で記述することが必要である。したがって、政治の目標であり制約である人権あるいは基本権が媒介されるべきまさしくこの現実を、把握することが必要である。

第2節

さて、人権、国際秩序、国際政治、これら三者の関係を考える試みにおいて次の一歩を踏み出すには、この現実がきわめて重要であり、この現実をどのように把握するかがきわめて重要である。とりわけ重要な問いがある。この問いに答えるために、私はこれより事実的な事柄はどうなっているのかという問題を論じることにする。そのとりわけ重要な問いとは、国際関係の世界は、個々の個別国家モデルを範として記述することを学んできたような関係、つまり制裁に依拠した法秩序とこの法秩序によって規制される社会的協力との間の関係に、ますます似通ってきているというのが実情なのか、というものである。換言すれば、「世界内政」という概念は、事実的な状況を表現しているのか。――私は、その通りであり、かつその通りではないと考えている。どのように答えるかは、何を目にするかによる。これについては、すぐに〔次節で〕探究するつもりである。ただ、〔その前に言っておくと〕もし国際関係の世界が事実としてますます強力に、〔個々の〕法治国家と似た内的空間として形成されるのなら（それは世界国家として、ということではない！）、人権と人権をより具体的に規定する上で重要な環境の諸制約との関係は、ほぼ間違いなく、国家内の秩序という古典的なケースに見出されるこうした関係をモデルとして、展開されるだろう。だが、もしそうでないなら、人権というテーマは国家を超えた次元で、はじめから古典的な国家法論の枠内で手にされるものとはまったく異なった視点の下でこそ、検討されなければならない。

ひょっとすると、こうしたことはすべて複雑に聞こえるかもしれないが、私が事実的な事柄の問題と呼んだことをこれから探究すれば、ただちにより明快になる。――政治的な観点において、世界はどのように記述されるべきだろうか。（より厳密に言えば、それは一九八九年以後の世界のことである。というのも、一九八九年以前の世界は、なるほどいくらかわかりやすかったからである。）カントが『普遍史の理念』および『永遠平和のために』において提案するようになのか。エンツェンスベルガーがするように、「内戦へ視線を向ける」ようにしてなのか。あるいは、ネットワーク化する〈帝国〉の時代において「あらゆる政治が終焉する」という、ジャン＝マリー・ゲーノのテーゼのようになのか。

第3節

世界を記述しうるこれら三つのいずれの仕方も、それぞれが的を射たものである十分な理由を呈示することができる。そしてこれらのうちのどれを選ぶかに応じて、人権、政治、国際秩序というテーマは異なった仕方で扱われようとしているだろうし、また異なった仕方で扱われなければならないだろう。したがって人権、政治、国際秩序というテーマを扱うことができるためには、三つの仕方を検証すべきだろう。検証すべきなのは、一九八九年以後の国際政治の世界をそれぞれ異なる広いパースペクティヴをもつ視角の下で記述する仕方である。

私は、第2節の終わりで三つのシナリオを素描できそうであると示唆しておいた。ひとつ目を世界市民法のシナリオ（a）、二つ目を抑制（Eindämmung）のシナリオ（b）、三つ目を脱国家化のシナリオ（c）と呼ぼう。

（a）世界市民法のシナリオについて

一九八九年以後形作られた国際政治の諸関係が、二重の仕方で、平和に関するカントの哲学および世界市民法というカントの理念に関係づけられることに、目を引かれる研究者は少なくなかった。二重の仕方というのは、カントの哲学およびカントの理念がもつ、規範的内容の観点と記述的－経験的アスペクトの観点のことである。大きな戦争を伴うことなく東西対立が解消されたことと、それと結び付いて、市場経済の体制をもつ民主主義国家がヘゲモニーを握ったことによって、カントの議論に矛盾することなく、現在の事実的な出来事を人類の文明化と法制化という進化のプロセスの一段階として解釈することができるようになる。しかも、三つの思考過程を次のような仕方でまとめることによってである。

（1）NATOとワルシャワ条約機構に加盟する諸国家の間の、冷戦という行われなかった熱い戦争の歴史が示すように、近代的で技術的－科学的な文明が発展すればするほど、その文明において、またその文明の周囲において諸国家が戦争を行うことは、ますます割に合わない。なぜなら、こうした文明のコンテクストにおいては、大きな戦争はかなり高い確率で、いつかもたらしうる経済的利益よりもはるかに多くのものを破壊するからである。いわゆるリアル・ポリティクスの地平においても、なお戦争が正当化されうるのは、たんに防衛として自己維持を図る極端なケースの場合だけである。これは、核による威嚇の論理とともに看過しえなくなった一般的な趨勢の帰結するところである。しかしこの趨勢は、核による威嚇の論理と単純に同一なわけではない。従来から存在するものの、しかし双方が最新の手段を用いて行う紛争というものを思い浮かべさえすれば、戦争の技術が一般的に進歩したことによってこうした技術を投入することがますます控えられ、場合によっては不可能になっていることがわかる。したがって近代文明において、戦争がリアル・ポリティクスの中で中心の場所を占めることはない。投入可能な道具を計算することによって、戦争はあらゆる政治的計算から事実上姿を消す。

（2）さてしかし、近代文明において、性能の高い兵器を揃え戦闘能力の高い軍隊を維持する上で最大の力を発揮するのは、市場経済の体制をもつ民主主義国家なので、そしてさらに——経験が説得力ある根拠を与えてくれるように——市場経済の体制をもつ民主主義国家は長きにわたり相互に戦争を行うことを回避しているので（しかもその理由は、それらの国家が民主主義的な体制をもっていることと直接連関している）、（3）近代文明には、国際関係の文明化、すなわち国際関係の経済化と非武装化への強い傾向がある。これは体系的な傾向であり、この傾向に沿って、「世界内政的」統治や諸制度、すなわち超国家的な仲裁裁判所や世界警察による治安維持といったものが成立する。

ところで、一九八九年に画期を迎えさらにそれ以降も進行したプロセスが持つこうした意味は、カントが『普遍史の理念』において呈示した事柄と非常によく合致している。この呈示によれば、人類の文化的な進化は法が発展するグローバルな過程として、すなわち各人の自由を他のすべての人の自由と調和させるような、理性的で制裁に依拠した法律による秩序を設ける歴史として、考えることができる。今日の事実的な状況をカントの進化論的な歴史理論をアクチュアルに確証するものとして解釈するとき、カントの理論と同様にこの状況も次のようなものとして理解することができる。つまり、「私たち」人間がなすべきこと、すなわち世界市民法によって規制される平和状態を確立させることは、事実としても起こりうるし、たしかにすでに実現の途上にあるということを、いくらかの理由とともに私たちは望んでもよいかどうかという問いに対し肯定的な答えを与えるものとして、理解することができるのである。

したがって、世界を私が「世界市民法のシナリオ」と呼ぶ仕方で記述することが正当であるとすれば、「世界内政」という概念は経験的に証明することが可能な内容を持つことになる。このとき、国際関係の世界は、（たとえばペーター・ザラディンのように）国家内において機能するものとして法を考える場合に前提される諸状況と、かなり似たものとなる。そしてこのとき、ほかならぬ国家を超えた領域においても、政治と人権の関係は『揺れる基本権』の内政モデルを範として構想され、形作られてもよいことになる。人権に関する純粋に「外交的な」問題は、基本的にもはやまったく立てられることはない。

（b）抑制のシナリオについて

第二の、「エンツェンスベルガーのシナリオ、あるいは抑制のシナリオ」という仕方で世界を記述すると、事柄はまったく異なった相貌を見せる。私が『ノイエ・チューリヒャー・ツァイトゥング（*Neue Züricher Zeitung*）』において行った会談において、ハンス・マグヌス・エンツェンスベルガーは〈一九八九年〉の帰結として大変喜ばしくない像を描いている。

歴史は後退しているように思われる。短かな幸福のひとときに続いて明らかになったのは、冷戦の終焉は同時に、旧来の混乱した世界の復活である、ということだ。〔世界史大百科である〕大「プレッツ」を数ページ開きさえすれば、私が旧来の「混乱した世界」ということで何を考えているのかはわかる。程度の差はあれ大体において無意味な紛争や王位継承戦争、そして頻繁にメンバーを変える同盟関係といったような混乱のことである。［…］。したがって、相変わらず「大きな政治」を意味する周知の蛇の穴が、いまやふたたび大きくその口を開けている。そしてそれゆえ、振り返ってみれば、冷戦の期間はまったく異なった光の下でその姿を見せる。冷戦の期間は、比較的安定した時代として、そして冷戦の恩恵を受けた者においては牧歌の時代として、その姿を見せる。

現在の対立の前線にある混沌、矛盾、見通すことのできない迷路。これこそが、現在に対する希望に満ちたカント主義的なまなざしとは異なるまなざしが発見するものである。このまなざしは、まずもって国家を超えた法秩序の形成という文明化の力に向けられるのではなく、近代がすでにずっと行使してきた破壊のダイナミズムに向けられる。この破壊のダイナミズムが、一九八九年を契機としこの年の帰結するところによって、多くの地域で強く働いたのである。イギリスの有名な評論家であるウィリアム・ショークロスも次のように言う。

今日ふたたび混沌が支配している。すべてを焼き尽くす一連の野火が世界中に広まっている。原始的な戦いや身の毛もよだつ民族の大量虐殺、そして内部を破壊する国民国家…。こうした状況は、難民の数の増加を見れば明らかである。七〇年代半ばには、世界に三〇〇万人の難民がいた。いまではすでに二三〇〇万人を数える。(これが書かれたのはすでに二年前のことであるが、一九九六年一二月にも、一九九四年一一月に劣らず同じことがあてはまる)。

アクチュアルな世界認識を呈示するにあたり、私はいくつかのキーワードといくつかの直観に限定せざるを得ないので、(エンツェンスベルガーが名づけるような)「旧来の混乱した世界」をより詳細に、そしてより説得的に描くことは諦めよう。その代わりに、この〔大変喜ばしくない〕像に従うとき、人権と政治の関係について帰結する事柄をただちに検討したい。

原理的に捉えるなら、二つのことがある。第一に、政治的権力は、自らが負うことのできる責任には理性的な限界があることを自覚していなければならない。そしてこのことは、政治的権力の主たる任務が、そのつど、当該権力が事実支配することのできる限られた空間の枠内で、文明化を果たすための最低限の事柄――このことには、なにはさておき基本権の保証が含まれる――を確保するよう努めることにある、ということを意味している。したがって、こうした権力の限界内では、内政のパースペクティヴから自明だと思われる政治と人権の間の相互関係を観察することができる。つまり、人権は政治的行為の制約および目標を示し、政治的行為が媒介すべき事柄を示す、という関係である。しかし秩序を与えるこうした権力の限界の外では、政治は、古風にも利害関心に定位するあらゆる介入理論と決別するとともに、人権の普遍主義的な伝道というこれまでになかった新しい理念とも決別した。なぜなら、それが混沌として描かれた世界像のもつ第二の帰結だからである。確固とした法治国家体制を実現できなかった共同体が、それぞれ不安定であることによって、利害関心に定位した古典的な形式の軍事的‐戦略的政治は行われないが、他方この不安定さによって、普遍主義的目標により導かれる行為はすべて原則的に過剰な要求となり、道徳による義務づけが過度に行われることになる。したがって外交面からいうと、人権政治は断念の、遮断の、そして禁欲の政治でしかありえない。守りうる以上のことはけっして約束しないこと、したがってこれが、第二の抑制のシナリオから帰結する一般的な政治的格率である。そして人権の理念は強調されることによってまさしくその反対のものを招くので、この第二のシナリオの地平においては、人権の理念は理性的な目論見の契機ではなく、危険な余剰物を伴った両義的な思考の産物である。

(c) 脱国家化のシナリオについて

抑制のシナリオがなお、とにもかくにも、政治的行為がもつ制限されてはいるものの〔それなりに〕重要な貫徹力から出発する一方で、第三の、脱国家化のシナリオの根底にあるパースペクティヴから観察されるのは、何よりもまず、一九八九年以来、政治的な決定力が体系的に弱体化したということである。このシナリオが目にし強調するのは、政治的なものの体系、国家的枠組みの体系、領土内に限定された諸制度の体系が、労働力や生産地、財の供給、財政手段といったものが関係する世界規模の経済市場の体系によって、ますます支配され、あるいは力を奪われるという状況である。フランスの政治学者であるジャン＝マリー・ゲーノは、〈民主主義の終焉〉についてのそのエッセイ（Jean-Marie Guéhenno, *La fin de la démocratie*, Flammarion, 1993. ジャンマリ・ゲーノ、舛添要一訳『民主主義の終わり』、講談社、一九九四年）の中で、とりわけ政治に関してこうした展開をテーゼ化したが、それは要点を衝くものであった。私は、それらテーゼのうち三つを引用するが、これらはそっくり民主主義が生き残れるかどうかと関係する第四の診断に収束する。

（1）「私たちは何世紀も前から、政治的近代性には領土的な基礎が必要であると理解しているが、こうした領土的基礎は、今日、経済的近代性という新たな形式によって掘り崩される。」いたるところに張り巡らされた経済的関係や経済的依存のネットワークに対して、政治的権力（それが民主的に構成されているかいないかは、重要ではない）の持つ支配の手段はなすすべがない。そしてこの原理的な無力さによって、国家の基本的な制度そのものが次第に解体されるのである。

（2）「経済革命は、空間の価値を引き下げ、人間の価値を引き上げる。というのも、（経済的）価値の決め手となる欠如は、空間にとっても人間にとっても（以前の時代と比べて、今日）まったく新たな種類のものだからである。」つまりこういうことだろう。かつては、場所と結び付いた（したがって、地域の権力者によって手にされうる）物質的財が希少であることによって、貧富が決まったが、テレマティクス（通信）の〔発達した〕私たちの現在において、貧富を決めるものは、すばやい情報収集と場所を超えた結び付きであり、これらによって他をリードし、価値をもたらし富を築くことが可能となる。

（3）文明化の度合いや文化的ありよう、そしてテクノロジーの状況に関して様々な現実があるため、「人間の共同体はあまりにも巨大になりすぎて、（真に）政治的な公共体を形成することができない。市民たちは、集団的な主権を表わしうるようなひとつの全体をますます描くことはない。市民たちは、権利と義務を備えたたんなる法律上の人格にすぎない。市民たちは、領土的な境界線がますますわからない抽象的な空間の中にいる。」

（4）個々人の間で、また経済活動が行われる抽象的な空間の中で、媒介を果たすのは、政治システムがほとんど手を負えなくなっている脱国家的な法システムである。この法は、機能として社会的に必要とされるものに対応するのであって、何らかの〈人民の統合された意志〉にはもはや関係づけることはできない。したがって〈民主主義〉は、尊いが過去のカテゴリーとなる。なぜなら民主主義を実現するチャンスは二つの前提を要求するが、そのいずれもが、民主主義を実現する力を失っているからである。二つの前提とは、「社会的合意がなされ公的な利害関心が展開される場としての政治的空間というものの存在と、自分自身の力でその（市民的）権利を行使するアクターというものの存在である（…）。その代わりに存在するのは、めまぐるしく移り変わる状況と、こうした状況に依存して暫定的に成立する連携にすぎず、この連携はアドホックに動員される能力に依拠している。（…）。ますます小さな断片へと分割される社会。〔共有される〕記憶もなく連帯もない社会。社会の像は、社会を統一する媒体を週ごとに呈示する。これら一連の自分自身の像においてのみ、社会はその統一を見出す。市民のいない社会…。」

脱国家化のシナリオは、人権を民主制という政治的形式との連関から切り離すシナリオでもあり、自己規定的な市民社会という理想主義的なプロジェクトから切り離すシナリオでもある。脱国家化のシナリオが見ている世界は、純粋に私的な行為が自由であるための制約へと基本権が切りつめられる世界である。このとき不明なままなのは、市民の残りの行為をなお守るのはだれであり何であるのか、ということであり、この件に関して必要とされる秩序を与える権力は、ただ法に支えられた市場の諸関係が機能するだけで正当化できるのかどうか、ということである。人権と政治の関係がもつ外交的アスペクトと内政的アスペクトを区別することに関して、（a）および（b）のシナリオにおいては考えるべきことが多々あったが、（c）のシナリオにおいては、もはやこの区別は明らかに意味をなさない。重きをなすのは、唯一、アクターの私的自律の上に築かれた近代法が持つ、世界市場において必要とされる機能である。

第4節

三つのシナリオあるいはモデルをもとに、国際関係というアスペクトにおける人権と政治の関係は、次のような問題である、ということがわかる。それは第一に、政治システムそのものがいかにして貫徹力をもつかという問いから独立して扱うことはできない問題である。そして第二に、世界市民法的な秩序という目標に結び付けることができる問題であるが、ただそれが有意味なのは、この目標を実現するために必要な制約が同時に尊重され、個別国家という形で組織化された行為の核となる部分が維持され存続する場合のみである。第一の「世界内政的モデル」においても、行為の核となる部分が果たすべき政治的な根本課題（法と秩序）に応える個別国家的なものの存在は必要条件であり、他のすべてはこのような個別国家的なものを基盤としているのである。そして第二のモデルが、人権政治を行うことに関して一般的に控え目であることは、ただ次のような理由から十分に根拠づけることができる。すなわち、このモデルの地平においては、人権政治のための行為や介入を行うために必要とされる最低限の制約――すなわち、安定がある程度容易に実現される、秩序をもった政治的統一体――が欠けているのである。最後に第三のモデルによって（とりわけ）想起されるように、人権が民主主義的自己決定というプロジェクトとの構成的な結び付きを失わないのは、個別国家という境界を持ち、世界規模の経済システムによって完全になくなっているわけではない政治的主権というものが、そもそもなお存在する場合のみである。要するに、個別国家という体制を持つ政治的連帯の秩序が現に存在するということに、その根本的な前提があることを忘れている国際的な人権政治の構想は、初めから破綻すると決まっているだろう。

こうしたことは、些細なことのように響く。しかしこれらの事実に注意を向けることは、つまらないことではない。なぜなら、以上のように問題の分析に導入される二重の視点――正統性の基準としての人権ないしその実現、ならびに秩序を与えるために必要な政治的権力の保障――によって、国際政治における人権の要求と現実主義的にかかわり合う仕方を定めることが、複雑な問題となるからである。このことは、三つのモデルに含まれる現実の内容を実践的意図において問うとき、明らかである。

しかしこうした現実の内容は何に照らして測られるのだろうか。それは方法論的に厳密に検証可能なのだろうか。もちろん可能ではない。あるいは、それはたんに意志による構成物なのか。したがって結局、見たいものを見た結果なのか。もちろんそれも違う。答えの方向に関する示唆は、一九八九年までの国際政治を方向づけていたモデルを考えるときに、得られる。

四〇年以上、冷戦という理論的概念が私たちの思考を支配してきた。この概念は、世界政治の大きな対立軸をもっともよく描くように思われたし、それゆえ実践的にも非常に有効なものでありえた。この概念の内で、西側の様々な利害関心や西側の根本的な価値観が、西側には属さない世界政治のアクターの利害関心や価値およびふるまいに関する反論しがたい観察結果と同様に、相互に結び合わされていた。したがってこの概念が含む〈現実の内容〉は、自己自身の目標や価値を守り通すことに成功しようと望むならば、目にせざるを得なかった事柄であった。換言すれば、現実を規定するものは、それぞれの行為主体が持つ利害関心の水準と地平で構成されるのである。現状の記述というものは、もちろん端的になされるものではなく、むしろつねに、何が重要かという視点の下でなされる。このような視点がなかったとすれば、〔出来事の〕取捨選択をしようにもできないため、いかなる状況も規定できないままだろう。これは一九八九年以前のことにあてはまったし、一九八九年以後のことにもあてはまる。

したがって私が先に素描したシナリオあるいはモデルはすべて、ひとつの実践的な利害関心によって導かれており、この利害関心を貫徹する力を見積もることによって導かれている。この利害関心は、三つのシナリオあるいはモデルすべてにおいて根本的に同一である。それは、人権を包括的に保護する法の秩序を実現し維持しようとすることにある。だがこれら三つのそれぞれにおいて、この件に関して与えられるチャンスは、見積もりによれば多寡が異なっている。もっともチャンスが多いのは最初のシナリオあるいはモデルであり、もっともチャンスが少ないのは、三つ目のシナリオあるいはモデルである。

いずれの状況判断が適切なものであるのか。それは明らかに、世界のどの断片を自己の利害関心に照らして視野に入れるかによる。モデル（a）による世界は、古いOECDの世界と同じである。ここで働いている推測――あるいはより適切に言えば、希望――は、世界の一部分ですでに果たされた発展が〔他のところでも果たされることを〕予測できるということから出発する。モデル（b）による世界は、OECDの世界の地域と社会的‐経済的に発展途上にある地域（したがって、たとえば西ヨーロッパと中央アフリカ）との間の途方もない差異を視野に入れることから成立する。モデル（c）による世界は、一九八九年以後になって初めてきわめて明確に姿を現した諸傾向であり、それぞれ異なった形式ではあるが、西側の古い産業社会にも東側の新しい産業社会にも典型的である諸傾向を誇張――あるいは延長――した結果である。

このように私たちは、新たな時代の国際関係のための知的な見取り図として、三つの構想を前にしている。これらのうちのどれひとつとして、完全に説得力を持ちうるというわけではないが、しかしどれひとつとして、まったく説得力を持ちえないというわけでもない。――ついでに言えば、この手の構想を新たにつけ加えることは困難ではないだろう。ハンティントンの『文明の衝突』（鈴木主悦訳、集英社、一九九八年。Samuel P. Huntington, *The Clash of Civilizations and the Remaking of World Order*, Simon & Schuster, 1996）は、今日もっともアクチュアルなそうした実例である。――もちろんこうした〔いずれも決め手を欠くという〕困った状態がたんに理論的なものではないこと、それはこれまで言われてきたことすべてから明らかであろう。国際的な人権政治は、政治として、すなわち行為として、その行為の領野に定位する必要がある。そしてまさしくこのことが、過大な要求であるように思われる。しかしそれは何を意味するだろうか。

それは、国際的な人権政治一般についての包括的な構想のようなものを考えることは、全面的に放棄しなければならないということなのか。したがって、ほかならぬ決断によって選ばれる特殊なコンテクストによって、そのつど果たされるべきことが示されるような場合場合に応じた行為があるだけなのか。あるいは、所与の現実についての価値づけや見積もりについてどれほど対立があろうと、人権に関する現実主義的な政治を方向づけることのできる少なくともいくつかの想定を定式化することが可能だろうか。

私はそれが全面的に可能であると考えており、それゆえ、同時にこれまでの考察のまとめでもある結びとなるテーゼの中で、ひとつの提案をしたい。

第一に、人権の政治は、世界市民法と国家連合の制度による秩序というカント的理念が手本を示した人権の目標によって、今後も導かれうるし、導かれるべきだし、導かれてもよい。この理念は実現する価値があるということを確証していると考えられるできごとが、世界には明らかに存在する。そしてカント的理念の実現がいくらか近づいているところ、したがってたとえばEU地域では、人権政治が基本権を保護する共同の政治へと徐々に変貌し、こうした政治が原理的に、個別国家内の基本権政治の範型へと展開されうるのである。

第二に、この目標に到達できるための基本的制約であり、また到達に向けてなされた前進を確かなものとするための基本的制約は、まずそれ自身の力の及ぶ範囲において、法的な状態と民主主義的な主権を維持することのできるような、貫徹力をもつ政治システムの成立である。こうした制約が満たされるかどうかは、けっして保証されていない。満たされるためには、現在目にされる国際社会の様々な傾向を相手に、相変わらず苦闘しなければならない。しかしこの制約が満たされないと、いかなる国際的な人権政治も無効になるので、国際的な人権政治の構成要素として、この制約を充足することも考えられなければならないのである。第三に、民主主義は貫徹力をもつ政治システムを前提するので、人権の国際政治は、カントが描いた世界市民法の妥当している世界地域の外部にある諸国家において民主化プロセスを促進するために、以下の事実に定位するのでなければならない。それは、国家的な秩序、つまり法的な（しかし必ずしもすでに正義に適っているというわけではない）諸関係が現に存在していることが、正義に適った、つまり適法的な諸関係の出発点となる基盤を形成する、ということである。法律によるいかなる秩序もまったく支配的でないところでは、民主主義も基本権の保護も、いずれにしても不可能である。したがって、たんなる権力の計算によってではなく、責任倫理的な理由から、既存の政治的秩序を尊重することが、国際的な人権政治の基本的な構成要素をなすのである。

　第四に、人権の理念が普遍的な要求を行うことと人権を実現する力が限界を持たざるを得ないこととのギャップに依拠して、人権の普遍主義に対する批判があり、責任倫理の見地から、責任の及ぶ範囲について考察することが必要である。この批判によって、自己の秩序の外部で力を用いて人権を保障するように強制してもよいかどうか、また強制すべきかどうかという問いが立てられ、場合によってはいつ強制してもよいのか、あるいはいつ強制すべきなのか、という問いが立てられる。こうした問いは明確に力の問いとして立てられるので、まずは次のような視点の下でも答えることができる。すなわち、力というものが、人権が尊重される状態を実現するために与えられているのであれば、そうした力は行使されてもよいし、また行使されるべきである、と。しかし（また、この「しかし」は重要である）、行使されてもよいし、また行使されるべきであるということが明白であるほど、どこで、そしていつ、この必要とされる力は端的に「与えられて」いるのか。与えられているかどうかは、そもそもどのようにしてわかるのか。さらに、どれだけの「力」を投入するつもりがあるのか（通常のケースで言えば、どれだけ多くの自身の資源を消費するつもりがあるのか）。また、どの人権のためにか。最後に、力の政治という見地から計算するとなると、責任倫理という見地が持つ品位がすべて失われてしまうような正義に反したケースというものが存在することにならないか、などなど。これらは、ただちに浮かび上がるきわめて複雑な解決すべき問題であり、以下のような二段階からなる結論を導く。第一に、力を行使する強力な手段を用いて実施される人権一般に対する政治のようなものは、様々な人権のうち最小限の核となる領域にとってのみ有意味に構想されうるのであり、第二に、このような政治は、たんに極端なケース（何がそうしたケースに該当するかは、もちろんより厳密に定めなければならないが）に対してのみ有意味に構想されうるのである。この極端なケースにおいては、介入する諸勢力の自己利害に対する関心も同時に大きく、自国以外の場所において人権を強制的に保護しようとするのである。（例として、ナチス・ドイツに対する戦争を思い浮かべることができよう。）このように、力を行使する究極の手段である軍事力を用いて、基本的なあり方としての人権の尊重を追求することが——様々な理由から——正当化されているような例外状況というものがあると、私は考えている。しかし通常の場合は、他の政治が望ましい。国家主権とプラグマティックな仕方でかかわり合いをもつ政治は、——人権に対するたんなる〈私たちの〉要求にふさわしくないのではなく——、根本をなす人権に対する要求そのものにふさわしくないのである。

「プラグマティックな仕方でのかかわり合い」というキーワードを、ここではこれ以上説明できないが、たとえばローマン・ヘルツォーク連邦大統領〔論文が執筆された当時の連邦大統領〕が最近『ツァイト（*Zeit*）』（一九九六年九月六日、第三七号）紙上で説得的に行ったような仕方で、説明しなければならないだろうと私は考えている。

第五に、そして最後に。〈政治〉とは、長期的に協力し合えるためにしなければならないことは何であるのかということを主導的な問いとし、〈私たちという集団〉を維持する行為であるとしよう。——人権政治の〈私たち〉とは誰なのか。——すべての人間だろうか。いずれにせよ現在の時点では、まだすべての人間ではない。繰り返そう。人権政治の〈私たち〉とは誰なのか。——人権は理想的で普遍的な要求を掲げ、その要求を可能にするための相応の根拠となる義務をともなっている。しかし他方で、人権は私たち西洋の政治的アイデンティティおよび文化の現実的な核をなしている。したがって人権は、西洋の現実政治および世界規模でなされるべき理想的な政治の中心をなす構成要素として、理解することができる。西洋の現実政治の構成要素として、すなわち一定の規範的原理を普遍的に尊重すべしという理念を擁護する、超国家的ではあるが個別的な社会の統合された意志を構成する要素として、理解することができる。また、世界規模でなされるべき理想的な政治の構成要素として、すなわち自由な見識を普遍的に尊重すべしというこうした理念を万人に委ね、したがってこの理念を相互文化的で討議を行う共同の理性の産物として理解可能にするような構成要素として、理解することができる。そしてこのことがまたしても——〈私たちに〉——つねに次のこと、つまり了解ということが万人に求めることを求める。すなわち、耳を傾けること、自分自身の立場をよく考えること、他者から学ぼうとすることである。

国家の課題と人権

エアハルト・デニンガー
（御子柴善之訳）

【デニンガー論文への助走】

哲学者は人権について熱を帯びた討論を繰り返し、法律学者は人権を実定的なものとして制度化すべく熟慮する。哲学者にとって、法律学者の議論はときに技術的な思考に過ぎないものと思われ、法律学者にとって、哲学者の議論はしばしば机上の空論に思われる。しかし、そうした両者が同じテーブルを囲んで議論をしたとしたら、そこに何が生じるだろうか。本論集が私たちに示してくれるのはまさにそうした光景であり、ここに訳出するデニンガーの論文もまた、そうした場面設定の成果である。彼はまず、法的体制の今日的動向を見定める。そこに、一方で、複数の憲法体制の重複に由来する困難を見出し、他方で、「安全、多様性、連帯」の要請を特色として見出す。ここまでは、彼の法律学者としての営みである。しかし、それらを踏まえて、国家の課題として人権を「予防」という観点から制度化することが、かえって人権を国家の努力目標に矮小化してしまうという逆説的状況を指摘し、立法における民主主義的な議論が切実に必要になると主張するとき、彼はもはや自分のディシプリンに囚われないパースペクティヴを提供している。

デニンガーは、今日のヨーロッパの憲法体制において、フランス革命以来の「自由、平等、博愛」という理想に対して、それを補完するものとして「安全、多様性、連帯」が求められている、と主張する。自由と安全について言えば、グローバル化する世界における不確実性、あるいはベックのいう「リスク社会」の現出に対峙して、個人における最大限の自由の実現のみならず、ときにそれに制限を加えることで安全を確保することが求められている。平等と多様性について言えば、人間が人間であるだけで権利を持つという、普遍主義的・平等主義的な視点は、今日、人々の「関心をひく」ものではなく、むしろ「多様性のよろこび」という観点から、多様性の尊重、マイノリティーの権利擁護が求められている。では、博愛と連帯については、どのような連関が見出されるだろうか。ここに訳出する論文では、「連帯」に関する直接的な言及はなく、おそらくはそれに代わる概念として「予防」が論じられている。デニンガーは、フランス革命時において博愛は自由や平等に比して「著しく弱い」理想だったと見るが、今日では、博愛の精神を実行力あるものとするために、積極的な補助や給付が予防的に構想されるのである。

博愛と連関しつつ相違をはらむ理想として「連帯」が挙げられ、それを「予防」として論じることにはどのような意味があるだろうか、また、そこにはどのような問題があるだろうか。Karl Otto Hondrich と Claudia Koch-Arzberger は、その共著 „*Solidarität der modernen Gesellschaft*“ (1992) において、博愛と連帯との相違を、後者には要素として自己決定が含まれるところに見出していた。すなわち、連帯には、連帯するかどうかの自己決定、どのような連帯共同体と連帯するかの自己決定が、含まれているのである。生存や福祉において、リスクに直面している現代人は、そのリスクに対して予防的にふるまうために、連帯共同体を構想する。これが、社会国家としてのドイツ連邦共和国や、ひろく欧州連合を貫いている思想であろう。この時、欧州連合における議論に典型的に見られるように、誰が（どの国が）誰と（どの国と）連帯するのか、という問題が発生する。もちろんO・ヘッフェのように「グローバルな連帯」を掲げる哲学者もいるが、連帯が財の再分配のしくみを予防的に持っているという観点から、連帯の限界、すなわち連帯共同体が無限に拡大できるわけではないことを指摘する学者もいる。かつて、Otto Depenheuer が論集 „*Solidarität in Knappheit*“ (1998) に収められたみずからの論文に、ベートーヴェンの交響曲第九番第四楽章に採用されたシラーの詩句を変形させて、「すべての人間が兄弟になるわけではない (Nicht alle Menschen werden Brüder)」という表題を与えた所以である。現代人（国家）は、連帯に際して、誰と連帯するのかを自己決定しなくてはならないのである。このように、問題を敷衍すれば、デニンガーの論文もまた、欧州連合の形成とその拡大や、増加する移民の問題を視野に入れて書かれていることが明らかだろう。

さて、デニンガーの議論には、哲学的に人権を論じるのではなく、法律学の立場から「実践的な人権政策」に参画して議論を行うという姿勢が見られる。これを、理論に偏しがちな哲学者を難じるものと受け止めることもできよう。しかし、冒頭で記したように、彼の議論はそこに留まるものではない。彼が論文の末尾で、トルコの人権侵害に言及しつつ、それは「ここドイツで人権が毀損されたことを指し示している」と記していることに注目したい。欧州連合の内部における人権侵害はドイツにおける権利擁護の問題を論じつつ、いまだ欧州連合に入っていないトルコに言及し、そこでの人権侵害である、と主張しているのである。これこそ、人権思想の持つ普遍主義の表れなのではないだろうか。どこかで人権が毀損されることは、ここで人権が毀損されることであり、誰かの人権が毀損されることは、私の人権が毀損されることなのである。デニンガーは、今日的動向として普遍主義から多様性への関心の移動が見られることに言及しているが、彼自身は、人権の普遍性を否定しないのだろう。かつてカントが、世界市民法を論じながら、「地上のひとつの場所で生じた法／権利の侵害が、あらゆる場所で感じられる」と書いたことが想起される（『永遠平和のために』）。

しかし、デニンガーの行論そのものは、「国家の課題」という観点に基づいて、ドイツ連邦共和国と欧州連合までで収束しているようにも見える。これは、「連帯」を「予防」として論じたことの帰結だろう。だが、私たちは、〈3・11〉の後、多くの国際的な援助の手が東日本に差し出されたことを知っている。これは、予防の名において制度化された人権擁護とは異なり、甚大な震災の後、多様な連帯共同体が国家という枠組みを超えて形成されたことの表現ではないだろうか。それとも、あの援助は、従来型の博愛の表現だったのだろうか。私たちは、グローバル化した世界において既存の枠組みへの包摂に囚われない人権擁護の方法を見出すことができるのではないか。実践的なデニンガーの視点を、私たちはこのようにして相対化することもできる。ただし、それ以前にこの論文を通して、人権を実践的に論じるための手続きを学び、それを踏まえてなお学横断的であることの意義をよく理解することが求められるだろう。

原筆者（デニンガー）による前書き

一、

一九九二年、マーストリヒト条約によって欧州連合（ＥＵ）が設立され、〔同条約を見直すことで〕一九九六年にはヨーロッパ統合の拡大と強化を目指す協議が開始された。こうした動向は、国家の課題を果たすことと――やはり国家が行うことだが――人権擁護との関係をよくよく考えてみるきっかけを与えている。

大多数の西欧諸国では国家体制のあり方が、代表制による民主主義的な法治国家、言い換えれば、市民によるリベラルな法治国家から、政党制民主主義による社会的な行政国家・社会サービス国家へと変遷していることが見てとれる。この変遷は、立法者が調整機能を発揮する際に基本権がどのような機能を果たすべきかという理解にも変化をもたらした。こうした変化は、国家を超えたヨーロッパという水準で基本権や人権のヨーロッパ共通のスタンダードが生まれる際に、影響を与えるものである。

二、

啓蒙運動とフランス革命以来、自由、平等、博愛（これは他の二つに比して著しく弱い）という理想が、西洋立憲国家の諸制度に関する理論にとっても、そうした制度の樹立にとっても、指導的なものだった。

今日、このような理想は、安全、多様性、連帯の要請によって補完・修正されている。これらは、国家目標や国家の課題に関する規範として、また近年の憲法体制に文言として、表れている。そこに次の傾向を見てとることができる。とりわけ「第二世代」の基本権や人権、すなわち、労働、住居、教育などへの権利のような「社会的基本権」が、個人の主観的権利としてではなく、国家の「客観的」課題として定められているのである。

三、

国家は二つの要求にさらされている。第一に、文化、言語、宗教、民族、イデオロギーにおける複数性を顧慮すべきだという要求である。移民という動向が強まることで、複数性が社会的にも政治的にも重要になったからである。第二に、技術、社会、健康、犯罪に関するリスクを念頭において、安全を包括的に保障すべきだという要求である。これらの要求に対して、国家はますますあからさまに、予防という戦略に答えを見出すようになっている。あまたある行政法の諸分野から、そうした例を挙げることができる。そこには、人権が持っている、自由を保護し革新をもたらし人々を解放するという内容が歪曲される危険が存している。

第Ⅰ節

深刻な変化も、とりわけそれが流血も国家の崩壊もなしに起きるのであれば、その場に居合わせた人々によって、しばしばそうした変化としてまったく認識されず、いわんやその意義が把握されることもない。過去を顧みてはじめて、三〇年も四〇年も前のテクストを読んではじめて、ひとは驚きつつ認めるのである。今日、表面的には同じ概念が、当時とまったく異なった内容を持って、なんと自明なものとして使われていることか、と。今日ドイツで基本権の概念において生じている変遷は、まさにそのような変遷である。この変遷は、その文脈に即していまだ正しく把握されていない。また、ヨーロッパ統合によって、こうした経過はドイツに留まるものではなくなっている。

近年、ドイツでは、憲法一般の機能について、特に基本権の課題と作用の仕方について根底的に考える「機会」が二回あった。第一の機会は、ドイツ再統一によって、また、それに伴って新たにドイツ連邦共和国の東側の州になる五州に民主主義的で法治国家としての憲法を与える必要によってもたらされた。一九九〇年八月三一日の統一条約（第五条）は、基本法の改正問題にもかかわっている。統一ドイツの連邦議会と連邦参議院は、この統一条約の勧告に従って、両院合同憲法調査会を設置した。この憲法調査会による提案は、基本法にいくつか控えめな補足をすることに留まり、憲法を包括的に見直すことは行われなかった。

第二の機会は、第一の機会と異なり、最終的な決着をみていない。それは、一九九二年二月七日の「マーストリヒト条約」によるヨーロッパ統合の衝撃である。この衝撃は、ヨーロッパの人々にヨーロッパにおける基本権保護に関する活発な議論をひき起こした。

少なくとも「EU市民」にとっては、言い換えれば、新EC条約第八条に従って同時に「欧州連合」という新たな法的組織の市民にもなった、EU加盟国市民にとっては、基本権保護が三つの異なるレベルで考えられることによって、法的状況がきわめて複雑化する。特に強力なのは、ドイツの国家（国内）レベルにおける基本権保護である。ドイツでは、憲法体制上保障された諸基本権のどのひとつが侵害されても、それを個人の憲法異議によって告発することができる（基本法第九十三条（1）―4a）。この抗告が根拠あるものだった場合、憲法に抵触する法律は無効と宣言され、そうした法律に則った判決や行政行為は破棄される。ドイツ連邦共和国は十六州からなり、その各州が、成文化された憲法をもち、固有の憲法裁判所を持っているので、憲法異議を州憲法に従って州憲法裁判所に行うことが可能である。連邦州の基本権保障が連邦のそれに対してさらに先に行くものであるか否かについては、単純に決定できないのがしばしばである。少なくとも、連邦の基本権保障が描いているのは、拘束力をもつ最低限のスタンダードだと言える。

ドイツ連邦共和国もまた、EUの他のすべての加盟国と同様に、ずっと以前からあるヨーロッパ会議と一九五〇年一一月四日の「人権と基本的自由保護のための条約〔欧州人権条約〕」の加盟国であり調印国である。この条約を法的に利用可能にするための手段が、数多くの議定書をそれに付け加えることで発展してきている。今日では、条約加盟国の市民なら誰でも、つまり自然人でも、人権侵害をストラスブールにある「欧州人権裁判所」に訴えることができる。人権裁判所は、人権を侵害された者に対して「正当な補償」を認定することができる（欧州人権条約第五十条）。もちろん、国家を超えた執行権力が存在して、有罪判決を下された国家の意思に反して強制的な仕方で判決を貫徹できるわけではないが。

国内法による国家レベルでの基本権保護からも、欧州人権条約という国際法によるヨーロッパレベルでの人権保護からも独立に、第三の基本権保護が発展している。それは、ルクセンブルクにある「欧州司法裁判所」(EuGH)の裁判による、共同体法レベルでの基本権保護である。マーストリヒト条約〔旧〕第F条(2)は、この裁判所が行う審査の基準を、従来の裁判との関係で、次のようなものとして定式化している。すなわち、「一九五〇年一一月四日にローマで調印された、人権と基本的自由を保護するための欧州条約で擁護されているような基本権と、加盟国のいずれもが持っている憲法の伝統にもとづいて共同法の普遍的原則として生み出されるような基本権」の尊重として定式化している。〔以上の三つのレベルを背景に〕多くの未決の法律問題が生じる。第一に、三つの最高裁判所——ドイツを例として挙げるなら、カールスルーエ、ストラスブール、ルクセンブルク——をもった三つの権利保護システムが並存することによって、訴訟法上の問題が生じる。また、第二に、実体法によって行われる〔基本権〕擁護の概念や留保条款が不明確であることによって問題が生じる。きわめて一般的で無規定に留まっている諸原則を超えて、「〔加盟国の〕いずれもが持っている憲法の伝統」を確定しようとすることの困難さには、ここで立ち入らないでおこう。欧州人権条約を標準とすることを手がかりに基本権に統一的解釈を実現しようという課題は、十分苦難に満ちたものである。そこで保障される個人のどんな権利も、個々の国家が法律的な制限を加えるという留保の下でのみ擁護される。それは、(典型的な定式化によれば)、「国家の安全保障、地域の保全あるいは公共の安全保障、秩序と犯罪防止の維持、健康と道徳の保護、他人のよき名声や権利の保護〔など〕のために民主主義社会において」(欧州人権条約第十条(2))なくてはならないような制限である。このように必要となる制限の範囲の解釈は、加盟国のあいだでまったくばらばらである。たとえば、堕胎問題に関する立法、集会の権利、ストライキ権などだけでも考えてみればよいだろう。保護の範囲に関して、ストラスブールやルクセンブルクの欧州司法裁判所はいかなるヨーロッパ共通の水準を基礎とすべきだろうか。最小限の共通点に基づいた最低水準だろうか、訴えられた国家の水準だろうか、それとも何かほかに水準があるだろうか。

このような事情であるから、ドイツの諸文献が、共同体法による基本権保護のクォリティーについてまったくばらばらの判断をしていることは驚くにあたらない。(1)〔基本権保護のための〕方式には著しく裁量の余地がある。それは、一面では、個々の国家の立法者に有利になるような留保条件に由来し、他面では、EUの立法機関にもその方が有利であることに由来する。このような裁量の余地があることに目を向けるなら、少なくとも、ヨーロッパが持っている現在の人権法典が、私がここで描こうと思っている「人権から国家の課題へ」の発展を阻むことがありうるとは考えられない。

第2節

憲法体制の発展をもたらす数多くの個別事例――そうした発展は、「文言上の段階的発展」(ペーター・ヘーバーレ)(2)の意味にも、憲法に関する裁判や学説によって憲法が前進的に具体化しているという意味にも解されるが――をまとめて、私の出発点となるテーゼを次のように提示しよう。国民国家に根差した近代的で民主主義的な立憲・法治国家――ここでは日付上の指標を一七八九年に置くことができるだろう――は、フランス革命の体制上の理想である**自由**、**平等**、**博愛**の下に、その精華を発揮し世界中の人々を魅了したのだが、それに対して、今日そうした国家は、**安全**、**多様性**、**連帯**という理想に、自身の補完と部分的変更を見出している。(3)このような「パラダイム転換」は、人権ないし基本権の理解における、したがって市民と国家との根本的な関係の理解における、深刻な変化として表れている。

まず、このことを古典的なテクストを手掛かりとして明らかにすることを試みよう。

自由、平等、博愛は、一九四八年一〇月一〇日の国連の世界人権宣言においてもなおその基礎をなしている。

「すべての人間は生まれながらにして自由であり、かつ、尊厳と権利とについて平等である。人間は、理性と良心とを授けられており、互いに同胞の精神をもって行動しなくてはならない。」（「世界人権宣言」第一条）

一九九四年二月、欧州議会で可決された欧州連合憲法の第一素案は、[4]（その第八章において）人権の包括的な一覧表を組み込んでいる。この素案は、生命の権利と身体的に傷つけられない権利、自由と安全の権利から始まる。それに、死刑と拷問の禁止が続く。次いで第二条で次のように言われる。「人間の尊厳は不可侵である。殊に人間の尊厳は、自身と家族のための十分な資力と給付に基づく、人格の基本権を含んでいる。」国家にとっての人権一覧表ないし基本権一覧表の冒頭に、国家が果たすべきはたらきとしてこのような主張を掲げることを、実のところ、一七八九年ないし一七九三年のフランスにおける「人間と市民の権利の宣言」の起草者たちも、ましてやアメリカ合衆国憲法の「立案者（framer）」たちも、思いついていないだろう。

あらゆる国家権力が保護し擁護すべき五つの「時効によって消滅することのない自然的な人権」は、フランス革命の人権宣言によれば、自由、平等、所有、安全、圧制への抵抗である。「平等」については、とりわけ貴族の特権を撤廃することが問題なのであり、当時、女性が男性と同権を持つことをまだ誰も考えなかった。オランプ・ド・グージュと彼女の「女性と女性市民の権利の宣言」（一七九一年）、ならびにわずかの他の人々を除けば。[5]一九世紀、「第三階級」の市民にとっては、とりわけ、「自由と所有」において公権力から恣意的な侵害を被ることからの保護と、警察と司法とによる法的／権利的な安全とが重要だったのである。

今日、平等（Gleichheit）や安全（Sicherheit, sureté）という理想と結び付いているイメージや期待は、革命の時代や二〇世紀のそれとは本質的に異なっている。もちろん、形式的な法的平等への要求、言い換えれば、たとえば普通選挙権の容認による、法的主体や国民として承認されることへの要求は持続しているし、それらの要求がなお実現していないところでは主張されている。しかしながら、形式的に平等な権限は、それがすでに広汎に勝ち取られているがゆえに、いつのまにか「関心を引かない」ものになっている。なぜなら、それでは、リアルな生活条件に価値上の同等を実現するには不十分だからである。いまや平等は、様々な相違や差異を同等に承認・主張・価値評価すること、として理解され要求されている。ひとは、少数派グループの一員として、他から区別される特徴の持ち主として、自己を同定するのである。「等しからざるものに等しい権利を」というモットーの下で主張される「多様性のよろこび」が、いたるところで見られるようになっている。(6) 近代が急進化している現今の局面において（A・ギデンズ）(7)、はるかにヨーロッパの範囲を越えて見られるこうした傾向について、そのより深い原因を哲学的に、人類学的に、社会理論的に、歴史的に問うことができる。そうした場合、ひとは、「個人化」、「グローバリゼーション」、「再帰性」（U・ベック）(8) のような、時代を暗示することばに出会うだろう。私はさらに、不確実性や不確実化の思想をそれに加えたい。そうした思想は、安全あるいは予防の要求に新たな意義と新たな高揚をもたらすものである。ここでは、そのような意識の変化や現実世界の変化が、法的にどのような作用を及ぼすかが中心的な問題となる。

普遍的で平等な人権を認め擁護するには、まさに「万人の権利」として、あらゆるグループ――それが少数派であろうと多数派であろうと――に属す人が求める保護を十分に顧慮しなくてはならない、と思われるだろう。そして、これは、人権保護がもはや個人の法的財産の侵害に対する防御だけに留まらず、社会的安全、住宅の世話、教育へのアクセス等々のように「積極的な」補助を行い給付を認めることをも喫緊の課題とすればするほど、ますますそのとおりであると強く思われるだろう。ドイツで、とりわけ新たにドイツの州になった地方で、この数年、憲法体制樹立や憲法改正の運動が行われてきたが、事実上、こうした運動には、少数派が少数派として保護と支援を求めていることが表れており、また、憲法や国際条約の文言には、一般にそのつど他者がその他者性において承認されることを要求していることが表れている。第二次世界大戦中、そして戦後から今日まで、数万の難民、「ボートピープル」、内戦の犠牲者が被らねばならなかった恐るべき経験が、（特別の法的帰属なしで）「人間として」持つ法的地位への幻滅をもたらしたのかもしれない。なんらかの国家（敗戦国あるいは制圧された国）に属す人々に比べて、もはや自分が「人間として」持つ質を頼りにできるに過ぎなかっただろう無国籍者の運命はもっと悲惨なものだった。ハンナ・アーレントは、こうした悲惨な人々が保護を欠き、権利を欠いていることを、次のように記している。

> これまで、人権に訴えようというアイデアを思いついた、難民の集団はひとつならず存在する。どこであれ彼らが組織を持っていたところでは、彼らは、ポーランド人として、ユダヤ人として、ドイツ人として、自分が持っている権利のために戦ったのである。無国籍者は、強国と少なくともひとつのことを共有している。それは、人権の保護を目指す社会に対する冷淡な軽蔑である。[9]

第二次世界大戦終結後、このような状況が根本的に変わったことを示すものは、なにもない。いずれにせよ、ドイツ基本法第一条（1）の人間の尊厳に関する条項と、最近の連邦憲法裁判所による庇護権判決が実現している、庇護への（基本的）権利が持つ不可侵の基本的内容とを、論証によって橋渡しする際の困難が、ひたすら人権によって根拠を与えようとする営みの持つ弱さを――実定法による基礎づけの持つ強さに対して――特徴的な仕方で明らかにしている。一九八〇年には、まだ法廷は、庇護権が人間の尊厳の不可侵性に依存していることを強調していたが。人間の尊厳の不可侵性は、「最上の憲法原理として、庇護権の歴史的発展に従って、基本法に広範な庇護要求を定着させるために決定的な影響を与えた」、と。[10] 一九九六年になって法廷は、庇護権が、基本法の冒頭にある人間の尊厳条項の「人権」擁護に内容的に帰属することを否定する。[11] このような国民国家の「法実証主義」の例を挙げていけば、他の領域においても少数派の権利や特定集団の権利は実定法によって保証されるという傾向が強くなっているということ以外の帰結はありえない。

したがって、一面では、普遍的でどこでも等しい人間の尊厳を防御用の盾として持ちだしても役に立たない（立たなかった）という経験が生まれる。他面で、アンソニー・ギデンズやウルリヒ・ベックの言を借りるなら、[12]「グローバリゼーション」や「個人化」という動向において個々人に開かれた可能性、すなわち、自分のアイデンティティーをまったく異なる人間集団（私たちという集団）のなかで形成する可能性が、チャンスの開放としてのみならず、不確実性のもとで決断を迫られる重荷として、つまりリスクとの対峙として、体験される。「自分が思い描く人生」（Beck, 13）は、けっして趣味的な満足ではなく、いつでも同時に「リスクの連続としての人生」でもある。また、普遍的で抽象的な人間存在ではなく具体的な個別性の方に向けられた個人のアイデンティティーは、それが社会的に承認されることを自明のこととして前提するわけにはいかない。むしろ、「差異の政治」、すなわち、「普遍的な人間の尊厳の政治」をおおいなる緊張をもって補完する、個別的なものの承認が必要である。[13]民族、宗教、文化、言語における少数派のための少数派保護条項を、事情によっては、国民のなかの少数派ないし外国の少数派に関するものと強度の差をつけつつも、第二十条ｂとして基本法に入れようとする試みは、議会における議論によって結局頓挫したが、そうした議論は、個人に定位した平等主義的で普遍主義的な人権政策――これは少数派の同化と統合を志向する――と、差異をアイデンティティーとして強調する集団的な「承認の政治」との二律背反を分かりやすく教えてくれる。少なくとも、ブランデンブルク州憲法（第二十五条）は「ソルビア人の、国民としてのアイデンティティーを保護、維持、保存される権利」に言及しているし、ザクセン州憲法（第六条（２））は、「ソルビア人の生活にとって必要なもの」を配慮するよう要求している。民族的‐文化的な少数派の保護は、具体的な数値がどうなっているかを視野に入れてはじめて理性的に議論できる、というのはもちろんのことである。人口八千万のドイツ領土には、ソルビア人が五万人いる。これなら民俗学的に珍しいで済ませられるかもしれない。しかし、二千五百万のカナダ人には、全部で五百万のフランス系カナダ人がいる。これは政治的な最重要課題である。

この傾向は、個人化の必然性や承認の必要に基づくものであり、「多様性のよろこび」として肯定されているが、法的には次のようなものと同一方向の結果をもたらしている。それはすなわち、技術的、経済的、生物学的な生存条件の不確実性と不透明性を特色とする他のファクター、つまり、法的防衛、それも可能な限り憲法上の法的防衛への努力である。

ここで、一方における、「承認の政治」、民族的あるいは宗教的な少数派の保護、つまり「差異」と**多様性**の政治と、社会的、技術的、経済的あるいは生物学的な領域における**安全**のための様々な戦略とを結び付ける、法律学上の共通分母が問われねばならない。法律学的に見るとき、宗派の承認、男女同権、環境保護、そして失業との闘いに共通するものは何だろうか。

いささか形式的になら、次のように答えることができるかもしれない。これらのすべての問題において、既存の憲法によってすでに保障されている消極的自由を積極的な自由保障によって補完することが求められている、と。言い換えるなら、人間集団のアイデンティティーや少数派保護を法的‐形式的に擁護するのみならず、実際の生活において擁護することも、また上述の領域において安全を事実的に保障することも、行政側から実際に数多くのサービスが給付されることによってのみ実現可能なのだ、と。〔サービス給付の〕手段や資源の不足に直面するとき、民主主義的な法律は、個々人を保護する程度と手法を決定しなくてはならない。それゆえに、客観的権利の具体的規範としての（給付に関する）「たんなる」法律は、主観的な「基本権」――たとえば、「労働への」権利や「健康への」権利等々――の抽象的な布告よりも、保護すべきより高い価値を得ることになる。こうした状況において、私たち法律学者には、そのつど決定された安全保障戦略を貫徹するために適切な法律形式を見出す責任があるのである。

第3節

殺人の禁止、奴隷制の禁止、あるいは拷問の禁止のような、普遍主義的なそれゆえに平等な倫理的原理を貫徹することが主要な問題だった限り、したがって、暴力的な国家権力——これは部分的には社会的権力でもあるが——を阻止することが主要な問題だった限り、主観的-個人的な人権という法のかたちが、最も実行力があり「最も重要な」法的道具になるように思われた。今日でも、国家が、あるいはまた暴力的抑圧に抗する反対勢力が、人権の広範な内容と一致しているという意識に基づいてつくり出す正統性を保証された力は、決して過小評価されるべきでない。大国でさえ、明白な人権侵害という非難には最高度に敏感に反応する。人権規範は、その規範的な強さをまずもってその道徳的な確信の力に負っている。ここで道徳的な確信の力とは内容あるクォリティーのことである。そのクォリティーによれば、すべての人々にその人がただ人間であるというだけで該当しそしてそれゆえすべての人々によって適切であると認められる、ということを理由として法（そして正）であるものこそが、地上ではおそらく到達不可能な、「客観的な」正義の理想に近似している。もちろんこうしたクォリティーの確保は、人権が特殊なものの保護、差異の保護を強く志向すればするほど、それだけ困難になる。このことが最も明らかになるのは、集団的アイデンティティー、言い換えれば、文化的な、民族的なあるいは宗教的な少数派がまさに少数派として人権上の保護を求める場合である。

国内の実定法秩序において、人権には実に多様な規範的地位を占める可能性がある。私が別の箇所で詳しく論じたように[14]、ドイツの法秩序における人権は、連邦法という分かりやすい地位から——ただし、州憲法によって法的に規定された人権がさらにその下に位置づけられる！——国際法が持つ普遍的規則の地位（基本法第二十五条）を介して、憲法の力によって保障された個人の基本権の地位にまで、さらにはそれを越えて、どのような憲法改正からも守られた、基本法の「人間の尊厳の核」という地位にまで広がっている。法律家でない人は、あらゆる人間にその人がたんに人間であるというだけで帰属する権利が、通常の法律が法律であるために要する形式的性質という点で、実際はそのつどの立法者の自由になることを、いぶかしく思うかもしれない。このとき法律家は、なんらかの仕方による「本質的内容の保障」（たとえば、基本法第十九条（2））を「頼みにする」ことになるだろうし、また、人間がともに生きる際にはいかなる権利も、人権でさえも、無制限には保障され得ないこと、むしろ、すべての権利が他人の権利にその制限を見出さねばならないことを指摘するだろう。

しかし、法律家も法律家ならざる人も、どちらの人をも熟考させ配慮させるはずのものがある。それは〔ことがらの〕展開である。私はここで最後にそのアウトラインを描くことができるに過ぎないが。ドイツ以外の国にも見られ、甚だしさを増している、次のような傾向がここでの話題である。すなわち、国際法上の議論や協定という「ソフトロー（soft law）」に基づく人権の内容を、もはや「直接的に妥当する法」（基本法第一条（3））として国内的な実定性を持った「ハードロー（hard law）」へと移しかえるのではなく、意図とプログラムを表明すること――ヴァイマール帝国憲法はそうした表明に満ちている――で、せいぜいのところ国家目標の規定というかたちで国家が国家自身を義務づけることで、満足する傾向である。「国家目標」をザクセン＝アンハルト州憲法（一九九二年制定）第三条（3）は真摯かつ冷静に定義している。国家目標とは、「力のかぎりそれに到達すべく努力するように、またみずからの行動をそれに従わせるように、州を義務づけるものである」、と。

こうしたきまりは、もちろん「正当な」基本権のようには規範的な「痛み」を伴わない。他方、「正当な」基本権は、「立法、貫徹する威力、司法を直接的に、妥当する法として」結合する（基本法第一条（3）、ザクセン＝アンハルト州憲法第三条（1））。権利が、個人の主観的な人権が、色あせて、威力を持った国家のたんなる努力項目になる。そのようなあいまいさが逆説的に定式化された典型例が、ザクセン自由州憲法第七条（1）に見られる。「州は、あらゆる人間が、人間の尊厳をもって生存する権利を持つことを、とりわけ労働、適切な住居、適切な暮らし、社会保障、教育、これらの権利を持つことを、国家〔州〕の目標として承認する。」

同様の典型が、「〔欧州〕連合が保障する人権について」という表題を持った欧州連合の憲法草案に見られる。たとえば、「労働の権利」である。ちなみにこれは、宗教の自由を除けば、最古の人権のひとつであり、――すでに、一七七六年、ツンフト強制加入制度を撤廃するためにテュルゴーが発した布告で宣言されている。[15] さて、一九九四年に私たちが読むのは次の文言である。「〔欧州〕連合は、労働の権利を承認する。〔欧州〕連合とその加盟国は、この権利を実行に移すために、必要な措置を講じる。[16]」これをより真摯に言うには、「……〔欧州〕連合は、この権利を法として成立させるために必要なことを行う」としなければならなかっただろう。

それと同時に、ヨーロッパの実践的な人権政策のパースペクティヴには——そして上述のザクセン州にも他のヨーロッパの国家的な共同体にも、まさに当てはまることだが——ノルベルト・ボッビオ[17]やユルゲン・ハーバーマス[18]のような思想家が法理論や社会理論のレベルでかなり前から展開していたこと、すなわち「法治国家と民主主義の内的連関」や「政治的自律と私的自律の等根源性」（ハーバーマス）が現れている。進展しつつあるヨーロッパの「法制化」（これは「国家化」と同一ではない！）——そしてこれが冒頭で言及した大きな機会の第二のものである——は、共同法レベルでも加盟国レベルでも生じている、包括的なプロセスである。このプロセスにおいて、「人格権」から「法的権利」への変換、あるいは、ノルベルト・ボッビオの言葉を用いるなら、たんに専門家が集まって討論するに過ぎない（国際的な）対象から立法という決定の対象への変換が果たされなくてはならない[19]。それによって、ルクセンブルク、ストラスブール、カールスルーエ、ローマ、マドリッドなどにある法廷による人権保護や基本権保護の意義が小さくなることはない。しかし、「国家目標」の具体化、すなわち人権に基礎を置き人権によって活性化された、国家の課題の具体化は、まずもって政治的な課題であり、またそれゆえ立法上の課題なのである。自由主義国家による基本権保護が、実定法において、国家へと予防的な行為や機能を委託することによって、置き換えられあるいは補完されればされるほど、それだけ司法の威力が独自の尺度を発展させることができなくなり、それだけ民主主義的な立法者が切実に必要とされるようになる。人権は、決して遼遠に受け継がれる「人々がその上で安楽に眠る」まくらではない。今日でも、これまでに劣らず、そうではない。人権は繰り返し新たに闘い取られねばならないものなのである。

私がこの文章を書いているこの瞬間、トルコの監獄では囚人たちがハンガーストライキで亡くなっている。彼らの政治的状況や法律上の状況がどのようなものであろうと、それはここドイツでは関心を持たれていない。彼らの死という厳然たる事実は、ここドイツで人権が毀損されたことを指し示している。繰り返しこのような権利を擁護し実現するために尽力することが、私たち法律家にとって最重要の課題のひとつであり続けるのである。

注

（1）一方の見解としては、次のものを見よ。W. Leisner, »Der europäische Eigentumsbegriff«, in: Ipsen/Rengeling u. a. (Hrsg.), *Verfassungsrecht im Wandel*, FS für den C. Heymanns Verlag, 1995, S. 395ff., 406: »Das Ergebnis ist nicht ernüchternd, sondern bestürzend.« この本には、他の文献も紹介されている。他方の見解としては次のものを見よ。M. Zuleeg. *Der Schutz der Menschenrechte im Gemeinschaftsrecht*, DÖV 1992, S. 937ff. 同様にこの本にも他の文献の紹介がある。

（2）P. Häberle, *Europäische Rechtskultur*, 1994. この本のいたるところで言及される。

（3）このテーゼは次の拙著で詳述している。Denninger, *Menschenrechte und Grundgesetz*, 1994. Denninger, *Verfassungsrecht und Solidaritäit*, 1995（改定版）, S. 7ff.

（4）*Amtsblatt der Europ. Gemeinschaften* Nr. C61 vom 10. 2. 1994, S. 155ff., S. 166ff.

（5）オランプ・ド・グージュについては、以下を参照せよ。Ute Gerhard, »Maßstäbe für eine neue Verfassung: Über Freiheit und Würde der Frauen«, in: U. K. Preuß, *Zum Begriff der Verfassung*, 1994, S. 248ff.

（6）以下を参照せよ。E. Denninger, *Menschenrechte und Grundgesetz*, 1994, S. 38.

（7）A. Giddens, *Konsequenzen der Moderne*, 1995, S. 63ff., S. 70.〔原書刊行、一九九〇年、アンソニー・ギデンズ、松尾精文、小幡正敏訳『近代とはいかなる時代か？　モダニティの帰結』、而立書房、一九九三年〕。

（8）U. Beck/E. Beck-Gernsheim (Hrsg.), *Riskante Freiheiten*, 1994, S. 10ff., S. 466ff.

（9）H. Arendt, *Elemmente und Urspriinge totaler Herrschaft*, Frankfurt am Main 1955, S. 438.〔ハンナ・アーレント、大

久保和郎他訳『全体主義の起原』、みすず書房、一九七二年〜一九七四年〕。

（10）BverfG 54, S. 341, S. 357.

（11）BverfG, Urteil des 2. Senats vom 14. Mai 1996-2 BvR 1938/93 u. a., EuGRZ 1996, S. 237ff., S. 253.

（12）A. Giddens, *Modernity and Self-Identity*, Cambridge 1991, 1995.;〔アンソニー・ギデンズ、秋吉美都、安藤太郎、筒井淳也訳『モダニティと自己アイデンティティ——後期近代における自己と社会』、ハーベスト社、二〇〇五年〕、ders., *Konsequenzen der Moderne*, 1995. U. Beck/E. Beck-Gernsheim, Riskante Freiheiten, 1994.

（13）これについては、以下を参照せよ。Ch. Taylor, *Multikulturalismus und die Politik der Anerkennung*, 1993, S. 27ff., S. 28, S. 31, S. 34.〔チャールズ・テイラー他、佐々木毅、辻康夫、向山恭一訳『マルチカルチュラリズム』、岩波書店、一九九六年〕。

（14）以下を参照せよ。E. Denninger, »Menschenrechte und Staatsaufgaben – ein ›europäisches‹ Thema«, *Juristenzeitung* 1996, S. 585ff., S. 587.

（15）G. Jellinek, *Die Erklärung der Menschen- und Bürgerrechte*, S. 16. 加えて次の箇所を見よ。G. Zagrebelsky, *Il diritto mite*, 1992, S. 101.

（16）一九九四年二月一〇日の、欧州連合憲法草案。Amtsblatt Nr. C61/155, S. 166ff., Titel Ⅷ, Nr. 11 a).

（17）N. Bobbio, *L'eta dei diritti*, Torino 1990, 1995, 特に次の箇所を参照せよ。Diritti dell'uomo e societa (1988), S. 67ff., S. 86, また、I diritti dell'uomo, oggi, ebd., S. 253ff.

（18）J. Habermas, »Über den internen Zusammenhang von Rechtsstaat und Demokratie«, in: U. K. Preuß (Hrsg.), *Zum Begriff der Verfassung*, 1994, S. 83ff. 類似したことをハーバーマスは次の箇所でも論じている。*Faktizität und Geltung*, 1992, S. 109ff., S. 161.〔ユルゲン・ハーバーマス、川上倫逸、耳野健二訳『事実性と妥当性』、未來社、二〇〇二年〕。

（19）N. Bobbio, *L'eta dei diritti*, Torino 1990, 2. Aufl. 1995, S. 86.

国際政治の権限賦与規範としての人権
——人権とデモクラシーの破壊された連関——

インゲボルク・マウス
（隠岐理貴訳）

【マウス論文への助走】

本論文の著者インゲボルク・マウスは、フランクフルト大学にて政治学、ゲルマニスティクと哲学を学んだ後、同大学で教鞭をとり、政治思想史の深い理解に裏打ちされた、規範理論的諸著作を世に問うてきたドイツの政治学者である。ここに訳出する論文「国際政治の権限賦与規範としての人権——人権とデモクラシーの破壊された連関」は、彼女が長年にわたって繰り返し論じてきた、人民主権、デモクラシー、人権といった概念を取り上げ、啓蒙主義の時代と現代においてそれらが有する意義の相違とその帰結を考察するものである。以下では、導入部を含め、全四節からなる本論文の流れに沿う形で要約した後、彼女の指摘の意義を考えたい。

問題提起

本論文を貫く問題意識を端的に言えば、カントやルソーに代表される、いわゆる「啓蒙主義」の哲学者たちにおいてははっきりと認識されていた、人民主権原理と人権、平和の連関が今日では見失われ、人民主権原理が蔑ろにされた諸国家において、人権概念が他国への武力介入を正当化する「権限賦与規範」として恣意的に用いられ、平和ではなく、その正反対の帰結をもたらしていることへの危惧である。マウスによれば、人権とは本来、国家の主権者である人民が、立法者としての地位においてその具体的内容を定めるべきものであり、人民主権と人権のこの連関が見失われているがゆえに、人権の質料をなすべき人々の生命や身体が、人権の名の下に遂行される武力介入において毀損されているという。「人権」や「人間」といった概念がその抽象性、無差別性ゆえに、破滅的戦争の大義名分となりうると考えるカール・シュミットの思想を研究し、他方で人間の価値の源泉をなす自由を守りうる政体のあり方を探究したカントら啓蒙主義の政治思想家から多くを学んだマウスゆえの洞察である。

人民主権と人権の乖離——ドイツとアメリカでの展開を例に

マウスは、現代の国家における人民主権原理と人権の関係が、それらの啓蒙主義的理解といかに強い対照を成しているかを示すため、ドイツとアメリカの政治史を参照する。彼女は、第二次世界大戦後のドイツにおいては、大統領ではなく、人民の過度の権力がワイマール共和国を破壊したという、人々の（誤った）疑念によって、「主権の厄介払い」が生じていると主張する。それは、ボン基本法において「基本権」が「人民主権原理に対する武器」と見なされ、連邦憲法裁判所が基本権を人民「から」守るものとして、したがって基本権が立法者である人民の上位に位置づけられるという転倒を端緒とする。マウスはこうした転倒、そしてデモクラシーの手続きに対する人々の無関心のうちに、基本権を定めることで排除されるはずだった危険の再来を指摘する。すなわち、シュミットがしたように、実質的な基本権と民主的手続きの間に調停しえない矛盾を認め、前者のみを重視し、民主的手続き規定を破壊してしまう危険である。しかしそれこそが一九三三年に全権委任法を成立せしめた当のものである。

さらにマウスは、基本権の人民主権からの乖離は、行政府の権限強化にも寄与してしまっていると指摘する。基本権が主権、すなわち人々が自身の権利について判断する権利に対して優位に置かれる司法の領域におけるのと類比的な事態が行政のレベルでも起こっている、すなわち、自立し、硬直化した基本権は、民主的手続きの代替物として機能してしまうのである。つまり、もっぱら国家が基本権の中身をパターナリスティックに規定し、その保護や実現を大義名分とするがゆえに、国民の同意が無用と見なされてしまうのである。ここには、カント研究者としてのマウスの思想の特徴が明確に表れているといえるだろう――カントは、子どもに対する父のように、人民の幸福の中身を規定し、その実現へと人々を強制する政府を「考えられる限り、最大の専制」(「理論と実践」)と批判している。

続いてマウスは、アメリカの連邦政府および合衆国憲法の成立過程を概観し、アメリカでは、ドイツとは逆の、しかし帰結においては同様の「一面化」が生じてきたことを確認する。『フェデラリスト・ペーパーズ』において、ハミルトンは憲法の手続き規定こそが自由を守るとし、基本権に対してそれを重要視したが、マウスは詳しく見れば、アメリカにおいても人民主権の原理が欠けているという。彼女は、人民の意志が憲法創設行為において一度きり表明され、以後はそのつど個々の事例において表明される人民の意志に対して優位に置かれるという、同書の主張を問題視する。それは、フェデラリストたちが、かかる上位の一般意志の管理を最高裁に委ね、法の正当性を民主的手続きによってではなく、大統領の拒否権と最高裁の違憲審査権によって担保しようと考えたからである。

人民主権と人権の啓蒙主義的理解

こうして、今日まで続く人民主権と人権にかかわる如上の問題点を俯瞰した後、マウスは一八世紀における啓蒙主義的な主権概念の核心を改めて強調する。彼女によれば、同概念は「政治権力の配置」についての以下の規範的主張を含むがゆえに、顧みられねばならないのである。すなわち、国家権力が、政治的役職についていない人々、いわば一般市民(彼女の言葉では「社会的基盤」)によって監視されるために、立法権がもっぱら「人民」に帰せられねばならないという主張である。そしてこれが、マウスの積極的主張の根幹をなしていると言ってよいだろう。カントが、「理論と実践」や『永遠平和のために』において警鐘をならすように、人間は党派心に駆られ、私利私欲に目をくらませやすいため、君主や職業的政治家が万人にとって公平に判断する見込みは薄く、法の適用において誤りやすいがゆえに、政治権力は権力を持たざる人々によって不断に監視、統御されねばならない。マウスはこの確信を共有しているのである。

ここから、人民による権力の監視が有効に機能するために考案された、以下の点の重要性が強調される。第一に、シィエス『第三身分とは何か』に見出される、すべての国家機関は法によって規制されねばならないのに対し、主権者である人民自身は、自ら憲法を変更しない間に限りこれに服し、彼らには法と権利の刷新のために、法から自由な領域が認められるのでなければならないという点である。第二に、人民には排他的に立法権が帰せられるものの、主権者＝人民自身は行政権や司法権を持ってはならないという点である。マウスは、部分的に主権的な個々の権力の対立（いわゆる三権の対立による抑制と均衡）ではなく、人民主権と他の国家機関すべてとの対立によってこそ自由が守られるのだと強調する。これは、各権力の視界をそれぞれ遮ることで、恣意を防止するための工夫を指す。マウスは、立法者は法が適用される個々のケースを知ってはならず、行政と司法は法の適用において、法を新たに定義することはできない、とまとめる。そして、彼女はこうした理解と結び付いた自由権についての洞察を次のように強調する。人民主権の原理は、二つの非対称性の対立、すなわち、国家の独占権力へのすべての人の服従という非対称性と国家機関の立法的主権への服従という非対称性の対立によってのみ、人権との連続性を保ちうるのだと言う。

以上の点を示すことにより、マウスは人権とは、権利の担い手自身だけが、権利の内容を決定することができるとするルソーやカントの人民主権の理解の不可欠性、人権と人民主権の破壊してはならない結び付きに注意を喚起しているのである。

二〇世紀における人権と人民主権の破壊

最後にマウスは視線を再び現代に向け、本論文冒頭ならびに第1節で発した警句を繰り返す。彼女は、一八世紀の思想を眺めた後に改めて振り返るとき、現代においては人民主権と人権にかかわる実践が、それらの概念が考え抜かれた時代にまさしく危惧されていた方向へと進んでいることを浮かび上がらせる。端的に言えば、行政と司法が実質的に立法権をも掌握することで、人民主権と人権の連続性が断ち切られ、人々の自由が窒息していくばかりか、人権の概念自体が自由を抑圧するために機能してしまうのである。さらに、国内において起こっていることは、国際関係の次元においても拡張していく。しかし、この次元においては、グローバルな規模での批判的公共圏の設立のみならず、ほとんど無際限に多様な諸制度をいかにして代表するかという難題がある。これらが示すのは、マウスによれば、国際的次元における独占権力の民主的監視が極めて困難だということである。そして彼女は、そこでは、各社会に固有な仕方でなされるべき普遍的人権の具体化と民主的自己組織化の可能性が、グローバルな中央集権によって簒奪される危険に晒されていると見る。それゆえ、マウスは世界政治が制度化されていくことで、グローバルな審級が人権の解釈を外から押しつけ、人権を完全に破壊しかねないことへの危機感を表明し、本論文を結ぶ。

マウスの政治思想――「人権への権利」の要としての人民主権

本論文において示されるマウスの時代診断が、私たちの未来に暗い影を落とすものであることを否定するのは困難である。そして、議会制民主主義の下で暮らす私たち自身の周囲を見渡せば、人民主権の原理がいかに小さな役割しか認められていないかに気づくのは、それほど困難なことではないだろう。マウスが鳴らす警鐘は、少し耳を澄まし、立ち止まって反省するならば、様々な問いを浮かび上がらせる。たとえば、「決める政治」という言葉が耳目を集めているが、立法過程における迅速な決定がもたらすものは、端的に望ましいものであろうか。人民自身が人権の内実について判断する権利は、果して判断の「早さ」を重視することで守られるのだろうか。

しかし、忘れてはならないことは、マウスが本論文において、陰鬱な時代診断と同時にこうした問いについて考えていくための手がかりを示そうとしていることである。彼女の思考は、「啓蒙」という訳語からは見えづらいが、その原語である„Aufklärung"に込められた「光」という含意を想起させる。カントは、この語のこうした含意を一人で歩き出す子どもの形象によって鮮明にする。すなわち啓蒙とは、他者に手を引かれて生きるのではなく、内なる光が指し示す方向へと歩き出すことであると教えているのである。そして、マウスが本論文において人民主権原理と人権の密接不可分の関係を再三再四強調するのは、彼女がカントとともに、一人ひとりの人間の自由をなにより重視し、他者に押し付けられる自由によって自由が窒息してしまわないためであると言ってよいだろう。

なるほど、マウスが人民主権と人権の啓蒙主義的理解の意義を執拗なまでに強調する姿は、国民国家というシステムの機能不全を前に、自由の実現のための異なるシステムの模索という時代の要請に応えようとする人々の目には、頑迷なアナクロニズムに映るかもしれない。あるいは、啓蒙の理念に期待を込める彼女はナイーヴにすぎるという批判もあるだろう。そして彼女とは反対に、グローバル化が持つポジティブな可能性についての考察は紛れもなく重要である。しかし、マウスがまさしく人権の意味をめぐる判断の対立、言い換えれば判断が「批判」に開かれていることが、人権が権限賦与規範になってしまうことを防ぐという認識を放棄することはないだろう。本論文集のタイトルである「人権への権利」を守ることと、私たち一人ひとりが人権についての判断の負荷を引き受けることは切り離すことができない。カントは「自己に責めのある未成年状態」から「脱出」するために、自己の悟性を用いる「勇気」を持つよう説いた（「啓蒙とは何か」）が、それはこうした判断の負荷を引き受けることで、自らの足で歩く自由な「自己である勇気」にほかならない。

カント的「啓蒙」の理念の核ともいえるこの認識を、人権と人民主権原理を論じることで強調する本論文は、他の様々な政治思想史的著作において展開されるマウスの政治思想のエッセンスを表現していると言えるだろう。この意味で、本論文は彼女の思想の全体像、ひいては彼女の思想に脈打つ啓蒙主義の政治哲学に接近する格好の手引きとなるだろう。

現代の国際的な人権政策の根拠づけと実践は、国内における体制構想の領域において長らくそうであったように、啓蒙主義の法原理を折衷主義的に取り出そうとしている。啓蒙主義の法原理の基礎となった体系的布置連関は、今日、様々な要素を別個に取り出し、ポストモダン的に組み合わせることを可能ならしめる採石場のように扱われている。かくて今日では、国内体制に関して言えば、たとえば大統領制の要素を議会主義的体制に組み込む案が議論されているが、その際、これら二つの体制類型、およびデモクラシーの類型に結び付いた自由の保護と権力分立図式の相反する二つの形式が、そうした組み合わせによって互いを打ち消し合うことがないかは考慮されていない。(1)また、そのような混合物において、自由権がいかなる位置価を持ちうるかが問われることもない。こうした無邪気さは、国内的原理と国際的原理の関係という観点においてとりわけ顕著である。啓蒙主義の政治哲学においては人権、人民主権、そして平和の緊密な結び付きが主たる対象とされていたのに対し、現代の国際人権政策の根拠づけは、人権を他の要素から切り離してしまうことで――本稿において示すことだが――、たんに諸原理同士の結び付きだけではなく、個々の原理をも破壊してしまう危険を冒しているのである。

まず、もっぱら平和の構成要素にかかわることとして――この側面について、ここでより詳しく扱うことはできないが――、カントはそれらを包括的コンテクストのうちに位置づけ、人権の保護が人民主権、つまり人民による自己立法、そしてすべての国家機関の民主的法律による拘束を原理とする共和国においてのみ保証されるということを示した。そして彼はさらに、平和はアプリオリな法原理の漸進的実現、すなわち、各々の主権国家における共和主義的構造の自発的導入、そして国内的人民主権の原理を侵害することのない諸国家の同盟によってのみ築かれうることを示した。(2)諸個人の自由に対しても、人民の主権的自己立法に対しても疑義を差し挟むことのない平和構想だけが、法の原理と両立可能であることは明白だったが、カントにおける「法を通じた平和」(3)の実現計画は、なおも平和を「法論のまったくの究極目的」(4)と見なしていたのである。人権、人民主権、平和、これらの最高度に複雑な連続性は、今日支配的なグローバルな人権政策の諸構想すべてにおいて解消されてしまっている。デモクラシーといえど、国民の意志に反して導入されてはならないというカントのラディカルにデモクラティックな主張[5]は、たとえ至上の規範的目的のためのものであろうと、国内的・国際的強制措置をそれ自体で斥けるがゆえに、同時に平和を保障するものであった。それに対し、未だ西洋的基準を遵守していない諸国家に対する今日の攻撃的な人権政策[6]は、この平和保障という側面を完全に見失っている。また、そうした政策が実現すると吹聴する人権の持つ意味をも完全に見失っているのである。

人権への訴えかけは、今日では直接的に軍事行動の正当化のために用いられており、第二次世界大戦後、平和的秩序として定式化された国連憲章も、この新しい意味において介入を正当化するものとして再解釈されている[7]。反対に人権は、この新しいコンテクストにおいて、その根本をなすはずの個人的次元を切り詰められている。人権のための武力介入は、武力介入である以上、生命と身体不可侵への基礎的な人権を毀損せざるを得ず、その際、これらの権利の担い手である当該諸個人の同意を得ることはできない。換言すれば、人権は個人的で主観的な権利要求から、システムの客観的目的へと反転してしまっている。このことは次の場合にも生じる。すなわち、他国の権力が別の国家における人権の基準を、その国家に属し、人権の潜在的な担い手である人々が自分たちの権利について、これまでどのように考えてきたかを度外視して規定してしまう場合である。平和の保障と人権との間で現在生じている摩擦は、ロールズとマッカーシーの間で交わされた、人権の国際的基準に関する範例的論争においても現れている。ロールズは人権の最低限――ある政治システムを辛うじて「よく秩序だった社会（well ordered society）」にする程度――の基準を著しく引き下げ[8]、暗黙のうちに非介入という平和保障原理に従っているが、他方でかかる引き下げは、その主張を一般化することで、人権がそれでも持っている普遍主義的性格を蔑ろにしてしまっている。これとは反対に、マッカーシーの痛烈な批判[9]は、基準の視点を絶対化し、平和の原理を無視している。いずれの場合においても、人権の要求内容は専門家主導で決定され、また――一八世紀においては強調されていた――、これらの権利の担い手自身による、権利の個人的かつ民主的な解釈、自発的具体化、実現という側面はかすんでしまっている。

後者の側面は、人権と人民主権の間のもうひとつの主要な連関にかかわる。[10] 以下では、今日では根本的な疑義にさらされているこの連関が扱われる。人権をそのデモクラシーというコンテクストから切り離すグローバルな人権政策によって、国家による権力独占に対する防衛のための、根源的には前国家的な諸権利が、グローバルな権力独占のための課題へと変形されてしまう、つまり、自由権が権限賦与規範として再定義されてしまうがゆえに、問題は国際的次元で生じる。諸々の古典的な法原理の切断、したがってそれらの破壊は、国際的レベルと同時に国内的レベルで生じるため、以下ではまず、体制の新しい展開における人権と人民主権との連関の解消が詳細に扱われる。それに対応して国際的レベルで何が生じるのかについての推論は、その後で可能となるであろう。

第1節　新しい体制の変遷過程における人権と人民主権の切断

今日広く流布している見解において、人民主権が人権に対する脅威と見なされているという事実のみからして、啓蒙のデモクラシー理論と体制構想からの劇的変化が確認できる。この問題のドイツにおけるヴァージョンを一瞥すれば、ドイツ連邦共和国において支配的な理論と実践が、国家社会主義の見直しというよりはむしろ、その「清算」の結果として理解すべきものであることに容易に気づく。基本法の審議における人民主権の厄介払いは、国民の権力がワイマールのデモクラシーを崩壊させたのだという嫌疑によって正当化された。あたかも、全権委任法を決議した党派エリートではなく、「国民」が選挙によってナチスを権力の座に就かしめたかのように（ナチスは当時三三％の票を得ていたにすぎないのだが）。あたかも、ワイマールの国民集会の憲法審議において、人々がデモクラシーの対応能力に対して表明した強い不信感に多くを負っていたドイツ国大統領のあまりに強大な権力ではなく、国民投票がワイマール共和国を破滅させたかのように。あたかもナチスの「国民投票」が、すでに下され実現されていた決断のための、専制的な仕方で演出された正当性の調達手段ではなく、根本的に民主的な活動であったかのように。このように解釈された過去に対するボン基本法の反応は、基本法を人民主権原理に対する武器として用いるというものだった。ドイツ体制史上初めて、体制の基本法が、暴力を背景にして法を執行する国家機関を名あて人としただけでなく、さらに――いずれにせよ民主的基盤から切り離された――立法者の上位に置かれたのである。そのつど新たに生じる社会的問題状況を顧慮して基本的諸権利を守り、それらを実現する機能は、民主的に選ばれた立法府から、司法府へと移行したのである。この基本法の解決策は、連邦憲法裁判所によって、国民の基本権を国民から保護するというものである。人民主権の中心的要素の司法への委譲は、連邦憲法裁判所に対するなかば宗教的な崇拝が示すように、成就した(11)。司法の「独立」――それは、法や憲法の文言を自由に処理できることとしても理解される――、そして政治システム全体における連邦憲法裁判所の優越性はドイツの人々の間で広くデモクラシーの代わりとして受け入れられている。

このような、基本権の民主的手続きに対する自立化は、過去の憲法の多くの条文集が基本権にあたる部分のみを掲載し、民主的法治国家における手続きを含む行為についての規定を掲載していない事実からも裏付けられる。これと軌を一にして、民主的な手続きの問題に対する無関心が広く蔓延している。しかし、基本法制定以後の、こうした基本権と人民主権との関係において、基本法が撲滅しようとしたのと同様の危険が回帰している。皮肉なことに、一九三二年の有名な論文において、ワイマール・デモクラシーにおける問題を解決するため、以下のような解決策を提案したのは、他でもなく後のナチスの「御用法学者」カール・シュミットであった。カール・シュミットによれば、ワイマール憲法の基本権の部分は、それに帰せられる実質的な価値序列ゆえに、デモクラシーの手続きを規整する憲法の無内容で価値中立的な「組織に関する」部分の機能主義と克服しえない対立関係にある。カール・シュミットは、彼が国民投票という手続きとならび、議会主義的な合法性システムのうちにあると見たどうしようもない恣意性に、憲法における自由に処理できない基本権の超実定法的尊厳を対抗させたのである。そしてその帰結は、残念ながら非常にアクチュアルなものである。ワイマール憲法の内にあると診断された、実際には二つの統一不能な体制から生じた根本的矛盾を前にして、決断が、それも基本権の部分のための決断が下されねばならないという帰結である。(12) 民主的組織化というコンテクストを奪われてしまえば、自由権には貫徹される公算が原理的になくなる。このことは、おそらく、国家社会主義システムにおける行政権の独立による――カール・シュミットがワイマール憲法の基本権の部分のうちに認められると信じた――あの「実体的序列」の保持の劇的な帰結に比してあまり知られていない。いずれにせよ、一九三三年の全権委任法はワイマール憲法の手続き的部分の破壊によって成立したのである。

より地味な仕方においてとはいえ、今日における基本権の隔離は司法権のみならず、行政府の権限をも強化するものである――それもやはり、基本権の本来の意味を、すなわち個人的自由の保護を、その反対物へと転化させてしまう権限強化である。まず、司法権に関して言えば、この問題は遅くとも連邦憲法裁判所が人工妊娠中絶に関する判決を下した一九七五年以来、主題的に扱われるようになった。この判決の主要な根拠は、憲法の基本権の部分が定める「客観的価値序列」から、国民の自由に対する立法者による刑法的干渉の義務づけを導出するものだった。(13) こうした根拠に反対する少数派は、基本権の機能のこのような本末転倒を批判していた。(14) 実際、もはや民主的主権によって守られておらず、むしろ最高裁の司法の専門家によって家父長的に保障されるような基本権というものは、古典的な啓蒙主義的デモクラシーの構想においては守るべきものであると考えられた自由という、まさにその側面を失っている。世間に広く認められたドイツ連邦共和国の憲法理論家、ペーター・ヘーバーレが実にきっぱりと定式化したように、個人は最高裁が実践する「基本権実現のための素材」(15) になっているのである。

行政府においても、これとまったく類比的な展開が見られる。すでに的確に批判されているように、(16) ここでは自立化した基本権への訴えかけが、民主的な正当性獲得の代わりをなしている。パターナリスティックな福祉国家

（それがいまだ福祉国家として存在する限りの話だが）、安全国家、そして予防国家の政策は、それらが基本権の効果的な実現手段であることを自認すれば、それだけ一層容易く同意を蔑ろにすることができる。行政府は「基本権政治」によって自らに権限を賦与しているのである。したがって、さしあたり次の点を銘記しておくべきである。すなわち、権利に関する今日の議論のすべてにおける基本権の優位には、自由というパースペクティヴの凋落がぴったり結び付いているという点である。基本権は、それがつねに目指されてきた人民主権の原理の実現との関連から切り離されてしまったならば、国家的政策への抵抗やその制限という意図を失ってしまい、政治の権限賦与規範として機能してしまうのである。

アメリカにおける展開も、ドイツほどおぞましくはないものの、やはり皮肉を含んでいる。アメリカにおける自由権と人民主権との関係の歴史は、ドイツのそれとは反対方向の一面化からはじまっている。アレクサンダー・ハミルトンは、憲法の手続き規定こそが自由を真に保護すると考えたがゆえに、連邦派のアメリカ建国の父たちの勝利のために、基本権の部分を完全に断念する理由を根拠づけた[17]。アメリカ合衆国憲法は周知の通り、後の基本権修正法案を、よりによって、連邦政府への政治的権力集中に対して小共同体におけるルソー的ラディカル・デモクラシーの理念を守ろうと考える、当時評判が悪かったアンチ・フェデラリストに負っている。この対立には、少し後にフランスの（革命の実践ではなく）革命憲法において本質的となる、自由権と人民主権との密接な関係への最初の示唆が見られる。しかしながら、合衆国憲法を詳しく見るならば――ハミルトンの確信とは裏腹に――、やはり人民主権の原理が欠けていることが分かる。人民主権は、憲法創設の際一度きり行使され、その後記録された国民意志という固定的集合において、民主的手続きの中でそのつど新たに表明される「国民意志」の上位に置かれるとされる[18]。フェデラリストたちははじめから、この高位の「人民主権」の管理を最高裁判所に与えようと考えており、また次の点を明確にしていた。すなわち、彼らは法の道理性を、民主的立法の公正な手続き化や政治的役職と参政機会の対称性によってではなく、立法府に対抗させる制度の選択性、すなわち大統領の拒否権と最高裁判所による規範監視機能によって確保しようとしていた点である。(19) それにもかかわらず、ハミルトンが、アメリカ憲法における諸制度の配置が自由を保護する機能を持つと的確に述べたとき、彼が意図していたのは、部分的に主権的な国家機関の相互的対立による、よく知られた権力制限――この対立は、同一の機能領域におけるそれらの協調に矛盾するものではない――、モンテスキュー型の権力均衡だったのである。最も成功を収めた立憲主義の体制類型はこうして創造された。二〇世紀においては、人民主権型の体制類型は、ほとんど決着済みの排除的競争――これには冒頭で述べた体制の折衷主義が結び付いている――において前者の類型に屈服してしまっている。

しかし、アメリカの連邦憲法が当初から人民主権の実践のための拠り所を提供しなかったことは、アメリカでも基本権修正法案が憲法に関する後のすべての議論の核となった理由を説明している。それは、強い民主的参加の支持者にとっても敵対者にとっても同様である。リベラルとコミュニタリアンの中の共和主義者との間で今日交わされている論争も、自由権と人民主権との対立として描写することはできず、そこではむしろ、基本権に関する異なった理論の間での対決が問題となっている。リベラルたちが、国家機関の決断に対してと同様、ラディカル・デモクラシー的な参加原理に対して向けられることもできる、基本権の消極的‐排除的で前国家的な側面を強調する一方、共和主義的コミュニタリアンは、基本権の積極的‐自発的な側面を民主的参加への権利として強調している。憲法修正案の内容に議論を限定してしまえば、論争はたとえば、言論の自由が国家の監視の不在を指すにすぎないのか、それとも民主的政治過程にとっての中心的機能として理解されるべきなのか、といった程度のものにとどまる。なるほど、批判的公共圏の重要な意義は、もっぱら基本権という観点からでも基礎づけられ得る。しかし、この公共圏がいかにして再帰的自己啓蒙を越えて、そこで表明された意志を国家機関に遵守させせられるかについては、考察の埒外にあるのが通例である。アメリカにおけるデモクラシー理解は、市民社会(civil society)の構想全体と同様、まさしく次の点によって特徴づけられる。すなわち、公共圏と人民主権という、啓蒙主義のデモクラシー概念の二つの構成的部分のうち、公共圏こそすべてと見なしている点である。したがって、基本権のみに基づいて、人民主権の領域に入っていくことはできないのである。

第2節　啓蒙主義の憲法モデルにおける人権と人民主権

いまや、人民主権とは本来何なのかが問われねばならない。非常にありふれた誤解を避けるためにいえば、重要なのは、一般的に選挙権の平等化として具体化される民主的参加の量的規模の原理ではない。そのような見方は、二〇世紀におけるデモクラシーの現実的な腐敗を成功の歴史として書き換えようとする意図を明るみに出すものであろう。一八世紀において展開された人民主権の原理は、むしろ政治権力の配置に関する規範的主張を含むものである。加えて次の誤解を避ける必要がある。主権とは、国家の独占権力といったものと同一なのではなく、むしろ――いずれにせよ、国民の手中においては――その敵対者である。主権は（長い理念史的伝統においては）、立法機能そのものである[20]。したがって、人民主権とは立法権が排他的に「国民」に、つまり権力を独占する公職者に対置される、いかなる役職にも就いていない人々に帰せられ、そのことによって、国家機関の法的拘束を介したあらゆる国家権力の行使が、社会的基盤によって完全に監視され、指揮されていることを言うのである。かくて執行権とは――ルソーの定式化に従えば――主権者としての国民が、自ら（実際には、主権の個別的成員）に与える法的命令の中間的担い手にすぎないのである[21]。危険な国家的権力独占を実効的に制御するためには、国家機関が完全に法によって規定されること、そして逆に法を改正する「国民」の革新のための、法から自由な空間の確保が必要である。フランス革命における偉大な憲法起草者であるシィエスが、憲法に拘束されるのは政府だけで、国民はそうではないと述べたのはこの意味においてであるが[22]、それが意味するのは、国民が憲法と法に服従するのは、国民がそれらを変更していない間に限られ、他方で国家機関は変更へのいかなる権能も有してはいないということである。

この解決の一見無制限な参加主義にもかかわらず、人民主権の分割不可能性という原理は、最も厳格な権力分立の類型と結び付いている。主権と独占権力の対抗がすでに示しているように、国民にはすべての立法権が、ただしそれのみが帰せられるのだが、この立法権は個人的な法規整を禁じられている点で、制限された分立権力としての機能的限界を持っている。(23) ルソーとカントは古代のデモクラシーを、そこでは集合した国民が一般的立法権と個別的な統治行為や法的判決への権能を併せ持つとされていたがゆえに拒否する。(24) 人民主権理論によれば、平和の保障は――アメリカの憲法モデルにおけるように――部分的に主権的な権力の間での対抗関係ではなく、国民の立法的主権と、法的に拘束されつつ、国家の独占権力を行使する国家機関すべてとの間の対抗関係にかかっているのである。これは、恣意を防ぐ衝立を設立することによる行為の仕方の差異化を意味している。立法者は、一般的な法が適用される個別事例を知ってはならず、個別事例を知る行政と司法は、法の適用に際して法を新たに再定義してはならないのである。

人民主権のこうした構想には、まさしく政治的役職を持つものと持たないものの二分法に基づく、ある自由権の理解が結び付いている。人民主権の原理は、二つの正反対の非対称性に基づいている。一方の、国家的独占権力への全成員の服従（社会の武装解除）という非対称性に、もう一方の非対称性が対置される。すなわち、国民の立法的主権への国家機関の服従である。人権がまさしくこれらの非対称性に棹さす場合に初めて、そもそも人権と人民主権の連続性は基礎づけられることができるのである。

ルソーは（しばしば見落とされがちな、奴隷制に関する『社会契約論』のある章において）民主的組織一般の必然性を、前国家的で生得的な、そして譲渡不能な人権から導出しており、また（後の箇所で）逆に自由と平等をあらゆる立法の究極目的としている。(25) カントにおいてもまた、(26) 社会契約の論理に基づいて、平等な自由への前国家的人権は、民主的立法と市民たちの公共的討議という道を経ることによってのみ実現され、実定化され得るものだとされる。つまり、人権と人民主権との廃棄できない連関は、諸権利の担い手自身だけが、自分たちの権利の内容について判断することができるという点――あるいは、カントが定式化するように、「すべての人間は……たとえ彼が捨て去りたいと思っても、決して失うことができず、それらについて自分自身で判断する権能を持つ諸権利を持つ」ことのうちに存するのである。自由権についてのこうした判断が、立法的人民主権と同様に分割不能なものとして社会的基盤のみに帰せられるということ、すなわち権力を有する国家機構に抗して排他的に要求されているということは、自由権と人民主権が前実定的であり、かつ実定法的であるという二重の性格によって基礎づけられる。人民主権が一方であらゆる実定法の源泉として後者に先行し、同時に他方では手続き的規範を措定することによって、法的に拘束され、制度化された人民主権として現れるように、自由権もまた、実定法的に具体化されてもその前実定法的性格を失うことはない。自由権は、あらゆる実定法的状態を基礎づける「アプリオリな原理」であり、かつ「そこから諸個人のすべての権利が導出されねばならない、立法的国民の最上の権力」(28)から派生するものであるというカントの二重の規定は、いかなる矛盾も含んではいない。むしろ、この規定はまさしく独占権力を担う公職者と民主的主権の成員との二分法に非常に正確に符合しているのである。

人権の前国家的性格からは、次のことが導かれる。すなわち、超実定法的ないかなる主張も、決して国家機関の側から個人に対して有効なものとして押し付けられることはできず、超実定的な権利への訴えかけはもっぱら、政治的役職に就いていない、「たんなる」人間に帰せられるということである。したがって、法のあらゆる変更について決定し、人権の具体的内容を規定する社会的基盤の特権は、実定法として確定された法と人権によって拘束されるべき国家の独占権力に対抗するためにあるのである。このように、一八世紀において人民主権は人権と緊張関係にあったのではなく、むしろ後者の必要不可欠条件として理解されていたのである。それゆえ、フランス革命憲法においては、ラディカル・デモクラシー的伝統に由来するかつてのアメリカの個別の州憲法においてそうであったように、人権と人民主権は、ともに基本権の部分をなすのであり、人民主権は明確に人権を保障するものと見なされているのである。(29)フランス革命憲法においては、あまねく次の洞察が維持されている。すなわち、自由権が「不可侵」なのは、権力者ではなく、権力を持たざる者が自らの自由の使用について判断する場合のみであるという洞察である。

第3節　二〇世紀における人権と人民主権の破壊

国際的人権政策と同様、現代の憲法の実践においてすべての古典的法原理がその反対物へと反転してしまっていることは、容易に分かる。まずこのことを、今日の憲法の問題圏に関連させてもう一度素描しておこう。司法と行政が超実定法的議論の資源を簒奪するか、あるいはそもそも権利を解体するような戦略をとる限り、社会的基盤は自由権のために国家機関を制御できず、むしろ反対に、社会的基盤が国家機関のパースペクティヴから制御されてしまっている。かくて、連邦共和国最高裁判所による今日の基本権解釈の行動主義は、――ペーター・ヘーバーレがくっきりと浮き彫りにしてみせた――あの結論に至るのである。すなわち、すべての基本権は、すべての個別事例において「新たに発生する」(30)という結論である。憲法は、こうした柔軟性への圧力の下で、権力に服従する者が国家機関を制御するために頼りとする基準であり続けることはできない。反対に、社会的基盤が持つ、自由権の具体化のあり方を変革するための圧力は、国家によって表明される、憲法――その内容は国家機関がケース・バイ・ケースで新たに定める――への忠誠への要求に直面しているのである。

基本権に対して個別の次元を越えて行使される司法の力に支えられた、憲法上の権利のこうした流動化は、昔から近代的自由権の存在根拠であった、国家権力に対する国家市民の主観的な法的要求の次元を毀損し、自由権が（上述の）「客観的価値序列」へと変形されることで生じた効果を強化する。連邦憲法裁判所がこのように行う憲法の脱形式化――また同裁判所は、それを単純な権利であると、またその行使を地方裁判所の範例であると宣言している(31)――は、同時に人民主権原理を無力化する。権利を刷新する力が、他でもなく、かつては法によって拘束されていなければならなかった国家機関へと移行し、行政および司法のための国家機関が法に関するプログラムを自ら作る欲求に従い、すべての法が各個別事例において、両機関が勝手気ままにその内容を規定できるという留保のもとで妥当すると考えて立法に参加するとき、人民主権原理の本質的要素である、民主的基盤による権利の刷新のための、法から自由な空間の確保、ならびに国家機関の実定法による完全な規定と厳格で機能的な権力分割は破壊されてしまう。

こうした事態は、いわゆる被選挙権の民主化が普遍的かつ平等な投票権とともに貫徹された時点で、人民主権原理にすでに生じていた。ひとたび女性も投票できるようになるならば、近代的体制の構造を構成する契機としての人民主権が抹消されてしまう懸念が生じる。それどころか、人民主権原理の要素が集合的意識から消えてしまう懸念が生じるのである。しかし、政治権力の配置の原理としての人民主権が無力化されてしまうならば、それはもはやますます増大する人口の包摂によっても、そして直接民主主義的手続き（その産物である法も、同じく国家機関を拘束することはできない）の導入をもってしても復権できなくなってしまう。

すでに国内において生じていることは、国際的レベルでは強化される。世界大の行政府の権限が人権の貫徹のために露骨に強化されるとき、もはや民主的監視や、介入の個別事例においてそのつど人権が意味し、要求するものの民主的実現は全く議論されていないのだが、国際連合を（世界国家的に再組織し）民主化するためのより広範な諸考察も、デモクラシーをグローバルに手続き化するという問題にかかわる最大の欠陥を露呈する。それらの中で最もよく知られた構想は、世界大の公共圏の形成によって、すでに民主的監視が存在していると主張する。[32]公共圏による批判的判断は、世界国家の行為を制限するものとして機能すると見なされている。とはいえ、そこでは今日現に存在するデモクラシーへのデモクラシー理論の順応という、国内的に生じていることが、グローバルなレベルでも生じている。広く流布している市民社会アプローチにおいてそうであるように、人民主権と公共圏の古典的な啓蒙主義的組み合わせは解消され、デモクラシーは公共圏というひとつの原理へと還元されているのである。そしてこのことは、人類が考えてきた中で最も巨大な権限賦与を眼前にして生じているのである。デモクラシーの制度化の問題に少しでもかかわる他の考察は、参加モデルと世界大の権力構造の特殊な網状化とを、両立可能なものと見なそうと努めているが、そのあり方は具体的な諸々の責任や帰責可能性、そしてそれらとともに民主的監視の可能性を結局は廃棄せざるを得なくさせる。(33) しかし、世界議会において世界中の人々を代表させようという提案も、世界中に存在する政治的制度化の無限の差異のために頓挫している。世界議会において独裁的システムからテロリストのシステムに至るまでの諸システムをそれぞれのNGOを通じて代表させようと考える人々は、(34) 諸国家の強制的編入という応急措置に訴えかけるが、そうした国家の住民のほとんどは、ひょっとすると外から押し付けられた代表原理を多数決によって拒否するかもしれない。

こうした構想のすべては、その意に反して、人権の実現のために作られた独占権力を民主的に制御しうるような、グローバルな社会的基盤など存在しないということを明らかにしている。政治のグローバル化によって、次のように人権と人民主権原理との連続性は二つの観点で破棄されてしまうだろう。すなわち、〔第一に〕普遍的人権の原理をそれぞれの社会に特有の仕方で具体化する営みが、そして〔第二に〕人々が民主的に自己組織化する能力が、グローバルな中央審級によって簒奪されてしまうのである。国連憲章が諸々の人権規定と〔国家の〕人民の自己決定権という意味での住民の自律的学習過程を、加盟国の「内政不干渉」に関する多くの禁止事項によってなお担保していたのに対し、今日ではもはや、自律的学習過程は人権をスムーズに強制するにあたっての阻害要因と見なされている。世界政治の制度化が意味するのは、人権の究極的な〔人民主権からの〕切断と破壊である。グローバルな審級は、この世界のすべての社会において、自らの人権解釈を、それぞれの地域で優勢な解釈に抗して軍事的に強制することもできるであろう。この場合もまた、世界中の人々が、人権実現のためのたんなる「素材」となってしまうであろう。

注

（1） この特殊な側面をここでより詳しく扱うことはできない。この点については、Ingeborg Maus, *Zur Aufklärung der Demokratietheorie. Rechts- und demokratietheoretische Überlegungen im Anschluß an Kant*, Frankfurt am Main 1992, [2]1994, S. 227ff.〔インゲボルク・マウス、浜田義文、牧野英二監訳『啓蒙の民主制理論——カントとのつながりで』、法政大学出版局、一九九九年〕。

（2） この点については、次を参照せよ。Ingeborg Maus, »Volkssouveränität und das Prinzip der Nichtintervention in der Friedensphilosophie Immanuel Kants«, in : Hauke Brunkhorst (Hg.), *Einmischung erwünscht? Menschenrechte und bewaffnete Intervention*, Frankfurt am Main 1998, S. 88.

（3） 実に的確なこの言葉は、次の著作の書名である。Matthias Lutz-Bachmann/James Bohman (Hg.), *Frieden durch Recht. Kants Friedensidee und das Problem einer neuen Weltordnung*, Frankfurt am Main 1996.〔マティアス・ルッツ＝バッハマン、ジェームズ・ボーマン、紺野茂樹、田辺俊明、舟場保之訳『カントと永遠平和——世界市民という理念について』、未來社、二〇〇六年〕。

（4） Kant, *Die Metaphysik der Sitten*（以下では、*MdS*), Werkausgabe Bd. VIII, hg. von Wilhelm Weischedel, Frankfurt am Main 1977, S. 479.〔イマヌエル・カント、池尾恭一、樽井正義訳『カント全集11——人倫の形而上学』、岩波書店、二〇〇二年〕。本論文においてはカントの他の著作も同全集から引用する。

（5） Kant, *MdS*, S. 463.

（6） このような前提の下で、国内体制内部において生じうる、人権と平和維持との間の様々な緊張については、以下を参照せよ。Erhard Denninger, »Die Grundrechte«, Art. 1 Abs 2, 3, in: *Kommentar zum Grundsatz für die Bundesrepublik Deutschland* (Alternativkommentar), Bd. 1, Darmstadt/Neuwied 1984, S. 298ff., 307.

（7） たとえば、以下を参照せよ。Christopher Greenwood, »Gibt es ein Recht auf humanitäre Intervention?« In: Hauke Brunkhorst (Hg.), *Einmischung erwünscht?* a. a. O., S. 15ff.

（8） John Rawls, »Das Völkerrecht«, in Stephan Shute/Susan Hurly (Hg.), *Die Idee der Menschenrechte*, Frankfurt am

Main 1996, S. 53ff.〔スティーヴン・シュート、スーザン・ハーリー編、中島吉弘、松田まゆみ訳『人権について――オックスフォード・アムネスティ・レクチャーズ』、みすず書房、一九九八年〕。

（9）Thomas McCarthy, »Über die Idee eines vernünftigen Völkerrechts«, in Matthias Lutz-Bachmann/James Bohman (Hg.), *Frieden durch Recht*, a. a. O., S. 200ff.

（10）その討議理論的基礎づけとしては、以下を参照せよ。Jürgen Habermas, *Faktizität und Geltung. Beiträge zur Diskurstheorie des Rechts und des demokratischen Rechtsstaats*, Frankfurt am Main 1992, ^{4}1995, S. 109ff.〔ユルゲン・ハーバーマス、川上倫逸、耳野健二訳『事実性と妥当性』、未來社、二〇〇二年〕。さらに以下も参照せよ。Ingeborg Maus, »Freiheitsrechte und Volkssouveränität. Zu Jürgen Habermas' Rekonstruktion des Systems der Recht«, in: *Rechtstheorie* 26 (1995) 507ff.

（11）この点については、以下を参照せよ。Ingeborg Maus, »Justiz als gesellschaftliches Über-Ich«, in: Werner Faulstich/Gunter E. Grimm (Hg.), *Sturz der Götter? Vaterbilder im 20. Jahrhundert*, Frankfurt am Main 1989, S. 121 ff.

（12）Carl Schmitt, »Legalität und Legitimität« (1932), in: ders., *Verfassungsrechtliche Aufsätze*, Berlin 1958, S 263ff., 299f., 307, 344f.〔カール・シュミット、田中浩、原田武雄訳『合法性と正当性』、未來社、一九八三年〕。

（13）BVerGE 39, 1（特に42ff.）。

（14）BVerfGE 39, 1 (73)。この事態に対する根本的な批判については、以下を参照せよ。Erhard Denninger. »Freiheitsordnung – Wertordnung – Pflichtordnung«, in Mehdi Tohidipur (Hg.), *Verfassung, Verfassungsgerichtsbarkeit und Politik*, Frankfurt am Main 1976, S. 163ff.

（15）Peter Häberle, *Die Wesensgehaltsgarantie des Art. 19 Abs. 2 Grundgesetz*, Karlsruhe 1962.

（16）Ulrich K. Preuß, *Die Internalisierung des Subjekts. Zur Kritik der Funktionsweise des subjektiven Rechts*, Frankfurt am Main 1979, S. 170ff., 175ff.

（17）»Federalist No 84«, in Hamilton/Madison/Jay, *Die Federalist-Artikel*, hg. von Angela und Willi P. Adams, Paderborn, u. a. 1994, S. 519ff., 523, 525.

（18）»Federalist No 78«; a. a. O., S. 469 ff., 473.〔アレクサンダー・ハミルトン、ジョン・ジェイ、ジェームズ・マディソン、

斎藤眞、中野勝郎訳『ザ・フェデラリスト』、岩波書店、一九九九年〕。

(19) »Federalist No 73«; a. a. O., S. 443 ff., 469ff.

(20) すでにジャン・ボダンは、絶対君主の主権を、たとえば執行権の独占ではなく、彼の立法能力によって規定していた。*Les six livres de la république* (1583), Aalen 1961, 1, 10, S. 215ff., 221.

(21) Rousseau, *Contrat Social* III, 1 Abs. 8, ed. Garnier Frères, Paris 1962, S. 273.〔ジャン＝ジャック・ルソー、桑原武夫、前川貞次郎訳『社会契約論』、岩波書店、一九五四年〕。

(22) Emmanuel J. Sieyes, »Was ist der Dritte Stand?« in: *Politische Schriften*, hg. von Eberhard Schmitt/Rolf Reichardt, München/Wien 1981, S. 117ff., 167f.〔エマニュエル・シィエス、稲本洋次郎、伊藤洋一、川出良枝、松本英実訳『第三身分とは何か』、岩波書店、二〇一一年〕。

(23) Rousseau, *Contrat Social* II, 4 Abs. 9; II, 6 Abs. 5; ed. Garnier Frèrers, a. a. O., S. 255, 258f.

(24) Rousseau, *Contrat Social* II, 4 Abs. 6, a. a. O., S. 254. Kant, *Zum ewigen Frieden*, S. 207f.〔カント、『カント全集14——歴史哲学論集』、岩波書店、二〇〇〇年〕。以下を参照せよ。Ingeborg Maus, *Zur Aufklärung der Demokratietheorie*, a. a. O., S. 194.

(25) Rousseau, *Contrat Social* I, 4 Abs. 6; *Contrat Social* II, 11 Abs. 1; a. a. O., S. 239f., 269.

(26) 以下を参照。Ingeborg Maus, »Zur Aufklärung der Demokratietheorie«, a. a. O., dies., »Naturrecht, Menschenrecht und politische Gerechtigkeit. Der Kommentar«, in: *Dialektik* 1994, 1, S. 9ff.

(27) Kant, »Über den Gemeinspruch: Das mag in der Theorie richtig sein, taugt aber nicht für die Praxis«, S. 161.

(28) Kant, »Gemeinspruch«, S. 145, Kant, *MdS*, S. 464.

(29) 一七九一年のフランス憲法、第二および第三条、そして（残念ながら実効的となることのなかった）一七九三年のフランス憲法の第二十三条には、人権保護の保障は人民主権に基づくという明示的な言明が含まれている。この点については、以下を参照せよ。Günther Franz (Hg.), *Staatsverfassungen*, Darmstadt 1975, S. 304f., 376f. 初期のアメリカの文脈については、ヴァージニア権利章典の第一および第二条（とはいえそこでは権力と主権は区別されていないのだが）、および Günther Franz, a. a. O., S. 7.

（30） Peter Häberle, *Die Wesensgehaltsgarantie des Art. 19 Abs. 2 Grundgesetz*, Karlsruhe 1962.

（31） BVerfGE 34, 269. この判決やこれと類似の判決に対する批判としては、以下を参照せよ。Helmut Ridder, *Die soziale Ordnung des Grundgesetzes. Leitfaden zu den Grundrechten einer demokratischen Verfassung*, Opladen 1975, S. 50ff., 75, 149.

（32） ジェームズ・ボーマンはそう述べている。James Bohman. »Die Öffentlichkeit des Weltbürgers: Über Kants ›negatives Surrogat‹«, in: Matthias Lutz-Bachmann/James Bohman (Hg.), *Frieden durch Recht*, S. 87ff., 90, 112. とはいえ、それはグローバルな独占権力設立の文脈での話ではないが。

（33） たとえば、以下を参照せよ。David Held, »Democracy, the Nation-State and the Global System«, in: ders. (Hg.), *Political Theory Today*, Stanford/California 1991, S. 197ff.

（34） Jürgen Habermas, »Kants Idee des ewigen Friedens – aus dem historischen Abstand von 200 Jahren«, in: *Kritische Justiz 28* (1995), S. 293ff., 308.

世界憲法体制という基本的法権利？
――ヘーゲル法哲学的観点における人権の現実化――

トーマス・M・シュミット
（浜野喬士訳）

【シュミット論文への助走】

基本的法権利ないし人権は、それを保障するものとしての国家、あるいは少なくとも何らかの法的秩序を要請しながらも、しかし国家と実定法のロジックに回収されつくされないような広がりをその本質において持つ。

人権の前史としての自然法もすでにある種の普遍性を有していた。それは神の法との結び付きといった超越的要素や身分制の名残といった要素を含みつつも、それでも基本的には、殺人の禁止や盗みの禁止といった、いつでもどこでも誰にでも妥当する法というものを提示していた。そのことで自然法は、確かにポリスや帝国、都市国家の実定法や市民法、慣習法を超えるような普遍性を提示し、部分的に近代的人権概念を先取りしていたと考えることができる。

自然法は近代の初頭において徐々に世俗化される。その妥当性の根拠はもはや神といった超越者ではなく、理性のうちに求められるようになっていく。その過程で法と道徳の分離は進み、法実証主義の時代に至ると、自然法はかつての力をほぼ完全に失う。近代法学の探究する法とは、実定法ないし成文化された慣習法となる。自然法は法学の表舞台から排除され、また権利も、狭義においては、国家の実定法によって基礎づけられる国民の権利となる。

だが他方では自然法がかつて持っていたような普遍性は、人権概念に受け継がれる。フランス革命やアメリカ独立戦争などの近代市民革命において、この新しい概念は決定的な機能を果たした。基本的諸権利が、「国民の」基本的諸権利ではなく、人間であればそれだけで認められる「人権」と解される場合、それは国家を超えるのみならず、国家による人権侵害を覆し、それに対する抵抗する動きを根拠づける。

このように、人権は、国家に代表されるような、法的秩序により保障される概念であると同時に、国家を超える概念でもある。こうした人権と国家をめぐる古典的な二重性は、グローバル化した今日においても影を落としている。もはや国家という単位では、当該の人権侵害を解決することが不可能であるようなグローバルな事例、また国家そのものが、人権の庇護者であるどころか、それを棄損している張本人であるような事例は多々存在する。

しかし人権がこのように国家を超える基本的諸権利という性格を全面的に展開する場合でも、国家を超えてその人権を基礎づけ、保証する法、制度、体制は存在しなければならない。従来の国家というかたちを取った法的秩序ではなくとも、しかし何らかの法的秩序が存続しなければならない。法と権利の連関は、個別国家を超えた次元においても維持されねばならない。シュミットが本論文「世界憲法体制という基本的法権利」において、「世界憲法体制（Weltverfassung）」と呼ぶのは、こうした法的秩序のことである。そして彼が問うのは、こうした世界市民的次元における法的状態の現実化の理論が、ヘーゲル法哲学から内在的に導出しうるかという問題である。

シュミットは、ともすれば国家主義的に、極端な場合にはプロイセンの復古主義体制のイデオロギーとも解されるヘーゲル法哲学を、グローバルな次元においても妥当する政治理論として読み替えようとする。ヘーゲルが国家という制約のもとで構築した「憲法体制（Verfassung）」の理論は、もはや国家内秩序にのみ限定されるものではなく、主権国家外においてもその適用可能性が問われることになる。

シュミットは、市民社会から国家への移行についてのヘーゲルの理論も、リベラルな方向へと読みかえる。そもそも欲求の体系としての市民社会、すなわち各人の個別的な利害が、司法制度、行政制度により調整される場所としての市民社会は、当の欲求の偶然性に貫かれており、本来的な意味での自由の現実化は果たされていない。ここに特殊的利害を普遍的意志に合致させる必要が生じるわけだが、シュミットは国家主義的なヘーゲル解釈とは異なり、市民社会を上からハードに統御するものとして普遍的意志そのものたる国家を無条件に置くという道を採らない。むしろ普遍的意志への合致に向けた市民社会の側からの内的な媒介関係を担うものとして、団体や連盟、社会運動などを評価する。

さらにシュミットは、ヘーゲルにおいては市民社会から国家へという限定のもとで展開されていた憲法体制への移行が、グローバルな次元においても可能であるか検討する。すなわち国家的な憲法体制を超えた、世界市民的な憲法体制の現実性の問題である。ヘーゲル自身は、国内法の次元では達成されたような政治的憲法体制を、対外法の次元になると十全な形で展開しえなかった。

ところがシュミットはこのことを逆説的に評価する。シュミットの解釈では、ヘーゲルは世界市民的な次元に固有の問題を認めていたがゆえに、グローバルな次元に国家の諸原理をそのまま粗雑に持ち込むことをしなかった。また超国家のような観念や、抽象的な世界市民法も採用しなかった。しかしむしろこれらのことにより、人権の基礎づけを、承認という市民社会の原理と、グローバルな社会的協同に向けて開いておくことが可能になった、というわけである（すなわちグローバル・ステートなきグローバル・ガバナンスという構想の先鞭をつけた哲学者としてのヘーゲル）。こうしたシュミットによる一連のヘーゲル解釈は、ヘーゲル自身は明確に語りえなかったが、ヘーゲル法哲学の内在論理を突き詰めていけば当然ありえたであろう道の再構成に他ならない。

さて、本稿が „Verfassung" を、いくつかの箇所で「憲法体制」と訳出した理由について簡単に説明しておく。同概念は、法学的概念としては通常「憲法」と訳されるわけだが、しかしながらヘーゲルの同概念は、たんに「憲法」と訳出するのでは説明しきれないような広がりを持つ。総体としての秩序そのものを表す場合や、政体のあり方を表す場合など、その力点に応じて、「国家体制」や「国内体制」、「政治体制」、あるいは「制度」や「国制」といった様々な意味を持つものである。ただ、シュミットが問おうとしているのは、国家を超えた次元でもある種の法的状態が、内的憲法体制として維持されることの可否、言い換えれば「憲法体制現実性（Verfassungswirklichkeit）」である。そのため、訳語としては、憲法と体制という両方の含意を残すべく「憲法体制」という語を採用した。その結果„Weltverfassung“は「世界憲法体制」と訳すことになった。

表題「世界憲法体制という基本的法権利？」における同格の「という（als）」の意味もこうした考察から見えてくる。人権は、シュミットがヘーゲルに仮託して語るところでは、前‐政治的な個人の属性などではなく、他者を前提とした間主観的な概念である。しかし複数の人間が相互に自由に共存しうるのは、人間の関係が法的関係のうちに置かれている場合のみである。ここから人権は本質的にすでに法治国家への権利、言い換えれば憲法体制への権利を含んでいることになる。この意味で憲法体制は、基本的法権利を効果的に実現するための道具といったものに矮小化することはできない。憲法体制は、基本的法権利そのものであり、両者は同格として表現されることになる。ところで人権がグローバルな次元で問題になる場合、憲法体制も同じ次元で理解されねばならない。したがって「世界憲法体制という基本的法権利」という表題の通りの問題が成立することになるのである。

第Ｉ節

人権という理念が拘束力を備える法的性格を要求するという流れは、第二次世界大戦の終結とともに、次第に勢いを増す形で展開されるようになった。国連加盟国の大多数は、諸々の人権の保護に関する規約を批准し、これらの人権は国際法上、拘束力を持つ地位を得るに至った。また、こうした権利遵守を配慮するよう求められている、国際司法機関の強化という傾向も見られる。たとえ依然として、地球上の多くの国々で大規模な人権侵害が行われているにしても、グローバル化と呼ばれる国際政治体制の変様過程に目を向ければ、「世界内政（Weltinnenpolitik）」という、人権の効果的な制度的保護を想定しうる枠組みの成立についても、ある程度の正当性と希望をもって語りうるのである。

成立、強化の過程にある国際司法機関が確かな地位を占める、国際的な憲法的秩序（verfassungsmäßige Ordnung）が、いかに基礎づけられ、また規定されうるかという問いに関して、人権には決定的な役割が与えられる。すなわち人権は、今日においてすでに、国内的な市民法を踏み越える、個人の法的な保護要求を意味するのみならず、普遍的人権の尊重が、ある特定の国家に対する忠誠義務を踏み越えうることをも要求するのである。したがって、人権に認められる法的拘束効果については、次のことが確認されうる。すなわち、輪郭を描く過程にあり、また機関という点でも強固なものとなりつつある世界社会（Weltgesellschaft）に関して問題となっているものが、たんに道具的理性を通じ成立した国際的諸関係からなる体系なのか、それとも関係者一切の法秩序が正統なものと承認され、確信に基づき意欲される政治的共同体なのか、ということである。

こうした諸々の期待と直に向かい合っているのが、人権の現実化（Verwirklichung）の基礎づけ問題である。以下では、人権の現実化の諸条件への問いが重要となる。しかしながら、この現実化という側面は、基礎づけの問題と、いかなる外的な関係に立つものでもない。それゆえもし以下で人権のグローバルな現実化という側面が問題になるのならば、そうした問題は人権の現実化の普遍的な基礎づけ可能性という課題と内的な連関のうちに立つことになる。グローバルな現実化という問題は、ここで、哲学的な問いとして扱われるべきであり、法学的、政治学的問いとして扱われるべきではない。はっきりと哲学的であるような見地というものは、原理的に、世界の現実政治的関係に対する「理性の無力」を表現するため、政治学から見ると、弱いもの、あるいはまったくナイーブなものとして映るかもしれない。しかしながら、哲学的構想による規範的な鼓舞というものを欠くならば、国家を単位とする社会に向けて作られた従来の政治学上の主導的カテゴリーの妥当性をも疑問に付してしまうほどの、時代を画するような変革に際して、社会科学のもつ診断的能力もまた力を失う恐れがある。

人権の基礎づけと人権の現実化の関係を問うに際し、実践哲学と政治学の分業がまず生じる。哲学は人権の規範的基礎づけを担うべきであり、他方、政治学は人権の現実化の、現実の歴史における諸条件を精査する。こうした理解に立つならば、基礎づけのため概念を動かし機能させる作業に対し、外的な関係に立つ人権の実現プロセスには、〔人権概念の〕適用という意味づけが割り当てられる。むろん、適用として理解される人権の現実化の諸条件について、哲学的反省が欠けているというのではない。むしろこうした立場は、理想的とは言えない社会的諸条件[1]、あるいは心理学的諸条件の下にある[2]、すでに確立された規範的諸原則の適用の諸条件を分析することとして理解されるべきである。ここでは代わりに、人権の現実化というひとつの構想が問題とされねばならず、それに従い人権の妥当領域への段階的な「他者の包摂」[3]が、人権概念の妥当性の基礎に対する、内的な帰結を持つことになる。それゆえ問題なのは、人権概念の妥当領域のたんなる外延的拡張ではなく、人権概念の意味の制約の内包的拡充と発展なのである。このためには、人権のグローバルな現実化の次元が、人権の普遍的な基礎づけの次元と、外的な関係のうちにあるのではないとの理解を促す再帰性の根本概念モデルが必要である。こうした根拠に基づき、私は、グローバル・スタンダードにおける「憲法体制現実性（Verfassungswirklichkeit）の分析のための[4]」諸基準として、ヘーゲル政治哲学を引き合いに出すことを提案する。

人権の基礎づけの規範的理論は、広義において、政治的自由主義という理念に負っている。人権という観念の浮上は、規範的政治哲学としての自由主義のリハビリテーションと歩みをともにしている。それゆえ、人権の現実化の諸条件を問うにあたり、こともあろうにヘーゲルの法哲学に遡ろうなどとすることは驚きを招くかもしれない。(5) 何といっても通常ヘーゲルは、普遍的人権という理念の、そして世界市民的なイメージの激しい批判者として通っているのである。ヘーゲルの政治理論は、しばしば、その批判者同様、その支持者からも、自由主義に対する根本的な批判と考えられている。すでに彼の初期の政治的著作である自然法論文の中で、「人間の権利の空虚さ、また国際国家や世界共和国の同様の空虚さ」(6) がこうした有名かつ悪名高い言葉でもって批判されている。リベラルな政治理論はそれゆえヘーゲルの政治哲学に対して不信感を抱いている。(7) 逆にグローバル・スタンダードでの人権の普遍的現実化といった理念に懐疑的な立場の人々は、好んでヘーゲルの権威を持ち出すわけである。

この点、どちらの立場も修正されるべきである。ヘーゲルの政治哲学は、功利主義的、マルクス主義的、相対主義的、(8) 共同体主義的(9) というように類型化されてきた人権の理念への異議申し立てのマトリックスのうちには収まらない。主観的法権利の構想を基礎づける自由概念が持つ規範的内容を受容するための基盤に向けた内在的批判、それをヘーゲルの人権論は表現している。たんにある特定の国家の市民としてではなく、人間としての人間には、どの人間にも権利が属している、とする理念の根底には、人格概念が存しており、この概念は「無限の重要性」(10) を持つ、ということをヘーゲルは彼の書き上げられた『法の哲学』において強調している。普遍的人権という思想が「欠陥のある」ものとして映るのは、ただこの思想が、博愛主義的な人権のレトリックという抽象的理念として固定される場合だけであり、ヘーゲルはこの理念に「世界市民主義」という表現を用いているのである。それゆえヘーゲルの政治哲学は、人権のリベラルな理念を一纏めにして批判しているわけではなく、人権の現実化に向けた規範的な諸基準を定式化している。この諸基準は単なる適用の規則を表現しているわけではない。この諸基準は、主観的権利のどの基本的観念においても要求される規範的原理を、意味論的に解明するにあたっての諸条件を表現しているのである。

こうした〔人権の現実化に向けた規範的な〕諸基準を際立たせるために、以下で私は、ヘーゲルが政治哲学に導入したいくつかの基本概念上の諸区分から出発する。それはとりわけ市民社会と国家の差異である。また、カント的タイプの規範的政治理論により再三正当に指摘されてきたヘーゲル法哲学の問題含みの面は、まさに「世界市民的」次元において、ヘーゲルが「外的国法」を取り扱う場面において明るみに出るということも同時に示される。ヘーゲル政治哲学のもつ両義性は、この文脈ではっきりと示される。同様に、ヘーゲル法哲学の内在的修正に関するいくつかの提案も、こうした連関において定式化され、また説明されうる。

したがって第一段階として、ヘーゲル法哲学の基本的な区分である、市民社会と国家の区分が要約される。次いでこの市民社会と国家という区分は、承認の完全な形式という意味での、諸々の基本的法権利の完全な現実化の条件へと関係づけられねばならない（第2節）。第二段階として、ヘーゲルが述べる市民社会から国家への移行の問題が、人権と世界市民的憲法体制の現実性との関係の問題へと書きかえられねばならない（第3節）。最後に第三段階として、まさしく世界市民的次元において、ヘーゲル法哲学の一定の修正が可能かつ必然のものとして浮かび上がってくるということを考察する。こうした構想上の変更を前提にしてのみ、ヘーゲル的方向をとる政治哲学は、人権のグローバルな現実化という今日の問題に用いることが可能な基準を与えるように思われる。

第2節

周知のように、市民社会と国家という区分は、ヘーゲルの政治哲学の中でも、もっとも影響力が大きく、かつもっとも独創的な、概念上の発明である。「市民社会」とは、そこで諸個人が自身の諸欲求を、労働、生産、財と用役の交換を通じて満足させようと試みる、そうした社会の領域を示す概念である。市民社会は、万人の万人に対する個人的私的利害の「闘技場」として現れる。(11) もちろん分業と市場メカニズムは、私的利害が「欲求の体系」へと相互に網の目状に組み上げられることを準備する。ヘーゲルに従えば、欲求は、はじめ形式的に把握された意志の自由の原理に、内容的な規定を与える第一の形式を表現しているが、この意志の自由の原理は権利一般の根底に存するものである。この個人が有意味なかたちで人間として示されうるためには、たんなる人格として規定された権利の担い手の行為が、諸欲求を通じ、あらかじめ内容的に規定されねばならない。それゆえ基本的諸権利を人権として描き出すということは、欲求の満足の諸形式を、基礎的な法制度へと統合することによってはじめて意義あるものとして現れる。しかし欲求の様態のうちで、意志は、たんに外的な、感性的、実質的内容を通じて自らを規定する。意志の満足は偶然的な諸事情に依存している。諸欲求はその内容およびその充足の諸条件からして恣意的であり偶然的であるので、行為をもっぱら諸々の必要に定位させることによって、安定した共同体関係に至るというのは、あまり考えられないことである。それゆえ諸欲求の経済的調整は、政治的諸制度の組み合わせ、行政機構、司法機構により保護され、保証されねばならない。市民社会は、そこで諸個人が自由な主体として物質的利害を追求し、自分たちと同じように自身の目的と行動様式を自由に選び取ることができる他の人格との自発的関係に入りうるような、そうした公的領域を提示する。こうした仕方で近代国家の行政制度、法制度を通じて、自由な主観性が展開される諸条件が保証される。しかし語の本来の意味における国家、すなわち「内的」政治的国家は、市場経済、市民法および社会的安寧のひとつの体系ということに汲みつくされはしないのである。

それゆえヘーゲルにおいて、市民社会と国家の差異は、社会および政治システムの領域の区分を確定すること以上のものを意味する。この市民社会と国家の差異が何よりも示しているのは、社会的、政治的統合の相異なる強度である。したがって、「市民社会」と「国家」は、ヘーゲルにより、「外的」国家と「内的」国家としても区分される。外的国家は、単なる「強制国家、悟性国家」であり、市民社会という地平において、政治的諸制度を包含するものである。本来的意味における国家は、ヘーゲルにとって市民社会の上にあるような、あるいは市民社会と並ぶかたちであるような機関なのではなく、たんに市場メカニズムと契約的法関係を超えて作り出されるのではないような市民社会の統合の質なのである。ヘーゲルによれば内的「国家体制」は基本権により分節化され保証される個人的自由が完全に現実化されるところの、政治的共同体の状態を示すものである。ヘーゲルの考えでは、理性的諸制度の完全に展開された体系の外では、法権利はいかなる意味をも持ち得ない。

市民社会から本来的意味における国家への移行は、すなわち「国内体制」への移行は、制度論的に見た場合、アクセル・ホネットが詳述したような、ヘーゲル社会哲学における承認の第三の次元を示している(12)。家族的諸関係の枠組みにおいては、愛あるいは世話という基本的承認様式があるのに並んで、市民社会は、法的関係として、すなわち平等な権利の担い手として全ての市民を尊重することとして、承認を構築する。最後に国家（本来的意味、つまり「内的」意味における）という次元では「諸主体が、社会秩序の再生産に貢献する諸特性という点において、自分たちを相互に価値評価することを許容すべきである(13)」ような、そうした承認の様式が有効になる。市民社会的地平での強制国家、悟性国家から、政治的体制である内的国家に移行することにおいて、有産市民の自己利害を調整しバランスを取る行政権力および法体系と並んで「連帯が社会統合の第三の源泉として(14)」登場する。

社会的諸関係は、利害に導かれ欲求に方向づけられる限り、偶然的で変わりやすい性質のものであるが、法体系および行政はこうした社会的諸関係の外的な安定化のみを保証するものである。それゆえ市民社会という地平においては、自由に行動する主体の意志が、偶然的、外的な内容や事情により規定されているため、自由は依然として完全には現実化されない。法の理念は意志の自由の保護を義務付けられているが、ヘーゲルの考えに従うと、その自由の完全な現実化は、政治的共同体のうち、すなわち特殊的利害と法的請求権が普遍的意志の中で分節化されそして維持されているような、そうした政治的共同体のうちでのみ可能である。しかしながら、普遍的意志は——国家主義的なヘーゲル読解が試みるように——諸個人の特殊的利害、欲求に対し、外から覆いかぶさるものであってはならないし、またそうである必要もない。むしろ市民社会は、個々の意志が普遍的意志と合致するような政治的共同体を、自分自身のうちから取り出すのである。この内的な媒介関係は、論理的には、個別的利害が普遍性という点でより高い度合いを維持する特殊性の次元によって考え得るものである。このためには、個人的権利の理念のうちにすでに基礎づけられている承認の原理を、完全に現実化するに至るような、協同の体系を組織することが必要である。これはヘーゲルにより市民社会の地平のうちに据え置かれた、社会的協同の体系の機能であり、ヘーゲルはこの体系を、職業団体的な職業身分制度として規定するのである。しかしヘーゲルがこの次元における社会的協同のもつ機能について記述する事柄は、職業団体的な職業身分制度という社会的協同のあり方を別にして、引き継ぐことができる。今日、社会的協同のネットワークを形成するというこのような機能は、連盟や市民運動、社会運動に帰することができる。こうした媒介を行うアソシエーションという次元が、普遍的意志と特殊的利害の間の断絶を埋める。すなわちアソシエーションは、自己主張へ向けて力を注ぐ特殊的利害を、協同のひとつの体系のうちへと束ねて結合する。社会的紛争はこうして初めて同定され、そうした紛争に決着をつけることが可能であるような、制度的形態を受け取ることになる。こうして有産市民の私的利害は、諸利害の抗争が、関係する諸人格の統合性を保護する公正な法的形態を取ることを保証するような、そうした諸制度の承認へと姿を変化させられることになる。普遍的法秩序および政治的共同体の諸制度に対する国家市民的な忠誠は、社会諸制度により異なる団体利害が、尊重を保ちかつ暴力抜きでも有効に決着をつけられるという経験を、社会的アクターが積む程度に応じて育まれる[15]。こうした仕方で、当初は自己利害によって規定されていた諸個人の自己意識は、「個々人の使命とは普遍的生活を営むことである」という認識に移されるのである[16]。

諸個人は協同的なアソシエーションに参与することを通じてのみ、政治的共同体との抽象的ではない同一性、すなわちそこでは個別的利害と自己価値感情が、直接に国家理性と結合されているような、そうした同一性を構築することができる。それゆえこのオルタナティブな解釈は、人権侵害を「感じること」を具体的にイメージされた他者への感情移入として解釈したり、また法律の蔑視として解釈したりするよう強いるものではない。他の諸人格の統合性の尊重、また私の統合性をただ他者の統合性と合わせてのみ保護しうる、そうした法への尊敬は、むしろ相互性というかたちで条件付けられている。ヘーゲルにより、政治理論的には、社会的協同の次元として規定される特殊性の論理的次元は、したがって、国家市民性の内容ある概念に対し構成的なのである。各人ごとの固有の権利を保護する法制度を受け入れることによって、他の人格を権利主体とする承認が成立する。こうしたことにより、他者が純粋に倫理的な基礎の上で法的人格として承認されるわけではなく、また、国家そのものと諸個人を抽象的に同一化することの上に法秩序に対する忠誠が基礎づけられるというわけでもない。

諸職業団体の体系を通じ、基本的法権利の規範的内容が、日常的な政治的生活のなかで現実化されるのは、他者を法的・倫理的自己規定の統合的な構成要素として承認することが、基本的法権利を通じ保証される個人的自由の方向へと進展していくことになるからである。ヘーゲルによればこの場合にはじめて基本的法権利の内容が「憲法体制現実性」という形態を取るのである。人権はその場合、単に成文化、法典化された憲法（Verfassung）においてではなく、政治的生活の日常的な体制（Verfassung）のうちにおいて現実化される。それゆえ市民社会から内的国家体制（Verfassung des inneren Staats）への移行は、他者の承認が、法的に保証された自己規定の統合的構成要素にも、国家市民的忠誠の統合的構成要素にもなるという点から読み取ることができる。こうした仕方で、協同の体系を通じ産出される統合が、主観的な基本的法権利として人権の基礎づけのためすでに要求されている自由の理念の、その規範的内容を展開するのである(17)。

ここで素描されているヘーゲル法哲学の解釈は、一方では諸人権の次のような理解に反対するものである。すなわち人権のもっぱら所有的、個人主義的な理解、換言すれば、人権を、諸個人がそこで初めて法的人格として構成されるような間主観的関係としてではなく、諸人格に内在する特性として理解することである。他方で、上記の解釈は、次のような構想も拒む。すなわち、人権を特定のエートスの上に基礎づけようと試み、あるいは人権をその妥当性の基礎という点で、内的に人間の諸義務と結合しているものと主張する構想である。ヘーゲルによれば、近代国家の憲法的秩序は、法的共同体として構成されるのであって、価値共同体として構成されるのではない。「内的」政治的憲法体制（Verfassung）は、「外的」憲法体制を、すなわち個人的自由を保証する法治国家を、市民社会的地平において前提とする。「内的」政治的憲法体制は、基本的法権利という秩序の枠内で、利害を伴う行為により駆り立てられる、社会的、政治的な承認をめぐる闘争を通じて形成される。

さて次の段階では、この基本的法権利と憲法体制現実性の関係を規定する規範的なモデルを——これは市民社会から内的国家への移行も中核的要素として含む——人権と世界憲法体制（Weltverfassung）の関係へと置き移してみよう。これはヘーゲル自身においてはただ暗に示唆されただけで、完全には遂行されなかった段階である。すなわちヘーゲルは国家間の法的関係を、もっぱら外的契約関係としてだけ取り扱い、「内的」世界市民的憲法体制（innere kosmopolitische Verfassung）とは扱わないのである。

第3節

グローバル化の過程において、市民社会が世界を包み込むような文明の形態になったことを確認しなくてはならない。市民社会の第一のメルクマール、すなわちそれが諸欲求の体系、言い換えれば経済によって規定される相互依存性の体系を表現しているということは、いずれにせよ満たされている。司法および行政のグローバルなシステムという、二つの異なる制度的基準についても、それを創設しようという傾向は強まっている。世界社会は、内的体制への途上、つまりそこで人権がたんに外的法体制を基礎づけるのみならず、内的なグローバル憲法体制現実性（innere globale Verfassungswirklichkeit）の基礎を形成しそれを表現するような、そうした内的憲法体制（innere Verfassung）への途上にもあるか、という問いは残る。ヘーゲルの政治哲学を再び取り上げるなかで、人権のそうした完全な現実化は、グローバル・スタンダードにおける第三段階の承認関係の創設として描き出すことが可能である。ここから人権の世界市民的現実化に対する以下のような諸基準が生じることになる。

個人的権利の完全な実現のためには、他者が他者自身の他者性への権利を有していることが必然的に成立する、という形で人権が理解されるならば、その場合、人権は決して純然と前政治的には考えられ得ないという帰結が生じる。人権はつねにすでに法治国家への権利というものを暗に含んでいる。つまりこの権利は、個人的利害の追求を保護するだけでなく、自由に希求される様々な生の構想が、暴力を抜きにして共存することをも保護する。すべての人間は、法治国家への基本的法権利というものを有するが、それはたんに法治国家が、私的利害を保護するにあたって最良の道具であるからではなく、複雑な社会において、人間が相互に自由な人格として生きることができるのは、ただその人間の諸関係が法的諸関係という性格を持つ場合だけだからである。それゆえ、主観的権利という基本的理念は、完全な法治国家を保証しないような政体に関する批判をすでに正統化している。さらにこうした人権理解は、国家の恣意に対する消極的な防御権のみならず、社会的基本権をも含意することになる。こうして、憲法体制に応じて（verfassungsmäßig）整備された世界内政には、単に国際司法裁判所や世界警察が属するだけでなく、有効に機能するグローバルな社会政治、労働市場政策に関する国家間制度も属するのである。人権を基礎づける個人的自由という概念は、他者をその他者性において完全に承認することのうちではじめて実現する、という見解は、文化的差異の承認に向けた権利を帰結として持つことになる。

こうした規範的な面で広範におよぶ推論が、ヘーゲル法哲学を援用するかたちで人権概念から引き出され、そしてそれは人権をめぐる今日的議論の中心にある論争的問題に触れているわけだが、それにもかかわらず現在の政治哲学においては、ヘーゲルの法哲学に対する疑念が圧倒的である。この疑念は、国内法から対外法への移行に際して、すなわち世界市民的次元において明らかとなる両義性により与えられるものである。ヘーゲルの政治哲学は、それが極端にまで押し進められた場合、当初は明白に高く評価していたはずのリベラルな自由の理念を妨害するような、そうした厳格な国家主義を開示してしまうのではないかという嫌疑は、対外法を、主権を有する個別諸国家の関係として構想することにより特に引き起こされる。これは国際的な平和状態のイメージに、そして世界市民的法秩序のイメージに対立するように映る。カントの政治哲学が、世界市民法の定式化および、平和を保証する国家連盟の要請へと至るのに対し、ヘーゲルの法哲学は、その外見からすれば、主権国家間の克服しがたい潜在的な継続的戦争状態というシナリオで終わるようにも見える。したがって世界市民的次元への移行に関しては、ヘーゲル法哲学の首尾一貫性のなさが浮かび上がるように映ることになる。国内法の中で、政治的憲法体制（politische Verfassung）のうちに自身の決着を見出した法的状態の現実化へ向けた運動は、グローバルな次元において、純然たる自然状態に逆戻りするように見える。[18]〔このような理解に立つ場合〕世界市民的次元はヘーゲルにおいては単なる国家間の自然状態として現れ、その結果、人権はせいぜい個々の国家という地平でのみ保護され、現実化されうるようなものにすぎない、ということになってしまう。

それゆえ対外法の次元においては、ヘーゲル法哲学がはらむ根本的かつ内的な緊張がはっきりと明らかになる。確かにヘーゲルは「植民」を扱うに際して〔二四八節〕、市民社会が有する、世界社会へ自己を拡大していく傾向について指摘している。しかし明らかにヘーゲルは、市民的世界社会が内的国家の持つ政治的憲法体制を発展させ創出するという可能性、そして市民的世界社会が完全に実現された承認の制度的形態を受け取るという可能性について考慮していない。しかしながらこのともすると、ヘーゲルの首尾一貫性のなさとも映ることは、次のように理解することができるのだ。つまり、ヘーゲルは、歴史的に現実化しつつある世界市民的人倫が、内的国家の諸原理によっても、また個別国家の諸概念に従っても理解することはできない、と考えているのではないか、ということである。個々の国家にしろ、諸国家からなるひとつの国家としての世界国家にしても、すでに根本的でリベラルな基本的法権利の根底に存するような法権利の理念を完全に実現しているものとして見なすことはできない。ヘーゲルがはっきり見据えていたのは、国民国家の主権は、超国家（Superstaat）や世界主権者（Weltsouverän）の設定によって覆し得るものではない、ということである。ヘーゲルが強調するのは、世界憲法体制（Weltverfassung）の形成、また法的、世界市民的秩序の形成は、グローバルなリヴァイアサンの設立によっても、もっぱら歓待権に限定される単なる世界市民法の抽象的な定式化によっても実現されない、ということである。人権の規範的実体は、むしろ世界市民的には次のようにのみ実現されうる。すなわち、歴史の開かれた過程のうちで、互酬的承認の原理により規定されるグローバルな社会的協同の体系が構築されていくという形においてである。諸々の基本的法権利は、市民社会という次元のうちに、自身の明確な位置を持つ。それゆえ人権がグローバルに現実化するための前提とは、協同および互酬的承認により規定される政治的共同体という性格を、自分自身に基づいて想定する、そうした世界市民社会（Weltbürgergesellschaft）が形成されることである。(19)

外的な強制国家、悟性国家としての世界市民社会から、内的な世界市民的体制へのこうした移行は、必要な諸制度が、統一した世界国家という形態を必ずしも取る必要なく、考えることができる。「グローバル・ガバナンス（global governance）」は、必然的に「グローバル・ステート（global state）」を前提とせねばならないわけではない。世界社会は絶対的な和解のためのいかなる手段も提示することなく、異なる民族、国家間の、承認をめぐる闘争の舞台に留まっており、また諸民族や諸国家はこの戦いにおいて、自身の主権や差異への権利を主張しているのである。したがって、この対外法の次元での「奇妙な下降（seltsamer Abstieg）」(20)は、必ずしもヘーゲル法哲学の首尾一貫性のなさとして評価されねばならないわけではない。こうした動きは、国内法に関し自身の構想が抱える問題含みの状況を、ヘーゲルが世界市民的次元において萌芽的な形で修正しているとも理解できるのである。

第４節

ヘーゲルの法哲学はその受容とそれをめぐる議論の初期段階から、復古的な傾向、ひいては反動的な傾向を持つものとして非難されてきた。またその反リベラル的、反民主主義的な、また著しく国家主義的な諸特徴が証明されてきた。こうした批判は、とりわけ立憲君主制の賞揚と、国民主権の原理の拒絶の内に、同時代の現状を正当化しようとするヘーゲルの強い傾向を見る。本稿で用いられたような術語を背景に置くと、これらの異論は、次のように再定式されることになる。すなわちヘーゲルは、国内法という次元で、第三段階の承認関係と、一定の形式をもつ国家的枠組みとの同一視を過剰なまでに試みているのではないか、ということである。社会的協同の諸形態を通じて形成される連帯は「個人として決断を下す頂点の優位(21)」の下で強制される。国家が「〈一枚岩的性格〉のものであらねばならないのは、国家が、特殊性の活動領域であるところの市民社会という、国家自身の〈非有機的〉領域に、そして対立関係にまで至るような特殊性の対立の領域に相対しているからである。(22)」こうしたことにより、ヘーゲルの承認論が持つ実りある兆しは道を遮られるのである。

世界市民的次元において、諸問題は一層重大な意味を持つように思われる。すなわち、内的国家として達成される法的諸関係が、「対外法」においては、自然状態の水準にまで逆戻りしてしまう恐れがあるということである。ヘーゲル法哲学を手段として、国家間の法秩序の発展を「内的な」世界市民的体制の生成として把握するという道は、こうしたことで完全にふさがれてしまう、ということにもなってしまう。

しかしすでに繰り返し注意したことだが、ヘーゲルにより国内法の枠内で遂行される、内的憲法体制と、国家のある特定の形態との同一化は、ヘーゲル自身の論理学の諸原理に抵触することになる。(23)ルートヴィッヒ・ジープが示したことだが、ヘーゲルは、国家と市民社会の関係を規定する際も、法的市民相互の関係を規定する際も、自身の論理学がもつ方法的「根本操作(24)」である限定的否定というやり方を、抽象的かつ一面的にしか用いていない。(25)すなわち承認関係は——ジープが他の場所で詳述した通り——関係論理的に見て「個別性と普遍性の二重の意味の自己否定(26)」として把握されるべきである。この二重の意味は、論理的に区別されうる二つの承認様式と結び付いている。すなわち、諸個人間の相互的な承認と、普遍的な自己と諸個人の間の承認関係とに結び付いている。別の表現をすれば、人格間における連帯に、そして法治国家の諸制度に対する忠誠に関係している。こうした異なる承認様式の関係、すなわち諸個人間の相互的な承認と、諸個人を通じた普遍的自己の承認との関係は、ヘーゲルの場合、もっぱら不十分にしか規定されていないように映る。ジープは、ヘーゲルがこの連関において、我と汝の関係と、我と我々の関係との対称性を捉えそこなったと非難する。〔ジープによれば〕このように対称性を捉えそこなっているために、ヘーゲルは、諸個人相互の間主観的諸関係を法的に保全する一方で、より上位に置かれた普遍的なもの、すなわち国家に対して個人を法的に保障することをなおざりにしてしまったのだ、ということになる。[27]しかし、ヘーゲルの示す国内法の次元での立憲君主制への固執は、国内法自身の論理的基礎に違反してしまうという、ジープにより正しく見通された事態は、限定的否定のもつ内的な非対称性が無視され、そして不十分にしか展開されなかったという点に、まさに根拠を有している。すなわち、限定的否定が、時に「二重の」否定として示される際、そこにひとつの非対称的関係が存在するような、異なる種類の否定が問題となっていることを見誤ってはならないのである。[28]

同一性を保全するかたちで諸個人相互の限界付けをするものとしての制限的（limitativ）否定と、同一性を形成するかたちで普遍的自己と個別的自己を区別する欠性的（privativ）否定という区分を、ヘーゲルが常に厳密に行っているわけではない。[29]承認関係を通じ、個別者が政治的共同体の成員であると自己を認識し、またその自己認識とともに、自分が自身の真の自己維持を見出すのは、ただこの共同体の自己維持過程の中で行われる承認を介してのみであるということを認識する、といった個別者の反省過程は、反省過程として理解される政治的憲法体制の制定（Konstituierung der politischen Verfassung）と、単純に同一的なものではない。諸個人間の法的に保証された承認関係は、先述の忠誠を保証するような同一化に対しても――すなわち普遍的でありまた自由を保証する政治的な諸制度と、個別者との同一化に対しても――構成的な意味を保持する。諸個人の多様性と、社会的協同の諸形態からなる特殊性の領域を媒介として制定される、政治的共同体の総体性（Totalität）は、その制定諸条件に対して、必ずしも個別性（Einzelheit）という形態で相対するわけではない。[30] ヘーゲルにより——彼自身の論理学の根本諸規定に反して——要求される「特殊性（Besonderheit）の断念」によってのみ、こうした政治的普遍性と、法的に保護された個体性（Individualität）を無媒介にひとつのものとすることに至るのである。

それゆえここで提示された諸批判は次のような確信に基礎を置いていることになる。すなわち、ヘーゲル国家法が抱える諸々の両義性は、方法的な非一貫性、「概念の誤り」[31] として理解されるべきであり、つまりは、再強化されつつあった王政復古に、信念の定まっていない自由主義者が、決して浅からぬ政治的動機を伴って適応したものだと理解されるべきだという確信である。両義的である限定的否定の非対称性がなおざりにされていることが、ヘーゲルが国家を市民社会に、外的に実体化された完結形態（Abschlußgestalt）として対置していることの理由となっている。もっとも実際にはヘーゲルは、論理学的には特殊性の次元として、制度論的には社会的協同の次元として、社会倫理学的には連帯として規定されるような市民社会の地平において、一定の統合方式をはっきり示してはいる。

しかしながら「限定的否定」の根本操作に関する非対称性が十分考慮されるならば、こうした反省的な統合の形式は、ある特定の主体と同一化される必要もなければ、歴史を免れた完結形態へと強制される必要もない。ヘーゲルはこの可能性をただ間接的に、そしてただ対外法の次元において仄めかしている。いずれにせよヘーゲルの対外法の構想においては、社会的協同の次元が、再び統一的、モノローグ的頂点の中で再現前するものとしてではなく、考えられている。それゆえ対外法の枠内における「奇妙な下降」は、ヘーゲル自身がヘーゲル政治哲学を全体にわたり修正する、その自己修正の兆候として評価されるべきなのである。こうした修正は次のように理解されうる。すなわち、国内法の領域においても、対外法の領域においても、「内的」政治的憲法体制の制定過程について、その最終的な完結というものが仮定される必要はない、ということである。むしろここでは、法的状態と自然状態の間での連続的な移行が支配している。ヘーゲルにとって、まさしくカントの場合と同様、「二つの鋭く分離する妥当性の秩序に関する法哲学のフィクションは、それが国際政治の領域へも拡大されるに際して、まぎれもなく問題の余地のある[32]」ものとなるのである。妥当性の諸原理は、妥当領域に一義的に並行して置かれうるわけではないのであり、そのように考えてしまうと、近代的個別国家の内部においては、法的状態が独占的に支配し、他方で反対に、国家の外的関係は、ただ抑制の効かない自然状態だと見なされうる、ということになってしまうのである。最終的にヘーゲル自身が強調したのは、主権を有する個別国家の戦争行動は、国際法の妥当性を完全に無効にしてしまうわけではない、ということである。すなわち、国際的な例外状態といえども、自然状態への逆戻りを表しているわけではなく、国家間の戦争がまさに「一過的であるはずのものと規定される」ような、妥当性をもつ法的諸関係の枠内に留まる、ということである[33]。

こうしたことから明らかになるのは、国家主権機能および基本的法権利秩序の保証は、個別国家の次元においても、世界市民的次元においても、国家の特定のモデルと必然的に結び付けられることはない、ということである。したがって提案したような諸修正を加えることで、人権のグローバルな現実化をめぐる議論の文脈において、ヘーゲル法哲学の以下のような主題が維持されることになる。すなわち、人権の現実化は、世界市民的な基準においても、内容的にみて、承認の第三段階と考え得るのであり、さらには協同的な連帯として、またグローバル・スタンダードにおいて具体的自由の行使と経験を保証するような、構築されつつある政治的制度への忠誠として考えうるのである。複雑な現代社会の統合の過程では――いかなる社会が成立しつつある世界社会よりも複雑でありうるというのか――反省的関係が増加するという構造になりうる。しかしながら、提案されたような「限定的否定」の修正を前提とする場合に、この反省的構造がただちにある特定の担い手に結び付けられたり、あるいはある特定の完結形象と同一視される必要はない。

それゆえこうしたイメージは、「再帰的民主主義[34]」として示される熟議政治の構想と両立可能であるだけではない。つまり、こうしたイメージの助けを借りることで、グローバル化をめぐる議論の次元で用いられることが増えている「再帰的近代化」というスローガンに対しても、論理的により正確な意義が与えられうるだろう。その際に再帰性が意味するのは、根本的・主観的な基本的法権利を実現する諸条件が、そうした基本的法権利が妥当性を持つための原理に対して、外的な状態にあるのではなく、法の「概念」の内的契機を表している、ということである。[35]人権を現実化するための諸条件は、人権を基礎づけるために必要な意味の条件に属するのである。

こうした前提のもと、ヘーゲル的観点から着想を得た政治哲学は、今日の人権論争に対して依然として有益であるだけでなく、ヘーゲル的な政治哲学が持っていた「形而上学的な」足枷から自由になることで、ともすればこれまで以上に役立つものとなるのである。いずれにせよヘーゲルの法哲学は、人権を守りかつ現実化する世界憲法体制の発展と形成が、どのような意味において、たんなる「理性的な草案」ではなく、歴史の「作品」たるのかということを理解させるような諸規準を与えるものである。ヘーゲルが世界市民的諸関係を、諸国家間の自然状態より優位において記述する傾向があるという事実は、克服しがたいナショナリズムの表現や好戦主義（Bellizismus）の表現であるなどと評価されるべきものではない。むしろその事実は、人権のグローバルな現実化のためには、承認をめぐる闘争が――依然としてこの闘争は西側世界の自由民主主義諸国とは異なり、法治国家によって保障された形式を前提とはしてこなかった――なおも必要不可欠なのだ、という、従来より依然として妥当する洞察の表現なのである。こうした――戦闘的な――実現過程が抜け落ちる場合、事実、世界市民社会は「形式を欠く」ものに、そして人権の理念は「空虚」なものに留まることになるのである。

注

（1） 以下を参照せよ。J. Rawls, »The Law of Peoples«, in: Stephen Shute/Susan Hurley (Hg.), *On Human Rights. The Oxford Amnesty Lectures 1993*, New York 1993, S. 41-82. 〔スティーヴン・シュート、スーザン・ハーリー編、中島吉弘、松田まゆみ訳『人権について――オックスフォード・アムネスティ・レクチャーズ』、みすず書房、一九九八年〕。

（2）以下を参照せよ。R. Rorty, »Human Rights, Rationality, and Sentimentality«, in: ebd., S. 111-134.

（3）以下を参照せよ。J. Habermas, *Die Einbeziehung des Anderen. Studien zur politischen Theorie*, Frankfurt am Main 1996.〔ユルゲン・ハーバーマス、高野昌行訳『他者の受容――多文化社会の政治理論に関する研究』、法政大学出版局、二〇〇四年〕。

（4）J. Habermas, *Faktizität und Geltung. Beiträge zur Diskurstheorie des Rechts und des demokratischen Rechtsstaats*, Frankfurt am Main 1992, S. 598.〔ユルゲン・ハーバーマス、河上倫逸、耳野健二訳『事実性と妥当性』下、未來社、二〇〇三年〕。

（5）数少ない例外のひとつを提示しているのが、ヴォルフガング・シルトであり、彼の論文「世界憲法体制（Weltverfassung）の基礎としての人権」から私は重要な示唆を得ている。W. Schild, »Menschenrechte als Fundament einer Weltverfassung«, in: W. Kerber (Hg.), *Menschenrechte und kulturelle Identität*, München 1991, S. 165-194 und »Menschenrechtsethos und Weltgeist. Eine Hegel-Interpretation«, in: H. Bielefeldt/W. Brugger (Hg.), *Würde und Recht des Menschen*, Würzburg 1992, S. 199-222.

（6）G. W. F. Hegel, *Über die wissenschaftlichen Behandlungsarten des Naturrechts*, in: *Hegel. Werke in zwanzig Bänden (=TW)*, neu hrsg. v. E. Moldenhauer/K. M. Michel, Frankfurt am Main 1976, *TW* 2.530.〔G・W・F・ヘーゲル、松富弘志、国分幸、高橋洋児訳『近代自然法批判』、世界書院、一九九五年〕。

（7）「ヘーゲルの国家は真の自由の国家として理解される。しかしながら彼は今日まで、自由主義の批判を引き寄せ、否、怒りを買ってきたのであった。」H. Schnädelbach, »Die Verfassung der Freiheit«, in: L. Siep (Hg.), *G. W. F. Hegel, Grundlinien der Philosophie des Rechts*, Berlin 1997, S. 243.

（8）St. B. Smith, *Hegel's Critique of Liberalism. Rights in Context*, Chicago 1989, S. 100ff.

（9）St. Lukes, »Five Fables about Human Rights«, in: Stephen Shute/Susan Hurley (Hg.), *On Human Rights*, a.a.O., S. 19-40.

（10）「人間がこのように〔普遍的人格として〕妥当するのは、人間が人間だからであり、人間がユダヤ人であるから、カトリックであるから、プロテスタントであるから、ドイツ人であるから、イタリア人であるから、等々ではない。思惟が重要な意味を持つこうした意識は、極めて重要である。この意識が欠陥含みになるのは、それがたとえば世界市民主義として、具体的な国家生活に対立させられるかたちで固定される場合だけである。」G. W. F. Hegel, *Grundlinien der Philosophie des Rechts* (= *PhR*) § 209. *TW* 7.〔G・W・F・ヘーゲル、上妻精、佐藤康邦、山田忠彰訳『法の哲学——自然法と国家学の要綱』下、岩波書店、二〇〇一年〕。

(11) *PhR* § 289 Anm.

(12) A. Honneth, »Anerkennung und moralische Verpflichtung«, *Zeitschrift f. philosophische Forschung* 51, (1997), S. 25-41.

(13) A. Honneth, a.a.O., S. 29.

(14) J. Habermas, *Die Einbeziehung des Anderen*, a.a.O., S. 278.

(15) 個人的目的がそこで普遍的なものとの関係のうちに措定されるような陶冶の過程は、A・バックウォルターにより、ヘーゲルの、日常的、非英雄的な憲法愛国主義（Verfassungspatriotismus）として取り出された。以下を参照せよ。A. Buchwalter, »Hegel's concept of virtue«, in: *Political Theory*, Vol. 20 (1992), S. 548-583. 政治的体制への、近代法によって媒介された参与および忠誠が、根本的な仕方で、ヘーゲルの人倫性の観念を古代的諸観念から区別しているということを絶えず主張してきたのは、R・ピッピンである。たとえば以下を参照せよ。»Hegel's Ethical Rationalism«, in: ders., *Idealism als Modernism. Hegelian Variations*, Cambridge 1997, S. 417-450.

(16) *PhR* § 258.

(17) 「主観的権利とは、すでにその概念からして、財産を所有するかたちで相互に強硬に対立する原子論的で疎外された諸個人に関係づけられてはいない。むしろ主観的権利は、法秩序の要素としては、互酬的に相互に関係づけられた権利義務のなかで、自分たちを自由で平等な法仲間（Rechtsgenosse）として承認する、そうした主体の協働を前提とする。この相互的承認は、そこから訴訟を提起しうるような主観的権利が導出されるような法秩序にとって構成的である。」J. Habermas, *Faktizität und Geltung*. a.a.O., S. 117.

(18) 「ヘーゲルは自然状態について、その状態から抜け出ねばならないということを強調したのだった（『エンチクロペディー』五〇二節を参照せよ）〔G・W・F・ヘーゲル、船山信一訳『精神哲学』、岩波書店、一九九六年〕。驚くべきことに、自然状態はヘーゲルの国家哲学の頂点に、再び回帰してくるのである。」H. Schnädelbach, »Die Verfassung der

Freiheit«, a.a.O., S. 264.

(19) 人権の実現にあたっての文明社会の諸制度が果たす不可欠の役割をリチャード・フォークは強調するわけだが、彼の試みについては、たとえば以下の論考を参照せよ。»Die Weltordnung innerhalb der Grenzen von zwischenstaatlichem Recht und dem Recht der Menschheit. Die Rolle der zivilgesellschaftlichen Institutionen«, in: M. Lutz-Bachmann/J. Bohman (Hg.), *Frieden durch Recht. Kants Friedensidee und das Problem einer neuen Weltordnung*, Frankfurt am Main 1996, S. 170-186.〔ジェームズ・ボーマン・マティアス・ルッツ＝バッハマン編、紺野茂樹、田辺俊明、舟場保之訳『カントと永遠平和――世界市民という理念について』、未來社、二〇〇六年〕。

(20) すなわち「人倫的国家の水準」が達成されたあとで、「奇妙な下降が遂行される。国際法は依然として〈当為〉の次元にあるに過ぎない（…）。世界史は最終的に人倫の水準に回帰するということはない（…）。〈人倫性〉への上昇が、〈対外法〉および〈世界史〉においては下降となる。そしてこれは、ヘーゲル法哲学において、少なくとも建築術上、構成上の問題となっている。」H. Ottmann, »Die Weltgeschichte « in: L. Siep: (Hg.), *G.W.F. Hegel, Grundlinien der Philosophie des Rechts*, a.a.O., S. 282.

(21) L. Siep, »Hegels Theorie der Gewaltenteilung«, in: ders., *Praktische Philosophie im Deutschen Idealismus*, Frankfurt am Main 1992, S. 268.〔ルートヴィッヒ・ジープ、上妻精監訳『ドイツ観念論における実践哲学』、哲書房、一九九五年〕。

(22) Ebd.

(23) 「ヘーゲルは理解しがたいかたちで弁証法の順序を逆さにする。君主を絶対的なものにすることで、彼は、政治社会に関する彼自身の真の構想を犠牲にするのである。」Peter J. Steinberger, *Logic and Politics. Hegel's Philosophy of Right*, New Haven/London 1988, S. 212.

(24) D. Henrich, »Hegels Grundoperation«, in: *Der Idealismus und seine Gegenwart* (FS Werner Marx), Hamburg 1976, S. 208-230.

(25) 下記文献の以下の節を参照せよ。»The Logic of Determinate Negation«, in: Steven B. Smith, *Hegel's Critique of Liberalism*, a.a.O., S. 187-193.

(26) L. Siep, *Anerkennung als Prinzip der praktischen Philosophie. Untersuchungen zu Hegels Jenaer Philosophie des*

Geistes, Freiburg/München 1979, S. 125.

(27) 「ヘーゲル自身の諸概念に照らし合わせてみても、一方では〈政治的〉国家とそうした国家に内在する市民社会との関係が、他方では個体的諸国家間の関係が、たんに抽象的、一面的な否定であり、弁証法的な二重の否定ではない、ということの証明を試みることができるかもしれない。」L. Siep, »Hegels Theorie der Gewaltenteilung«, a.a.O., S. 268。

(28) この区別はヘーゲルの研究において詳しく検討されてきた。特にH・フィンク＝アイテルおよびM・ヴォルフにより、二重の否定についてのヘーゲル自身の規定に依拠しつつ、反対対当と矛盾対当の差異が浮き彫りにされた。フィンク＝アイテルはこれに関連して、反対対当という否定形式を「排除すること」と、矛盾対当という否定形式を「包含すること」として規定した。この「排除すること」と「包含すること」という規定は、ここで理念化された種－類図式を背景に、「制限的」否定――他ならぬ排除的否定――と、「欠性的」否定、すなわち包含的否定として規定された論理的関係に対応するものである。ここで支持された見解と同様、フィンク＝アイテルはヘーゲル論理学を分析する中で、上述の二つの否定の形式の非対称性をはっきりと強調した。以下を参照せよ。H. Fink-Eitel, *Dialektik und Sozialethik. Kommentierende Untersuchungen zu Hegels »Logik«*, Meisenheim am Glan 1978; bes. S. 94-148; M. Wolff, *Der Begriff des Widerspruchs. Eine Studie zur Dialektik Kants und Hegels*, Königstein/Ts. 1981; bes. S. 101-116.〔ミヒャエル・ヴォルフ、山口祐弘、山田忠彰、河本英夫訳『矛盾の概念』、学陽書房、一九八四年〕。

(29) ヘーゲルの承認論理における内在的な緊張関係の、より詳細な再構成については以下を参照せよ。Th. M. Schmidt, *Anerkennung und absolute Religion. Formierung der Gesellschaftstheorie und Genese der spekulativen Religionsphilosophie in Hegels Frühschriften*, Stuttgart/Bad Cannstatt 1997.

(30) 以下を参照せよ。K. Hartmann, »Towards a new systematic reading of Hegel's Philosophy of Right«, in: Z. A. Pelczynski (ed.), *The State and Civil Society. Studies in Hegel's Political Philosophy*, Cambridge 1984, S. 114-136, bes. S. 120f.

(31) V. Hösle, »Der Staat«, in: Ch. Jerman (Hg.), *Anspruch und Leistung von Hegels Rechtsphilosophie*, Stuttgart/Bad Cannstatt 1987, S. 183-226, S. 201.

(32) Matthias Lutz-Bachmann, »Kants Friedensidee und das rechtsphilosophische Konzept einer Weltrepublik«, in:

ders./J. Bohman (Hg.), *Frieden durch Recht*, a.a.O., S. 37.

(33) *PhR* § 338.

(34) 以下を参照せよ。Rainer Schmalz-Bruns, *Reflexive Demokratie. Die demokratische Transformation moderner Politik*, Baden-Baden 1995.

(35) 以下を参照せよ。L. Siep, »Verfassung, Grundrechte und soziales Wohl in Hegels Philosophie des Rechts«, in: ders., *Praktische Philosophie im Deutschen Idealismus*, a.a.O., S. 285-306.

訳者あとがき

本書は、Hauke Brunkhorst, Wolfgang R. Köhler, Matthias Lutz-Bachmann (Hg.), *Recht auf Menschenrechte* (Suhrkamp, 1999) 所収十七本の論文のうちの十二本に、編者のひとりであるルッツ＝バッハマン教授による日本語版への序文を加えて、訳出したものです。原著に収められている論文は、いずれも関心を惹起される質の高いものですが、本書が大部のものとならないために、翻訳にあたり監訳者の間で取捨選択せざるを得ませんでした。

日本語版への序文にもあるとおり、監訳者のふたりと訳者のひとりである寺田さんは、ルッツ＝バッハマン教授と二〇〇七年より毎夏、日独倫理学コロキウム（ルッツ＝バッハマン教授はこのコロキウムのことをなぜかつねに「カントコロキウム」と呼びます）を共同開催しています。コロキウムでは、毎回共通のテーマを掲げて五名ないし六名の参加者が発表し討論を行っていますが、すでに過去三度、人権がメインテーマに据えられました。こうした経緯からすると、本書の出版は必然的なことであったと言えるでしょう。訳者は、コロキウムの関係者以外は全員将来を嘱望される若手の研究者で、翻訳作業に際して二度開催された「哲学的人権概念研究会」での活発な議論では、大いに刺激を受けたことも記しておきたいと思います。

末筆ながら、本書を公共圏に生み出すにあたって大変お世話になった大阪大学出版会の川上展代さんに心より感謝申し上げます。

二〇一四年一二月

舟場　保之
御子柴善之

人権への権利
―人権、民主主義そして国際政治

2015年1月25日　初版第1刷発行　［検印廃止］

編著者　ハウケ・ブルンクホルスト
ヴォルフガング・R・ケーラー
マティアス・ルッツ＝バッハマン

監　訳　舟場 保之
御子柴 善之

発行所　大阪大学出版会
代表者　三成　賢次

〒565-0871　大阪府吹田市山田丘2-7
TEL　06-6877-1614
FAX　06-6877-1617
URL：http://www.osaka-up.or.jp

組　版　株式会社トーヨー企画

印刷・製本　尼崎印刷株式会社

ISBN 978-4-87259-491-1 C3010

事項索引

あ　行

か　行

さ　行

た　行

な　行

は　行

ま　行

や　行

ら　行

人名索引

あ 行

アーペル、K.-O.（Karl-Otto Apel） 81, 233, 241
アーレント、H.（Hannah Arendt） 113, 117-155, 157, 163, 167, 172, 177, 277, 283
アクィナス、Th.（Thomas Aquinas） 23, 165
アリストテレス（Aristoteles） 7, 10, 12-14, 29-31, 123, 124, 128, 165
アル＝アズム、S. J.（Al-Azm） 39, 78
ヴィラ、D.（Dana Villa） 130, 150
ヴィルケ、H.（Helmut Willke） 188-191, 201
ヴィンガート、L.（Lutz Wingert） 115, 175, 176, 209
ヴェルシュ、W.（Wolfgang Welsch） 103, 109, 114
ウォルツァー、M.（Michael Walzer） 56, 57, 61, 79, 80, 83
エイク、C.（Claude Ake） 217
エルスター、J.（John Elster） 164, 175
エンツェンスベルガー、H. M.（Hans Magnus Enzensberger） 243, 245, 251, 254, 255
オランプ・ド・グージュ（Olympe de Gouges） 275, 283

か 行

ガンディー、M.（Mahatma Gandhi） 5, 23
カント、I.（Immanuel Kant） iii, 12, 13, 31, 54, 81, 85, 86, 90, 97, 101, 112, 125, 131-133, 155, 161, 166, 169, 172, 177, 182, 183, 192, 195-198, 202, 215, 220, 221, 227-230, 232, 234, 239-241, 243, 251-253, 255, 262, 269, 285-292, 299, 300, 304, 306, 307, 316, 323, 327, 332, 333, 335
キケロー、M. T.（Marcus Tullius Cicero） 7-9, 13, 29, 31, 165, 167
ギデンズ、A.（Anthony Giddens） 195, 201, 276, 278, 283, 284
キング、M. L.（Martin Luther King） 5-7, 18-24, 26, 32
ゲーノ、J.-M.（Jean-Marie Guéhenno） 185-188, 190, 192, 200, 243-245, 251, 257
コッホ＝アルツベルガー、C.（Claudia Koch-Arzberger） 268
コンスタン、B.（Benjamin Constant） 157, 167, 175
コンディーリス、P.（Panajotis Kondylis） 38, 78

さ 行

ザラディン、P.（Peter Saladin） 247-249, 253
シィエス、E.-J.（Emmanuel-Joseph Sieyès） 288, 298, 306
ジープ、L.（Ludwig Siep） 325, 326, 330, 332-334

シュペングラー、O. A. G.（Oswald Arnold Gottfried Spengler） 192
シュミット、C.（Carl Schmitt） 125, 129, 159, 167, 168, 173, 176, 209, 218, 286, 294, 295, 305
ショークロス、W.（William Shawcross） 255
スピノザ、B.（Baruch de Spinoza） 162
セン、A.（Amartya Sen） 75, 80, 81, 86
ソロー、H. D.（Henry David Thoreau） 5, 23, 32

た 行

デペンホイアー、O.（Otto Depenheuer） 268
トイブナー、G.（Gunther Teubner） 190, 191, 201
ドゥウォーキン、R.（Ronald Dworkin） 113

な 行

ナーラーヤン、U.（Uma Narayan） 53, 79
ナンディ、A.（Ashis Nandy） 215

は 行

ハーバーマス、J.（Jürgen Habermas） 67, 78-82, 84, 85, 89-92, 95, 96, 99-102, 107, 110-112, 114, 130-132, 136-138, 150-152, 161, 162, 169, 170, 174-176, 203-206, 218, 241, 282, 284, 305, 307, 330, 331
ハイデガー、M.（Martin Heidegger） 123, 124, 128, 130, 138, 150, 209
ハミルトン、A.（Alexander Hamilton） 287, 296, 297, 305
ハンティントン、S. P.（Samuel Pillips Huntington） ii, 261
プラトン（Platon） 9-13, 29, 64, 94, 99, 101, 102, 112, 128, 209
フランケンベルク、G.（Günther Frankenberg） 105, 218
ヘーゲル、G. W. F.（Georg Wilhelm Friedrich Hegel） 161, 167, 169, 192, 309-312, 315-334
ヘーバーレ、P.（Peter Häberle） 274, 283, 295, 301, 305, 307
ベック、U.（Ulrich Beck） 193, 201, 267, 276, 278, 283, 284
ヘッフェ、O.（Otfried Höffe） 78, 79, 86, 105, 239, 268
ペトラルカ、F.（Francesco Petrarca） 6, 12, 30
ヘルツォーク、R.（Roman Herzog） 110, 264
ベンヤミン、W.（Walter Benjamin） 113
ボダン、J.（Jean Bodin） 154, 157-159, 161-163, 173, 194, 226, 239, 306
ボッビオ、N.（Norberto Bobbio） 282, 284
ホッブズ、Th.（Thomas Hobbes） 154, 155, 158-165, 167, 169, 172-174, 226, 239
ホンドリヒ、K. O.（Karl Otto Hondrich） 268

ま 行

マイケルマン、F.（Frank I. Michelman） 78, 83, 84, 113
マウス、I.（Ingeborg Maus） 170, 172, 175-177, 285-290, 304-306

マキャベリ、N.（Niccolò Machiavelli） 194
マッカーシー、Th.（Thomas McCarthy） 83, 292, 305
マルクス、K.（Karl Marx） 24, 121, 122, 133, 135, 141, 149, 169, 175, 315
毛利透 119
モンテスキュー、Ch.（Charles de Montesquieu） 163, 174, 297

や 行

ユスフザイ、M.（Malala Yousafzai） 40

ら 行

リンバッハ、J.（Jutta Limbach） 114
ルーマン、N.（Niklas Luhmann） 161, 162, 173, 174, 190, 191, 201
ルソー、J.-J.（Jean-Jacque Rousseau） 154, 155, 162-169, 172, 175, 176, 285, 288, 296, 298, 299, 306
ルッツ＝バッハマン、M.（Matthias Lutz-Bachmann） iv, 79, 83-85, 113, 114, 172, 181-183, 202, 239-241, 304, 305, 307, 332, 333, 335
ロールズ、J.（John Rawls） 61, 62, 82-84, 86, 109, 115, 131, 136, 139, 152, 213, 216, 218, 221, 231-233, 237, 238, 240, 241, 292, 304, 329
ロック、J.（John Locke） 110, 154, 155, 162, 163, 174, 213

執筆者紹介

（肩書は原著が出版された一九九九年当時のもの）

ハウケ・ブルンクホルスト（Hauke Brunkhorst）
　フレンスブルク大学社会学教授

エアハルト・デニンガー（Erhard Denninger）
　ヨハン・ヴォルフガング・ゲーテ大学（フランクフルト大学）公法・法哲学教授

ライナー・フォルスト（Rainer Forst）
　ヨハン・ヴォルフガング・ゲーテ大学（フランクフルト大学）哲学部助手

フォルカー・ゲアハルト（Volker Gerhardt）
　フンボルト大学（ベルリン大学）実践哲学教授

ユルゲン・ハーバーマス（Jürgen Habermas）
　ヨハン・ヴォルフガング・ゲーテ大学（フランクフルト大学）哲学名誉教授

ヴォルフガング・R・ケーラー（Wolfgang R. Köhler）
　フランクフルト哲学フォーラム所長

ゲオルク・コーラー（Georg Kohler）
　チューリッヒ大学政治哲学教授

ペーター・コラー（Peter Koller）
　カール・フランツ大学（グラーツ大学）法哲学・法理論・法社会学教授

マティアス・ルッツ＝バッハマン（Matthias Lutz-Bachmann）

ヨハン・ヴォルフガング・ゲーテ大学（フランクフルト大学）哲学教授

インゲボルク・マウス（Ingeborg Maus）

ヨハン・ヴォルフガング・ゲーテ大学（フランクフルト大学）政治学教授

トーマス・M・シュミット（Thomas M. Schmidt）

ヨハン・ヴォルフガング・ゲーテ大学（フランクフルト大学）哲学部助手

アルブレヒト・ヴェルマー（Albrecht Wellmer）

ベルリン自由大学哲学教授

訳者紹介

マティアス・ルッツ＝バッハマン「伝統的〈国民国家〉終焉後の〈世界国家的枠組み〉と人権」

石田　京子（いしだ　きょうこ）

1979 年生。専門はカントの法哲学。慶應義塾大学文学部・助教

「カントによる〈世界共和国否定論〉の再検討」（日本哲学会『哲学』、知泉書館、2014 年）

「世界市民的見地における法の理解」（カント研究会編『世界市民の哲学』、晃洋書房、2012 年）

「いかにして法と道徳は区別しうるか—批判と形而上学—」（日本カント協会編『カントと形而上学』、理想社、2012 年）

インゲボルク・マウス「国際政治の権限賦与規範としての人権—人権とデモクラシーの破壊された連関」

隠岐　理貴（おき　まさたか）

1982 年生。専門はカントを中心とする初期近代の政治哲学。早稲田大学政治経済学術院・助手

「世界市民の声—カントにおける言論の自由の法的基礎」（『年報政治学』2012 — II 号、2012 年）

「実存者から道徳的人格へ—カントにおける道徳化のシナリオについての一考察」（『早稲田政治経済学雑誌』第 384 号、2012 年）

「世界への配慮—H・アーレントにおける判断力と公共性」（齋藤純一編『公共性をめぐる政治思想』おうふう、2010 年）

アルブレヒト・ヴェルマー「ハンナ・アーレントの革命論」

金　慧（きむ　へい）

1980年生。専門は政治思想史・政治理論。千葉大学教育学部・助教

「カント―移行をめぐる三つの議論」（犬塚元編『岩波講座　政治哲学2　啓蒙・改革・革命』岩波書店、2014年）

「アーレントにおける「ゆるし」の概念をめぐって」（『理想』理想社、2013年）

『アイヒマン論争　ユダヤ論集2』（共訳、みすず書房、2013年）

ペーター・コラー「人権の国際化と国家主権の限界」

小谷　英生（こたに　ひでお）

1981年生。専門は社会思想史・哲学・倫理学。群馬大学教育学部・講師

「フランス革命についてのカントの見解　―バーク、ペイン、ゲンツとの比較を通じて」（西田照見・田上孝一編『現代文明の哲学的考察』社会評論社、2010年）

「カントの教育思想 ―学校教育に対する道徳化の役割について―」（一橋大学〈教育と社会〉研究会編『〈教育と社会〉研究』第22号、2012年）

「隠された友情 ―『ゲッティンゲン書評』をめぐるカント－ガルヴェ往復書簡について ―」（『群馬大学教育学部紀要 人文社会編』第63巻、2014年）

ライナー・フォルスト「正当化への基本的権利―人権を構成主義的に構想するために―」

田原　彰太郎（たはら　しょうたろう）

1978年生。専門はカント倫理学と現代におけるその展開。早稲田大学非常勤講師

「目的自体とは何か―目的自体の方式を理解するために―」（日本カント協会編『日本カント研究』第13号、理想社、2012年）

「カント的行為者を文脈に位置付ける―バーバラ・ハーマンの道徳的熟慮論を手掛かりとして―」（カント研究会編『現代カント研究』第13巻、晃洋書房（近刊））

クリスティーン・コースガード「カントの自然法則の方式」（大庭健編・監訳『善悪のリアリティ―現代倫理学基本論文集II　規範倫理学編―』勁草書房（近刊））

ハウケ・ブルンクホルスト「人権と主権―二律背反か？―」

寺田　俊郎（てらだ　としろう）

1962年生。専門はカントの実践哲学、倫理学、臨床哲学。上智大学文学部・教授

『自由の秩序　カントの法および国家の哲学』（共同監訳、ミネルヴァ書房、2013年）

『世界市民の哲学』（共編著、晃洋書房、2012年）

『グローバル・エシックスを考える　「九・一一」後の世界と倫理』（共編著、梓出版社、2008年）

フォルカー・ゲアハルト「人権とレトリック」

トーマス・M・シュミット「世界憲法体制という基本的法権利？―ヘーゲル法哲学的観点における人権の現実化―」

浜野　喬士（はまの　たかし）

1977年生。専門はドイツの近代・現代哲学、環境思想史。早稲田大学総合人文科学研究センター招聘研究員、早稲田大学非常勤講師

『カント『判断力批判』研究：超感性的なもの、認識一般、根拠』（作品社、2014年）

『エコ・テロリズム―過激化する環境運動とアメリカの内なるテロ』（洋泉社新書、2009年）

「〈反省概念の多義性〉節の位置と意義」（日本カント協会編『日本カント研究7』理想社、2006年）

マティアス・ルッツ＝バッハマン「『人権への権利』日本語版への序文」

ゲオルク・コーラー「世界内政、責任の限界、脱国家化―政治と人権の関係を定めるいくつかの可能性について―」

舟場　保之（ふなば　やすゆき）

1962年生。専門はドイツの近代・現代哲学。大阪大学大学院文学研究科・准教授

『自由の秩序　カントの法および国家の哲学』（共同監訳、ミネルヴァ書房、2013年）

『平和構築の思想　グローバル化の途上で考える』（共同監訳、梓出版社、2011年）

『グローバル・エシックスを考える　「九・一一」後の世界と倫理』（共編著、梓出版社、2008年）

マティアス・ルッツ＝バッハマン「『人権への権利』日本語版への序文」

エアハルト・デニンガー「国家の課題と人権」

御子柴　善之（みこしば　よしゆき）

1961年生。専門は倫理学、ドイツの近現代哲学。早稲田大学文学学術院・教授

『平和構築の思想　グローバル化の途上で考える』（共同監訳、梓出版社、2011年）

『理性への問い』（共編著、晃洋書房、2007年）

『コリンズ道徳哲学』（カント全集20、岩波書店、2002年）

ヴォルフガング・R・ケーラー「人権への権利」

ユルゲン・ハーバーマス「人権についての異文化横断的ディスクルス」

米田　恵（よねだ　めぐみ）

1976年生。専門はドイツ・フランスの近・現代哲学。大阪大学大学院文学研究科博士後期課程